高等学校财经类专业实践系列教材

税收筹划理论
与实务

◎ 主 编 杨志银

◎ 副主编 杨艳飞

西安电子科技大学出版社

内 容 简 介

本书是一本全面、系统介绍税收筹划理论与实务的教学用书，主要内容包括税收筹划的基本理论、税收筹划的基本方法、税收筹划的步骤和风险防范、增值税的税收筹划、消费税的税收筹划、企业所得税的税收筹划、个人所得税的税收筹划、土地增值税的税收筹划、其他税种的税收筹划和国际税收筹划等。

本书注重理论与实际相结合，融入了大量实际工作过程中的税收筹划思路与案例，既可以作为高校税收学、财务管理、会计学、审计学、金融学、工商管理、财政学以及法学等经济类、管理类专业的本科及高职教材，也可以作为财税专业人士的业务学习用书。

图书在版编目(CIP)数据

税收筹划理论与实务 / 杨志银主编. —西安： 西安电子科技大学出版社，2023.2（2025.1重印）
ISBN 978-7-5606-6767-6

Ⅰ.①税…　Ⅱ.①杨…　Ⅲ.①税收筹划　Ⅳ.①F810.423

中国国家版本馆 CIP 数据核字 (2023) 第 018025 号

策　　划　刘玉芳　刘统军
责任编辑　刘玉芳
出版发行　西安电子科技大学出版社(西安市太白南路 2 号)
电　　话　(029)88202421 88201467　　　邮　　编　710071
网　　址　www.xduph.com　　　　　　　电子邮箱　xdupfxb001@163.com
经　　销　新华书店
印刷单位　陕西博文印务有限责任公司
版　　次　2023 年 2 月第 1 版　　2025 年 1 月第 3 次印刷
开　　本　787 毫米 × 1092 毫米　1/16　印　张　21
字　　数　489 千字
定　　价　59.00 元
ISBN 978-7-5606-6767-6
XDUP 7069001-3
如有印装问题可调换

前　言

"愚者逃税，蠢者偷税，智者避税，高者筹划"一语道破了税收筹划的意义。逃税、偷税一定是违法的，避税虽然不违法，但是有些避税也是有风险或是国家不允许的。税收筹划是合法的，既是纳税人的一项权利，也是国家允许和鼓励的。随着现代市场经济的发展，税收成本在企业经营管理中越来越受重视，特别是"金税工程"四期的实施，使得违法规避税收成本的空间越来越窄，税收筹划越来越成为企业经营管理的正常需求。

税收筹划是纳税行为发生之前，在不违反法律、法规的前提下，通过对纳税主体的经营活动或投资行为等涉税事项做出事先安排，以达到少缴税和递延纳税目标的一系列谋划活动。合法性与事先的筹划性是税收筹划区别于偷税、逃税、抗税、骗税等违法行为的主要特征。

税收筹划是一门综合性非常强的课程，也是一门实务性非常强的课程。严格来说，税收筹划涉及除了统计学、经济数学、计算机等专业以外的财政学、税收学、会计学、财务管理、工商管理等经济管理类专业课程内容，包括企业的设立、投资、生产经营以及成果分配的所有过程，涉及所有税种的纳税业务内容。国外关于税收筹划的教材主要用于 MBA、会计学、财务管理等专业的教学。一些职业资格的考试用教材，如 ACCA 中的《初级税收筹划》《高级税收筹划》等，则侧重于跨国经营中税收筹划的讲解。国内关于税收筹划的教材比较多，其中有一些从企业不同经营阶段来阐述税收筹划，还有一些将纳税会计和税收筹划相结合来阐述。无论从企业不同经营阶段阐述税收筹划的内容，还是将纳税会计与税收筹划相结合来阐述，都是以不同税种的筹划为基础的。从某种意义上来说，税收筹划是面向经济业务的税种筹划，因此本书基于本科教学，在阐述相关税收理论和税收筹划基本方法的基础上，阐述了不同税种的税收筹划内容。

本书旨在通过对不同税种的税收筹划的讲解，呈现如何根据业务进行税收筹划的思路，让学生掌握基本的税收筹划理论、筹划方法和技能。本书在撰写过程中融合了国内外大量教材的优点，提供了很多税收筹划的思路和案例，将理论与实务紧密结合。特别地，本书通过不同税种的税收筹划呈现，不仅提高了学生对税收政策的理解和掌握程度，更为重要的是给学生灌输了一种依业务而应用政策的筹划思路。本书不仅适用于高校税收学、财务管理、会计学、审计学、金融学、工商管理、财政学以及法学等经济类、管理类专业的本科教学，而且也适合相关财税专业人士使用。本书的前置课程主要包括税法、中国税制、税务会计、税务管理学、财务管理、财务会计、企业管理等。

　　本书共 10 章，分理论篇和实务篇两部分。理论篇包括第 1 至 3 章，主要阐述税收筹划的基本理论、税收筹划的基本方法、税收筹划的步骤和风险防范。实务篇包括第 4 至 10 章，分别阐述不同税种的税收筹划，既介绍了不同税种的税收筹划切入点，也贯穿了大量的税收筹划案例。

　　本书由杨志银任主编，杨艳飞任副主编。在教材的撰写过程中，硕士研究生张招华、李青松、韩京培、何雁、吕晓倩、杭媛媛等同学参与了部分章节的资料收集整理和章节案例写作工作。具体编写分工如下：杨志银、杭媛媛、吕晓倩完成第 1、2、3 章的编写，杨志银、张招华完成第 4、9章的编写，杨志银、何雁、杨艳飞完成第 5 章的编写，杨志银、李青松完成第 6 章的编写，杨志银、韩京培完成第 7、8 章的编写，杨志银、杨艳飞完成第 10 章的编写。

　　税收筹划涉及面非常广，业务千变万化，实务性和综合性非常强。虽然本书内容经过了反复研讨和修改，但是由于作者水平有限，书中不可避免地存在一些疏漏和不足之处，竭诚欢迎各位读者不吝赐教！

杨志银

2022 年 10 月

C目录
Contents

税收筹划理论与实务

TAX PLANNING
THEORY
AND
 PRACTICE

税收筹划理论与实务

理论篇

第1章　税收筹划的基本理论

本章学习要求

1. 熟悉并掌握税收筹划的概念、特征及税收筹划与偷税、逃税、抗税、骗税等税收违法行为的区别；

2. 掌握税收筹划的分类和税收筹划的原则；

3. 熟悉税收筹划的影响因素；

4. 熟悉并掌握税收筹划的博弈分析。

第一节　税收筹划概述

一、税收筹划的概念

税收筹划亦称税务筹划、纳税筹划 (Tax Planning)。在西方发达国家，税收筹划对纳税人来说是耳熟能详的。而在我国，税收筹划还处于初始阶段，人们对此有极大的兴趣和需求，但又似乎有所顾忌。国际上对税收筹划概念的描述也不尽一致，以下是几种有代表性的观点。

荷兰国际财政文献局 (IBFD) 编写的《国际税收词典》是这样定义的："税收筹划是指通过纳税人经营活动或个人事务活动的安排，实现缴纳最低的税收。"

印度税务专家 N. J. 雅萨斯威在《个人投资和税收筹划》一书中认为，"税收筹划是纳税人通过财务活动的安排，充分利用税务法规所提供的包括减免在内的一切优惠，从而享受最大的税收利益"。

美国南加州大学 W. B. 梅格斯、R. F. 梅格斯在其合著的《会计学》中，对税收筹划作了如下阐述："人们合理而又合法地安排自己的经营活动，使之缴纳尽可能少的税款。他们使用的方法可称为税收筹划。少缴税和递延缴纳税款是税收筹划的目标所在。"

当代著名经济学家萨缪尔森在其《经济学》一书中分析美国联邦税制时指出："比逃税更加重要的是合法地规避税赋，原因在于议会制定的法规中有许多'漏洞'，听任大量的收入不纳税或以较低的税率纳税。"

本书认为，税收筹划是纳税行为发生之前，在不违反法律法规的前提下，通过对纳税主体的经营活动或投资行为等涉税事项做出事先安排、合理规划，以达到少缴税和递延纳税目标的一系列谋划活动。其目标是实现税后利润最大化，实现企业价值最大化。

税收筹划的权利主体是纳税人（企业法人、自然人），其本身可以是税收筹划的行为人，也可以不是税收筹划的行为人，因为税收筹划的行为人还可以是代理税收筹划的中介组织。

税收筹划学是一门理财学，属于财务管理的一部分，也是税务代理的重要内容。愚者通过偷税、逃税实现税后利润最大化，而智者通过合理避税、税收筹划实现利润最大化。掌握税收筹划方法并合理运用，是实现企业利润最大化的关键所在。

二、税收筹划的特征

税收筹划与企业的财务活动密切相关，它具有以下特征。

（一）税收筹划应具有合法性

税收筹划要符合税收法律和其他法规的规定，这有两方面的含义：其一，筹划的主体必须符合有关法律、法规的规定；其二，筹划方案本身要符合有关法律、法规的规定。税收筹划的主体应是纳税人及纳税人聘请的相关专家。这里的纳税人是指纳税主体的财会人员和其他熟悉税收筹划的人员；这里的专家是指能合法从事税务代理的中介机构中的注册税务师等。如为了使业务招待费能在税前扣除，将业务招待费计入差旅费，增加税前扣除，这种筹划虽然能减少所得税，但违背了税前扣除的有关规定，纳税人如果设计此方案来进行筹划，就属于筹划方案不合法。同样，通过不正当手段，买通权力机关达到少缴税的目的，也违背了合法性原则，属于筹划过程不合法。此外，利用税法的遗漏和不完善进行的筹划，虽未违背合法性原则，但面临着潜在的风险，一旦法律、法规完善，按原法律、法规所作的筹划，将承受不可挽回的损失。这一点在长期方案的筹划上表现得更为突出。

（二）税收筹划应具有前瞻性

税收筹划具有前瞻性，这是税收筹划的显著特征。税收筹划一词中的筹划是指事先进行计划、设计、安排。税收筹划是一种指导性、科学性、预见性很强的管理活动，其目的是使纳税人的税负最小化，使纳税人的价值最大化。在经济活动中，纳税义务通常具有滞后性，这在客观上提供了纳税前事先作出筹划的可能性。税收筹划是纳税人在进行筹资、投资、利润分配等经营活动之前，把这些行为所承担的相应税负作为影响最终财务成果的重要因素来考虑，通过对不同筹划方案进行比较，选择最优方案。一般来讲，税收筹划是在纳税义务发生前进行的，不是在纳税义务发生之后才去想办法减轻税负，因而具有前瞻性。

（三）税收筹划应具有目的性

税收筹划具有明确的目的性。这里所谓的目的性，是指纳税人进行税收筹划具有很强的减轻税负、取得税收利益的动机。它有两层含义：一是使税负降低，降低税负意味着经营行为负担了较低的税收成本，相对而言也就有可能获得更高的投资回报。另一层含义是延迟纳税时间。纳税行为向后延迟，即在纳税总额相同的若干个方案中选择纳税时间相对较晚的，这样可以获得货币的时间价值，相当于企业得到一笔无息贷款。总之，纳税人之所以要进行税收筹划，其目的就是降低税收成本，达到总体收益的最大化。

（四）税收筹划应具有专业性

税收筹划作为一种综合的管理活动，所采用的方法是多种多样的。因此，专业性不仅指税收筹划要跨会计学、税收学、法学、财务管理等学科，还要求从事筹划业务的人员应具有专业技能，需要较丰富的从业经验。税收筹划的专业性有两层含义：一是指税收筹划需要由财务、会计，尤其是精通税法的专业人员进行；二是随着现代社会经济生活日趋复杂，各国税制也越趋复杂，仅靠纳税人自身进行税收筹划已显得力不从心。在这样的国际大背景下，专业的税务代理、税务咨询机构应运而生。世界各国尤其是发达国家的会计师事务所、律师事务所、税务师事务所和税务咨询公司等纷纷开办和发展有关税收筹划的咨询业务，这也说明了税收筹划越来越呈现出专业化的特点。

三、税收筹划与偷税、逃税、抗税、骗税等税收违法行为的区别

税收筹划的本质特点就是其合法性，而偷税、逃税、抗税、骗税等则是违反税法的行为。在税收筹划实践中，有的纳税人往往因为筹划不当构成偷税、骗税甚至是抗税，不仅没有达到节税目的，反而受到行政处罚甚至被刑事制裁。因此，要有效地开展税收筹划，必须正确把握和明辨税收筹划与偷税、逃税、抗税和骗税等行为的界限。

（一）偷税

1. 偷税的定义

偷税是指纳税人采取伪造、变造、隐匿、擅自销毁账簿、记账凭证，在账簿上多列支出或者不列、少列收入，或者进行虚假纳税申报等手段，不缴或者少缴应纳税款的行为。纳税人不申报、申报不实，或者超过定额一定幅度未申报调整定额的，一经查出按偷税处理。按税法规定或由税务机关委托，代表国家税务机关向纳税人征收、代扣、代缴税款的单位或个人，负有征收、扣缴税款的责任，在法律上被视为准纳税义务人。因此，扣缴义务人、委托代征人采取上述手段，不缴或者少缴已扣、已收税款的，也属于偷税行为。

2. 对偷税行为的处罚

对偷税行为的处罚包括两个方面：

第一是行政处罚。偷税数额不满 1 万元或者偷税数额占应纳税额不到 10% 的，由税务机关追缴其所偷税的税款，并处以偷税数额 5 倍以下的罚款。扣缴义务人偷税数额在 1 万元以上的，并且偷税数额占应纳税额的 10% 以上的，由税务机关追缴不缴或者少缴的

税款，并依照《关于惩治偷税、抗税犯罪的补充规定》第一条的规定进行处罚。

第二是刑事处罚。偷税是一种违法行为，在《中华人民共和国刑法修正案（七）》中用"逃避缴纳税款"取代了"偷税"的概念。《中华人民共和国刑法》规定：纳税人伪造、变造、隐匿、擅自销毁账簿、记账凭证，或者在账簿上多列支出或者不列、少列收入，或者经税务机关通知申报而拒不申报或者进行虚假的纳税申报，不缴或者少缴应纳税款的，偷税数额占应纳税额的10%以上不满30%并且偷税数额在1万元以上不满10万元的，或者因偷税被税务机关给予二次行政处罚又偷税的，处以3年以下有期徒刑或者拘役，并处偷税数额1倍以上5倍以下罚金；偷税数额占应纳税额30%以上且偷税数额在10万元以上的，处3年以上7年以下有期徒刑并处偷税数额1倍以上5倍以下罚金。《税收征管法》（以下简称《征管法》）规定，偷税纳税人或扣缴义务人是单位的，对单位判处罚金，并对直接负责的主管人员和其他直接责任人员按前述规定处罚。

在现实中，纳税人在税收筹划时常常因不懂税收筹划与偷税的区别或者因避税力度过大，越过了法律的红线，造成被税务机关处罚的后果。税收筹划与偷税的区别主要体现在偷税行为具有很强的欺骗性和隐蔽性，是国家禁止的税务行为，是一种违法的税务行为。而税收筹划具有合法性，是国家允许和鼓励的，是一种公开的节税行为。

（二）逃税

1. 逃税的定义

逃税是指纳税人欠缴应纳税款，采取转移或者隐匿财产的手段，致使税务机关无法追缴欠缴税款的行为。这种行为有以下特征：纳税人必须有欠缴税款的事实，即在税务机关核定的期限内没有按时缴纳税款。同时，纳税人有转移、隐匿财产的行为，并且这一行为产生了税务机关无法追缴欠缴税款的后果。这种行为与偷税不同。偷税是纳税人采取隐匿事实、伪造账目的手段，隐瞒应该缴纳税款的数额；逃税是纳税人承认应纳税额，但采取转移、隐匿财产的手段，隐瞒缴纳税款的能力。

2. 对逃税行为的处罚

对逃税行为的处罚包括两个方面：

第一是对逃税行为的行政处罚。纳税人欠缴应纳税款，采取转移或者隐匿财产的手段，致使税务机关无法追缴欠缴的税款，数额不满1万元的，由税务机关追缴欠缴的税款，处以欠缴税款5倍以下的罚款。

第二是对逃税行为的刑事处罚。逃税数额在1万元以上不满10万元的，除由税务机关追缴欠缴的税款外，对逃税行为人处3年以下有期徒刑或者拘役，并处或者单处欠缴税款1倍以上5倍以下的罚金；逃税数额在10万元以上的，处3年以上7年以下有期徒刑，并处欠缴税款1倍以上5倍以下的罚金。

纳税人向税务人员行贿，不缴或少缴应纳税款的，依照行贿罪追究刑事责任，并处不缴或少缴税款5倍以下的罚金。单位犯逃税罪的，对单位判处罚金，对直接负责的主管人员及其直接责任人员依照前述规定处罚。

（三）抗税

1. 抗税的定义

抗税是指以暴力、威胁方法拒不缴纳税款的行为。这里所说的暴力，指对税务人员实施身体强制，包括捆绑、殴打、伤害等手段，使其不能或不敢要求行为人纳税的情况；这里所说的威胁，指以暴力相威胁，对被害人实行精神强制，使其产生恐惧，不敢向行为人收缴税款的情况。

2. 对抗税行为的处罚

对抗税行为的处罚包括两个方面：

第一是对抗税行为的行政处罚。抗税行为情节轻微、未构成犯罪的，由税务机关追缴其拒缴的税款，处以拒缴税款 5 倍以下的罚款。出口企业拒绝主管退税的国税机关检查，拒绝提供退税资料、凭证的，除令其限期纠正外，处以 5000 元以下的罚款。

第二是对抗税行为的刑事处罚。犯抗税罪的，除由税务机关追缴拒缴的税款外，处 3 年以下有期徒刑或者拘役，并处拒缴税款 1 倍以上 5 倍以下的罚金；情节严重的，处 3 年以上 7 年以下有期徒刑，并处拒缴税款 1 倍以上 5 倍以下罚金；以暴力方法抗税并致人重伤或者死亡的，分别以伤害罪、杀人罪处罚；拒绝、阻碍税务人员依法执行职务但未使用暴力威胁方法的，由公安机关依照治安管理处罚条例的规定处罚。

（四）骗税

1. 骗税的定义及其与偷税的区别

骗税是指以假报出口或者以其他欺骗手段，骗取国家出口退税款的行为。骗税行为与偷税行为的区别在于：

(1) 骗税行为人是把已缴到国库的税款骗归自己所有；偷税则是采取非法手段不缴或者少缴应纳税款，税款还没有缴到国库。

(2) 骗税所采取的是假报出口、虚报价格、伪造涂改报关单等手段；偷税所采取的是伪造、变造、隐匿、擅自销毁账簿、记账凭证或在账簿上多列支出或不列、少列收入，或进行虚假的纳税申报等手段。

2. 对骗税行为的处罚

对骗税行为的处罚包括两个方面：

第一是对骗税行为的行政处罚。企业事业单位采取对所生产或者经营的商品假报出口等欺骗手段，骗取国家出口退税款数额不满 1 万元的，由税务机关追缴其骗取的退税款，处以骗取税款 1 倍以上 5 倍以下的罚款。企业事业单位以外的单位或者个人骗取国家出口退税款数额较小，未构成犯罪的，由税务机关追缴其骗取的退税款，处以骗取税款 5 倍以下的罚款。企业事业单位从事或者参与骗税逃税活动的，包括虚开专用发票和以少充多、虚抬价格、假冒或虚报出口，以及在进口中以多报少、假捐赠等逃税行为，一经查实，对直接责任人一律开除公职，对有关负责人予以撤职。

企业骗取出口退税，情节严重的，经国家税务总局批准停止其半年以上的出口退税权。

在停止退税期间出口和代理出口的货物，一律不予退税。对骗取退税数额较大或情节特别严重的企业，由对外贸易经济合作部撤销其出口经营权。

第二是对骗税行为的刑事处罚。以假报出口或者其他欺骗手段，骗取国家出口退税款数额在1万元以上的，除由税务机关追缴其骗取的退税款以外，处5年以下有期徒刑，并处骗取税款1倍以上5倍以下罚金；数额巨大或者有其他严重情节的，处5年以上10年以下有期徒刑，并处骗取税款1倍以上5倍以下罚金；数额特别巨大或者有其他特别严重情节的，处10年以上有期徒刑或者无期徒刑，并处骗取税款1倍以上5倍以下罚金或者没收财产。纳税人缴纳税款后，采取以假报出口或者其他欺骗手段，骗取所缴纳的税款的，依照偷税的规定处罚；骗取税款超过所缴纳的税款部分，依照骗税的规定处罚。

（五）税收筹划与偷税、逃税、抗税、骗税的关系

税收筹划与偷税、逃税、抗税、骗税等行为之间既有联系又有区别，其联系主要表现在以下几方面：

(1) 行为实施的主体相同，都是以纳税人为主体所采取的行为。

(2) 行为实施的目的基本相同，都是以减轻税收负担，达到不缴或少缴税款的目的。

(3) 行为实施的税收环境相同，几者都处在相同的税收征管环境和税收立法环境中。

税收筹划与偷税、逃税、抗税、骗税等行为之间的区别主要表现为以下几方面：

(1) 性质不同。税收筹划是在正确履行纳税义务的前提下进行的，其特点是合法或不违法，而偷税、逃税、抗税和骗税是通过非法手段将应税行为变为非应税行为，直接逃避纳税人需要承担的应税责任，是一种违法甚至犯罪的行为，应该受到法律的制裁。

(2) 使用的手段不同。税收筹划采取公开或者相对公开的手段，不需要进行修饰和掩盖，以科学理财为手段实现企业的财务目标。偷税、逃税和骗税采用隐蔽的手段达到少缴税款的目的，具有欺诈性。抗税则是采用暴力、威胁的手段少缴税款，这种情形恶意触犯法律，必将受到法律的严惩。

(3) 承担的责任不同。税收筹划既然是一种合法或不违法的行为，原则上不会出现法律问题，并理应受到国家法律的保护和认可。偷税、逃税、抗税和骗税是违法行为，一经查实，除了要给予一定金额的经济处罚外，还要视情节轻重，决定是否追究刑事责任。

(4) 政府的态度不同。偷税、逃税、抗税和骗税行为具有故意性、欺诈性、违法性等特征，使国家税收遭受损失。政府对其持坚决反对和抵制态度，并对此类行为有专门的处罚规定。而对税收筹划行为，政府一般持支持和鼓励态度。虽然对于避税筹划，政府不提倡，但是相对于偷税、逃税、抗税和骗税行为来说，由于避税行为不违法，政府对其的态度要宽松很多。

(5) 产生的后果不同。偷税、逃税、抗税、骗税等行为是与税法精神相违背的，因而会使税收杠杆失灵，并可能造成社会经济不公，容易滋生腐败现象，而税收筹划则是符合国家政策导向，有利于国家采用税收杠杆来调节国家宏观经济的发展。

(6) 行为的时点不同。偷税、逃税、抗税、骗税通常是在纳税义务发生之后进行的，具有事后性。而税收筹划则是在纳税义务尚未发生时进行的，是通过对生产经营活动的事前选择、安排实现的，具有事前性。

第二节　税收筹划的分类、原则与目标

一、税收筹划的分类

按不同的标准税收筹划可以有以下分类。

（一）按税收筹划需求主体的不同分类

按税收筹划需求主体的不同，税收筹划可分为法人税收筹划和自然人税收筹划两大类。

(1) 法人税收筹划。法人税收筹划是指具有法人资格的经济主体的税收筹划，是对法人在组建、筹资、投资、运营、核算、分配等活动过程中所进行的税收筹划，包括企业筹划与非营利组织等非企业法人税收筹划。

(2) 自然人税收筹划。自然人税收筹划是指个人和不具有法人资格的独资企业、合伙企业等经济主体的税收筹划。由于我国现行的税制模式是以流转税、所得税为主体，税收对法人活动的影响很大，因此法人税收筹划是税收筹划的主要领域，尤其是企业所得税的税收筹划。随着经济发展，个人收入水平的提高，自然人税收筹划主要是个人投资理财领域个人税负的最小化，其对税收筹划的需求也在逐步增加。

（二）按税收筹划供给主体的不同分类

按税收筹划供给主体的不同，税收筹划可分为委托税收筹划和自行税收筹划。

(1) 委托税收筹划。委托税收筹划是指需求主体委托税务师事务所、会计师事务所、财务咨询公司等中介机构或者外聘税收筹划专家所进行的税收筹划。这一类型的税收筹划需要支付一定的费用，税务师事务所、会计师事务所的税务代理人或税收筹划专家具有丰富的专业知识和较高的税收筹划技能，因此制定的筹划方案成功率比较高。委托税收筹划比较适用于企业大型税收筹划项目和难度较大的一些税收筹划专门项目。

(2) 自行税收筹划。自行税收筹划是税收筹划需求的主体所进行的税收筹划，筹划需求主体自身要熟练掌握税收法律法规，具有税收筹划技能。企业自行税收筹划以财会人员为主，也包括其他具有税收知识的人员。由于自行税收筹划的筹划主体很难像专业人员那样精通和准确把握税收法律法规，加之我国税收政策的复杂性，因此，自行税收筹划的成功概率相对而言比较小，加之成本与风险比较大，所以自行税收筹划一般采用得比较少。

（三）按税收筹划区域的不同分类

按税收筹划区域的不同，税收筹划可分为国内税收筹划和国际税收筹划。

(1) 国内税收筹划。国内税收筹划是指国内企业在遵循我国税收法律、法规的前提下，通过合理合法的方式安排投资、生产经营及财务活动，以降低企业税收负担的行为。

(2) 国际税收筹划。国际税收筹划是指跨国纳税主体经济活动涉及他国或多国时，用合法合理的方式，经过周密的安排来达到减轻税收负担的目的。依据跨国纳税主体投资经

营方向的不同，国际税收筹划可分为三类：一是本国投资者对外投资时的税收筹划；二是外国投资者对本国投资时的税收筹划；三是本国企业从事进出口国际贸易时的税收筹划。

（四）按税种的不同分类

按税种的不同，税收筹划可分为所得税税收筹划、流转税税收筹划、财产税税收筹划、资源税税收筹划、行为税税收筹划等。由于所得税和流转税是我国目前税制结构中最主要的两大税类，因而也是纳税人税收筹划需求最大的两类税种。

(1) 所得税税收筹划。所得税税收筹划主要是围绕收入的实现、经营方式、成本核算、费用列支、筹资方式、投资方向、机构的设置、税收优惠政策等涉税项目的税收筹划。所得税的税负弹性较大，相对来说税收筹划的空间也较大，且税收筹划的效果往往比较明显，因而这类税收筹划的需求较大。

(2) 流转税税收筹划。流转税税收筹划主要是围绕纳税人身份的选择、销售方式、结算方式、税收优惠等纳税相关项目进行的税收筹划。流转税的税负弹性较所得税税负弹性小，且税负易转嫁，因而流转税的税收筹划空间相对于所得税要小。

（五）按降低税负的方式分类

按降低税负的方式不同，可将税收筹划划分为绝对税收筹划、相对税收筹划与涉税零风险税收筹划。

(1) 绝对税收筹划。绝对税收筹划是指通过对涉税事项的预先安排使应纳税款的绝对额减少以降低税负的筹划方式。

(2) 相对税收筹划。相对税收筹划是指通过对涉税事项的预先安排使缴纳税款的时间向后推迟以获取资金的时间价值、降低税收负担的筹划方式。

(3) 涉税零风险税收筹划。涉税零风险税收筹划是指通过对涉税事项的预先安排和规范处理，规避涉税风险，避免因违反税法招致处罚而增加不必要的税收负担或带来其他利益损失。

（六）按税收筹划的手段分类

按照税收筹划的手段不同，税收筹划可以划分为政策派税收筹划和漏洞派税收筹划。

(1) 政策派税收筹划。政策派税收筹划又被称为节税派税收筹划，该学派认为税收筹划必须在遵循税法的前提下合理地运用国家政策，其实质是通过节税手段减少纳税人的总纳税义务。

(2) 漏洞派税收筹划。漏洞派税收筹划也称为避税派税收筹划，该学派认为利用税法漏洞进行税收筹划，进而谋取税收利益不违法。

（七）按公司生产经营过程的分类

对于法人的税收筹划，是从公司的开始建立至生产经营等多环节的设计安排。公司活动主要包括投资决策、生产经营、成本核算、成果分配，因此也可以按照公司经营活动来进行分类。公司投资决策中的税收筹划是指公司将税收作为投资决策中的一个重要因素，在投资决策中全面考虑税收的影响，从而选择税负最合理的投资方案的行为。投资影响因素的复杂多样性决定了投资方案的多样性，然而不同的投资方案的实施存在不同的纳税义务。因此，公司就得衡量不同投资方案的税负水平，选择最优的投资方案；公司生产经营中的税收筹划是指公司在生产经营过程中全面考虑税收因素，进而选择有利于使自身税负最轻的生产经营行为。公司生产经营中的税收筹划主要通过产品价格的确定、公司从事产业的选择、生产经营方式的选择等使公司生产经营处于理想状态。比如增值税的征税范围广、内容多、优惠政策多，不同的产业选择会导致税率和税基的变化而产生税负的变化，所以公司要通过仔细计算分析来进行产业的选择；成本核算中的税收筹划是指公司对社会经济形势的预测及其他因素的综合考虑，选择恰当的会计处理方式，以利于公司获得最大经济利益的行为。不同的会计处理方式对公司纳税是有影响的，比如固定资产折旧方法、存货计价方法等。就公司固定资产折旧方法而言，有直线折旧方法和加速折旧法；就存货计价方法而言，目前有先进先出法、加权平均法、个别计价法等。公司选择不同的固定资产折旧方法和不同的存货计价法会改变公司的税基，进而影响纳税；成果分配中的税收筹划是指公司在对经营成果分配时充分考虑各种分配方案的税收影响，选择税负最轻的分配方案的行为。公司税收筹划主要是结合国家税收政策，通过筹划合理归属所得年度进行。合理归属所得年度是指利用合理手段将所得归属在税负最轻的年度里。

二、税收筹划的原则

纳税主体进行税收筹划活动需要遵循一些基本的原则，同时尽可能降低涉税风险。

（一）合法性原则

税收筹划的基本原则就是合法性。所谓合法主要是指税收筹划使用的筹划方法、筹划方案、实施过程、筹划结果皆要合法。合法性原则是税收筹划的最基本原则，也是其赖以生存的前提条件。税收筹划的内涵已经决定了其活动的范围必须以法律许可为自身活动边界，并在这一范围内选择税负水平较为理想或税收利益最大化的纳税方案。坚持合法性原则是税收筹划成功的前提条件，应当全面准确理解税法及财会法规和有关经济法规，理解法规条款、立法背景和立法精神，不可断章取义。同时，违背税收等法律法规的筹划活动必然导致筹划方案的失败，纳税主体及其筹划参与者还会受到相应的惩罚，承担应有的法律责任。因此，从事税收筹划的相关人员一定要了解和掌握国内外税收政策法规，全面熟悉和掌握不同国家的税制结构以及我国不同行业、不同地区的税收法规及其差异。只有这样，才能用好用足税收优惠政策，依法筹划，保证税收筹划的合法性。

（二）成本效益性原则

税收筹划作为一种经济行为，在寻求企业利益的同时，必然会发生相应的成本、费用，因此，纳税人在进行税收筹划时应遵循成本效益原则。税收筹划成本包括显性成本和隐性成本。

(1) 显性成本。显性成本是指为进行税收筹划所花费的人力、物力和财力。比如，多数税收筹划方案的实施都需要进行大量的企业内部或企业间的组织协调、沟通与交流，这就涉及交流成本、谈判成本、监督成本和相关管理成本等；有的税收筹划涉及面广，有时会聘请税务专家为其筹划，这就涉及费用支出的问题，这些都属于税收筹划的显性成本。

(2) 隐性成本。隐性成本即机会成本，是指纳税主体因采用拟定的税收筹划方案，从事某项经营、生产某种产品而不能从事其他经营、生产其他产品放弃的潜在收益。隐性成本在不同的纳税环境和不同的筹划方案中表现为不同的形式，一般容易被忽视。税收筹划过程本身是一个决策过程，即在众多方案中选择某个可行且税负较低的方案，但选定一个方案必然要舍弃其他方案；不同的筹划方案具有不同的优势，有的方案具有税务优势，即税负较低，而有的方案则具备非税优势。这样，在选择具有税务优势方案的同时，可能会牺牲其他方案的非税优势。对于所选择的具有税务优势的筹划方案来说，因此而牺牲的非税优势就是此项筹划的机会成本。当前，我国税制正处于日趋完善阶段，税收优惠政策几乎每年都会发生变化，所以，对优惠政策的享用需要充分考虑机会成本问题。

因此，在进行税收筹划时要进行成本效益分析，当所选择的税收筹划方案的筹划收益大于筹划成本时，应开展税收筹划；当所选择的税收筹划方案的筹划成本高于筹划收益时，则应放弃税收筹划。

（三）整体性原则

整体性原则是税收筹划效益性的关键，筹划人员必须要有整体观念，站在整体的高度，综合考虑。整体观念主要是指企业涉及的所有税种，在分别对各税种进行筹划时，要充分考虑筹划方案中主体税种对其他税种的影响，如果独立审视某一税种筹划方案可能是最佳的，而从企业整体税负来看却不一定可取，个别税种税负的降低，可能会导致其他税种税负的升高，从而引起整体税收成本的增加。一般而言，一项成功的税收筹划必然是多种税收筹划方案的优化选择，这就要求筹划人员在选择确定税收筹划总体方案时，应将各税种的不同方案采用多种组合进行综合评估，然后选择整体税负较轻，能增加企业整体收益的税收筹划方案。

（四）风险防范原则

税收筹划经常会在税收法律法规相关规定的边缘上进行操作，这就意味着其蕴含着很大的操作风险。税收筹划主要有两大风险：经营过程中的风险和税收政策变动的风险。

(1) 经营过程中的风险。经营过程中的风险主要是由于企业不能准确预测到经营方案的实现所带来的风险。

(2) 税收政策变动的风险。税收政策变动的风险与税法的"刚性"有关，目前我国税收政策还处于频繁调整时期，这种政策变动风险不容忽视。

此外，税收筹划之所以有风险，还与国家政策、经济环境及企业自身活动的不断变化有关。要做到有效防范风险，税收筹划人员必须精通和准确理解国内外现行的税收法律法规，同时掌握企业经营过程中的涉税范围，防止出现理解差异而产生的偏差；另外，税收法律法规在一定时期有一定的适用性，也会随着客观情况的变化而进行调整。因此，税收筹划要十分注意及时掌握最新的税收法律法规信息，注意税收法律法规的时效性，以便进行合法有效的筹划工作。为此，纳税人必须随时作出相应的调整，采取措施分散风险，争取尽可能大的税收收益。总之，只有高度重视税收筹划风险，才不会使自己处于不利地位，承担风险。

（五）因地制宜原则

税收筹划和企业的经营活动息息相关、不可分割。纳税人应全面考虑，细致分析一切影响和制约税收的条件和因素，不仅要把税收筹划放在整体经营决策中加以考虑，而且要把它放在具体的经济环境中加以考虑。一种筹划方案只有放在特定的环境中，才可能分析其优劣。税收筹划虽然有一些普遍原则，但因企业与企业之间情况不尽相同，对于某个企业成功的筹划方案对另外的企业可能毫无意义。所以，完全照搬其他企业税收筹划的方案是行不通的。如果完全照搬其他企业的税收筹划方法，而忽略了企业自身背景的差异，税收筹划方案很难起到应有的效果。因此，在制定税收筹划方案时，一定要根据自身的实际情况，因地制宜地分析、选择、确定最适合自己的方案。

（六）系统性原则

从税收筹划和财务管理的关系来看，税收筹划作为企业投资和生产经营决策中的重要部分，必须服从、服务于企业财务管理的总体目标，必须注重综合平衡。

(1) 国家实施税收优惠是通过给纳税人提供一定税收利益而实现的，但并不等于纳税人可以自然地得到这种优惠政策，因为税收优惠往往都是与纳税人的投资风险并存的，所以，税收筹划必须注意收益与风险的综合平衡。对于不同纳税方案的选择，风险与收益的权衡也同样需要慎之又慎。

(2) 纳税是一个过程，企业税收筹划不能只注重于某一纳税环节中个别税种的税负高低，而要着眼于整体税负的轻重，因而应认真衡量税收筹划中节税与增税的综合效果。

(3) 有时税收筹划的节税目标与企业整体理财目标也会出现矛盾。一是税收支出与其他成本支出的矛盾。税收支出少，但如果其他成本高，节税就不能带来资本总体收益的增加。二是节税与现金流量的矛盾。如果一个企业的现金前松后紧，滞延纳税时间将不利于企业资金收支的管理，会加剧后期现金流动的紧张状况，造成企业资金运动困难。三是企业片面地追求节税及自身效益的提高，则会扰乱正常的经营理财秩序，导致企业内在经营机制的紊乱，并最终招致企业更大的潜在损失。这些情况的出现和发生都有违于税收筹划的初衷。

（七）事先筹划原则

在经济行为已经发生，纳税项目、计税依据和税率已成定局后，再实施少缴税款的措施，无论是否合法，都不能认为是税收筹划。

企业税收筹划必须在纳税义务发生之前，通过对企业生产经营活动过程的规划与控制来进行。税收筹划的实质是运用税法的指导通过巧妙地安排生产经营活动来履行纳税义务。

（八）时效性原则

近几年我国进行了增值税转型、营改增试点、资源税从价计征等税制改革，有些具体税种的征管也经常有一些调整。党的十八届三中全会发布的《中共中央关于全面深化改革若干重大问题的决定》中多处提到了下一轮税制改革的方向性问题，可以预见新一轮税制改革的大幕已经拉开。因此，税法变动可能致使税收筹划方案无效，甚至导致违反税法的事件发生。这就要求纳税人或税收筹划的策划者关注税法的变动，及时调整税收筹划的方案。

（九）保护性原则

保护性原则也称账证完整原则，就企业税收筹划而言，保护账证完整是最基本且最重要的原则。税收筹划是否合法，首先必须通过纳税检查，而检查的依据就是企业的会计凭证和记录。如果企业不能依法取得并保全会计凭证，或者记录不健全，税收筹划的结果可能无效或者打折扣。从财务管理的要求来讲，税收筹划不仅是一种短期性的权宜之计，而且是一种值得不断总结、不断提高的理财手段。因此，保持各种凭证与记录的完整性是十分必要的。

三、税收筹划的目标

（一）税收筹划的根本原因

税收是国家为了实现其职能，凭借政治权力，按照法律规定，无偿地取得财政收入的一种形式。纳税作为一种直接的现金支出，意味着纳税人当期既得经济利益的损失，虽然纳税人会因纳税而享受到公共福利，但这些福利既非对等也不易量化，讲究等价交换的纳税人感觉便是纳税吃亏，所缴纳税款越多，纳税人可支配的收入就越少。这种客观存在的经济利益刺激必然促使纳税人去想方设法地减轻税负。所以，税收筹划行为产生的根本原因是在经济利益驱动下，作为"理性经济人"的纳税主体，减轻纳税风险，降低纳税成本，追求其自身经济利益的最大化。纳税成本 (Tax Compliance Cost) 是指企业在履行其纳税义务时所支付的和潜在支付的各种资源的价值。它一般包括三个部分：税款、纳税费用和风险成本，具体内容如下：

(1) 税款。税款是直接的现金支出，即税收缴款书上所列的金额，又叫外显成本 (Explicit Cost)，是纳税成本中最主要的部分。

(2) 纳税费用。纳税费用又叫纳税的奉行费用，是企业履行纳税义务时所支付的除税款之外的其他费用，是间接支出，又叫内涵成本 (Implicit Cost)。比如企业自身或委托中介机构办理涉税事宜的费用、时间耗费、劳动耗费、涉税心理负担、咨询服务费等。

(3) 风险成本。风险成本一般指因纳税给企业带来或加重的风险，如税款负担风险、税收违法风险、信誉与政策损失风险、投资扭曲风险、经营损益风险等所造成的潜在损失。税款负担风险主要是企业以宝贵的现金资源纳税，或者延迟纳税造成税款负担增加等税款支付风险；税收违法风险则是因部分纳税人违反税收法律法规偷逃税款而造成的风险；信誉与政策损失风险是因纳税人税收违法行为被处罚后，除了经济损失之外，还有丧失享受税收优惠待遇的资格，在名誉、声誉或者商誉上受的损失等；投资扭曲风险是由于税制对企业投资行为的扭曲，所导致企业放弃投资行为而不存在税收时的最优项目，而转向投资税收存在时的次优项目，导致利益损失；经营损益风险是政府课税与共担企业经营损失风险并不对称，即使有一定时期内亏损弥补规定，但是在政策期限之后，企业仍需面临经营损失风险。

（二）税收筹划的目标

税收筹划的目标是指企业通过税收筹划希望达到的结果。从不同的角度可以得到不同的税收筹划目标。

1. 减轻税收负担

纳税人税收负担最小化的追求，是税收筹划产生的最初原因，减轻税收负担也就必然是税收筹划所要实现的目标之一。减轻自身税收负担包括两层含义：第一层含义是绝对地减少经济主体的应纳税款数额；第二层则是相对地减少经济主体的应纳税款税额。本书采用第二层含义。绝对减少税收负担仅要求应纳税额的减少，而不管经济主体的实际业绩和经济效益，如果应纳税款额减少幅度低于实际业绩的减少幅度，就不能算是成功的筹划。相反，虽然经济主体的应纳税额有所增加，只要其增加幅度小于经济效益增加幅度，税收筹划就是成功的。

2. 获取资金时间价值

纳税人通过一定的手段将当期应该缴纳的税款延缓到以后年度缴纳，以获得资金时间价值，也是税收筹划的目标之一。资金的时间价值是指资金在经历一定时间的投资和再投资所增加的价值。虽然这笔税款迟早是要缴纳的，但现在无偿地占用这笔资金就相当于从政府部门获得了一笔无息贷款。理论上，如果企业每期都能将后期的一笔费用在当期列支，或将当期的一笔收入在下期计入应纳税所得额，则每期都可以使一部分税款缓纳，相当于每期都获得一笔无息贷款；也就是说，每期都可以用新贷款偿还旧贷款，则相当于一笔贷款永远不用清偿。在信用经济高度发展的今天，企业的生产经营活动，尤其是扩大生产经营规模时，经常要贷款。这笔无息贷款的获得为企业的筹资活动省去了不少麻烦，尤其是对于那些资金紧张的企业来说更是这样。企业的筹资规模将在一定程度上影响企业的财务风险与经营风险，这种无息贷款不会增加企业风险，反而会有利于企业增强实力以抵御风险。既然资金具有时间价值，尽量减少当期的应纳税所得额，以延缓当期税款缴纳就具有理论与现实意义。

3. 实现涉税零风险

涉税零风险是指纳税人账目清楚，纳税申报正确，缴纳税款及时、足额，不会出现任何涉税处罚，即在税收方面没有任何风险，或风险极小可以忽略不计的一种状态。在这种状态下，纳税人虽然不能直接获取税收上的好处，但却能间接地获取一定的经济利益，更加有利于企业的长远发展与规模扩大。

(1) 实现涉税零风险可以避免发生不必要的经济损失。虽然这种税收筹划不会使纳税人直接获取税收上的好处，但由于纳税人经过必要的筹划之后，可避免税务机关的经济处罚，这种损失的避免实际上相当于获取了一定的经济利益。

(2) 实现涉税零风险可以避免发生不必要的名誉损失。在商品经济高速发展的今天，企业的好品牌便意味着其产品更容易被消费者所接受，带来经济效益和社会地位；个人的口碑越好，则越容易被社会所接受。一旦某个企业或个人被税务机关认定为偷税、漏税，甚至是犯罪，那么该企业或个人的声誉将会因此遭受严重的损失。

纳税人的涉税零风险税收筹划，可以使企业账目更加清楚，更有利于企业控制成本费用，管理更加有条不紊，实现企业的健康发展。

纳税人账目不清，纳税不正确，即使未被税务机关发现查处，未遭受任何经济上、名誉上的损失，也会承受精神上的压力。

4. 追求经济效益最大化

纳税人从事经济活动最终的目的应定位于经济效益的最大化，而不应该是绝对意义上的少缴税款。如果纳税人从事经济活动的最终目的仅为后者，那么该纳税人最好不从事任何经济活动，因为这样其应负担的税款数额就会很少，甚至没有。因此，纳税人在以追求最大的经济效益进行税收筹划活动为最终目标时，应注意考虑以下几方面，比如加强企业生产经营管理，提高管理水平；加大科技投入，改进生产技术；寻找生产规模的最佳转折点，实现规模经济；促进制度创新，获取超额利润等。

5. 维护自身合法权益

依法治税是一把双刃剑，它不仅要求纳税人依照税法规定及时、足额地缴纳税款，而且要求税务机关依照税法规定合理、合法地征收税款。由于我国法治建设还不够完善，法治水平还有待进一步提高，在现实社会中，税务机关需要完成的税收任务逐年增加，税务机关为完成任务想尽办法，运用征税权力时而发生"越位"现象，比如有些地方实行"包税"，有的地方为了完成税收任务"寅吃卯粮"等，这些人治因素还在影响着纳税人的正常经营活动。如果纳税人不通过税收筹划维护自身合法权益，任由税务机关根据需要征收税款，那么必然会造成税务机关滥用征税权和不注重提高征管业务水平，税收执法环境恶化，无论该纳税人如何进行生产经营管理和税收筹划都无济于事，因此，注意维护自身合法权益也是纳税人进行税收筹划必不可少的重要目标。

第三节 税收筹划的影响因素与实施流程

一、税收筹划的成本与收益

（一）税收筹划的成本

税收筹划的成本是指纳税人因进行税收筹划而增加的支出或放弃的资源。税收筹划的成本主要包括以下几方面内容。

1. 新增的制订和执行税收筹划方案的成本

新增的制订和执行税收筹划方案成本是指税收筹划方案与原方案相比，其制订和执行成本的增加值。其中，制订和执行成本是指税收筹划方案在制订和执行过程中所产生的各项支出。

税收筹划方案的制订和执行成本具体包括：收集和保存与税收筹划相关信息的耗费；税收筹划人员因从事与税收筹划方案制订和执行工作相关的工资、薪金；对税收筹划人员进行税收筹划培训的费用；委托税务代理机构进行税收筹划的全部费用；因按照税收筹划方案安排生产、经营活动而产生的诸如筹建或改建成本、沟通及协作成本、制订计划成本、谈判成本、监督成本和管理成本等。

2. 因进行税收筹划而新增的纳税成本

纳税成本是指纳税人在纳税过程中所发生的直接和间接费用，包括经济、时间等方面的支出。因进行税收筹划而新增的纳税成本也是一个增加值，是与原纳税方案相比纳税成本的增加值，具体包括以下五个方面：

(1) 新增的正常税负。新增的正常税负是指根据新制订的税收筹划方案按照税法规定计算得出的应纳各项税款总额，比原纳税方案应纳税款总额的增加额，是税收筹划方案的正常税负，是纳税人必须支付的。税收筹划并非总是以减少税负为目的，有时为增加收益会同时增加税负，但只要增加的收益大于增加的税负，同样会给纳税人带来经济利益。

(2) 新增的办税费用。新增的办税费用是指与原纳税方案相比增加的办税费用。办税费用包括办税人员费用、资料费用、差旅费用、邮件费用、利息等。

(3) 新增的税收滞纳金和罚款。新增的税收滞纳金和罚款是指税收筹划方案被认定为偷税等违法行为而导致的罚款及缴纳的滞纳金。

(4) 新增的沟通、协调费用。新增的沟通、协调费用是指为取得税务机关对税收筹划方案的认可而发生的沟通、协调等方面的支出。

(5) 新增的行政复议、行政诉讼费用。新增的行政复议、行政诉讼费用是指因不服税务机关将税收筹划方案认定为违法行为而产生的行政复议、行政诉讼费用等支出。

3. 税收筹划的心理成本

税收筹划的心理成本是指纳税人因担心税收筹划失败而产生的与心理焦虑相关的各项损失和支出。心理成本很难测量，虽然很少有人进行深入研究，但心理成本的高低对税收筹划事项的正确处理具有重大影响。许多涉税人员在处理税收筹划事项时，经常会担心筹划不当而产生焦虑或挫折等心理，这种状况将直接影响其工作效率。对心理承受能力较差的人而言，这种心理甚至会影响他们的身体健康，使其付出更大的心理成本作为进行税收筹划的代价。心理成本的高低取决于税收筹划的复杂程度、纳税人的心理承受能力、当地税务机关对税收筹划的态度、政府对税收违法行为的处罚程度等。

4. 税收筹划的风险成本

税收筹划的风险成本是指由于税收筹划存在风险而发生的成本。税收筹划的风险成本主要包括：纳税人因税收筹划方案设计失误或实施不当而造成筹划目标落空的经济损失，纳税人因税收政策变化导致税收筹划方案失败产生的损失，纳税人因企业经营活动变化导致原税收筹划方案无法实现既定目标而产生的损失，纳税人因税务机关对税收筹划方案错误认定而产生的损失等。

5. 税收筹划的非税成本

税收筹划的非税成本是指纳税人因进行税收筹划所产生的连带经济行为的经济后果，它是一个内涵丰富的概念，包括可以量化的内容，也包括难以量化的内容。由于信息不对称的原因，造成隐藏行为和隐藏信息的存在，使得非税成本有时很大，甚至远远超过税收筹划增加的收益或减少的成本。非税成本是进行税收筹划时必须考虑的重要因素，非税成本一般难以量化，但如果税收筹划者未充分认识到非税成本的存在，则税收筹划策略的有效性将大大降低。例如，甲企业长期采用避税方式进行税收筹划，实现少缴税款的目的，经常推迟收入的确认，提前确认成本费用，企业账面形成多年亏损状况，积累了大量的非税成本。这时，企业的一个主要投资者欲转让其持有的股权，由于甲企业账面长期亏损，几乎没有人愿意购买，个别购买者也出价很低，远远低于股权对应的企业实际价值。此时，甲企业决策者幡然醒悟，一味追求少缴税，其隐藏的非税成本是巨大的，会导致各种非税成本加起来抵消了企业所享受的节税收益。

上述税收筹划成本的分类不是非常严格的，有些税收筹划成本可能同时属于其中的两类或多类。例如，税收筹划被认定为偷税等违法行为而导致的罚款及缴纳的滞纳金，既属于因进行税收筹划而新增的纳税成本，又属于税收筹划的风险成本。

（二）税收筹划的收益

税收筹划的收益是指纳税人因进行税收筹划而获得的各种利益。税收筹划收益主要包括以下几方面内容。

1. 因进行税收筹划而新增的收入

在数量上，新增的收入等于税收筹划后企业各项收入大于税收筹划前各项收入的部分。需要注意的是，这里所说的新增收入均是由税收筹划活动直接或间接引起的，企业发生的与税收筹划活动无关的新增收入不包括在其中。

2. 因进行税收筹划而减少的纳税成本

与税收筹划成本中新增的纳税成本相对应，纳税成本的减少额主要包括与原纳税方案相比，税收筹划方案引起的税负减少额、办税费用的节约额以及行政罚款的减少额等。其中，税负的减少额是主要部分，是指实施税收筹划方案的全部税负低于原纳税方案全部税负的差额。

3. 因进行税收筹划而新增的货币时间价值

因进行税收筹划而新增的货币时间价值，主要是通过延期纳税来实现的。通过延期纳税使企业当期总资产增加，不仅可以用来清偿债务，而且可以用来进行持续的经营生产。

4. 税收筹划的非税收益

税收筹划的非税收益是指纳税人因进行税收筹划而获得的各种间接经济利益，其主要包括以下内容：

(1) 涉税零风险筹划给纳税人带来的利益。涉税零风险筹划虽然不能为纳税人带来直接经济利益的增加额，但却能为纳税人创造出一定的间接经济利益。通过实现涉税零风险，一方面有利于纳税人形成较好的纳税信誉，树立良好的纳税人形象，有利于纳税人的经营发展，使纳税人长期受益；另一方面会使税务机关对纳税人形成良好的纳税印象，能够使纳税人获得税务检查以及税收优惠政策等方面的宽松待遇。

(2) 通过税收筹划提高纳税人整体管理水平和核算水平。使纳税人增加收益的税收筹划是一种高水平的筹划活动，企业进行税收筹划必须聘用高素质的人才，规范自己的财务会计处理，这能够在客观上提高纳税人的管理水平和核算水平，为纳税人带来收益。上述税收筹划收益的分类也不是非常严格的，有些税收筹划收益可能同时属于其中的两类或多类。

（三）税收筹划的成本与收益分析

纳税人进行税收筹划是为了获得整体经济利益，而不是某一环节的税收利益，因此纳税人在进行税收筹划时要进行成本与收益分析，以判断在经济上是否可行。税收筹划的成本与收益分析，是指在税收筹划方案的制订和执行过程中，要比较税收筹划方案带来的收益与耗费的成本，只有税收筹划方案的成本小于获得的收益时，该税收筹划方案才是可行的。

一般来说，一个税收筹划方案会涉及很多方面，而且税收筹划方案的实施会对纳税人以后若干年的生产经营活动产生影响，因此，税收筹划的成本与收益分析不能仅仅局限于某个纳税年度，纳税人应根据自身实际情况，确定比较年限，并考虑货币时间价值。税收筹划的成本与收益分析具体步骤如下：

(1) 提出税收筹划方案。在进行成本与收益分析时，企业应根据具体情况首先提出若干个税收筹划方案，然后详细地列出每种方案可能发生的全部预期成本和全部预期收益。

(2) 确定比较年限。纳税人应根据税收筹划方案对企业生产经营活动的影响期限，合理确定比较年限，并考虑货币的时间价值。

(3) 确定贴现率。纳税人在分析成本与收益时，需要将未来时点的成本与收益换算成现在时点的成本与收益，贴现率的选择是关键。实践中，贴现率的选择存在很多争议，是一项复杂的工作，需要考虑很多因素。一般来说，选择贴现率时应考虑以下三点：一是社会平均利润率；二是通货膨胀附加率；三是纳税人的风险报酬率，纳税人可以将三者之和作为贴现率。

(4) 计算收益和成本的现值。纳税人将分析期间发生的收益和成本，用收益流和成本流来表示，并使用贴现率对收益和成本的现值进行比较分析。

(5) 确定最优税收筹划方案。纳税人选择最优税收筹划方案的依据有两个：一是计算出每种方案的净收益；二是计算出每种方案的收益成本比。净收益等于总收益现值减去总成本现值。具体的计算公式为

$$净收益 = 总收益现值 - 总成本现值$$

$$收益成本比 = \frac{总收益现值}{总成本现值}$$

二、税收筹划的影响因素分析

税收筹划是纳税人为达到减轻税负和实现经济利益最大化的目的，在税收法律法规允许的范围内，对企业的经营、投资、理财、组织和交易等各项活动进行事先计划和安排的

活动。对于追求经济利益最大化的企业来说，选择最优的税收筹划方案是理所当然的。但好的税收筹划方案并不是都能达到预期效果，税收筹划是否成功受多种因素的共同影响和制约，具体有以下因素。

（一）税制因素

税收制度（税制）是规范国家和纳税人之间税收征纳关系的法律规范的总称，也是体现国家政策导向的宏观调控手段之一。经济活动新情况、新问题的出现使得原有的税收规定出现漏洞和空白，税法属于上层建筑，其制定和修订程序必须依法定程序进行，这就需要较长时间，同时因为税收法规制定者的主观引导和客观认知、实践能力的局限，税制也不可避免地存在一些差异和缺陷，其中也包括国家为引导经济的良性运行而刻意设置的税收差异等，这就为纳税人提供了税收筹划选择的空间，也正是这些差异和缺陷成就了税收筹划。但这些差异和缺陷不是永恒存在的，随着税收制度的完善，税收筹划方案会因政策变动变得毫无价值，甚至带来涉税风险。

纳税人在利用税制因素进行税收筹划时要注意两个原则：

(1) 合法与合理原则。税收筹划是纳税人在不违法的前提下对纳税行为的巧妙安排。税收筹划不仅要符合税法的规定，还要符合国家政策导向。纳税人应正确理解税收政策规定，贯彻税收法律精神，在税收法律法规允许的范围内进行税收筹划，否则，税收筹划会变成税收违法活动。

(2) 动态性原则。从法制完善的角度来说，税法不断补充完善，纳税人可利用的税法缺陷和差异会越来越少。从宏观调控的角度来说，社会经济环境的变化会引起宏观政策导向的变化，纳税人税收筹划所依据的税收政策重点也会发生转移，税收筹划需因时而异。

（二）经济环境因素

税收筹划是市场经济个体——纳税人的一种经营决策，个体的经济活动必然会受到整体经济环境的影响，很多理论上可行的方案在实践时会变得难以取舍或举步维艰。比如，一般新办企业投资地点会建议选在税负较低的经济特区或沿海经济开放区，但这会使得企业必须面对激烈的市场竞争、高昂的经营成本、偏低的投资收益；企业在西部开发地区或者民族地区设立投资经营，也可以享受税收优惠政策，但企业会面临投资环境不完善、经济管理手段相对落后、供求关系不稳定、经营风险较高等问题。总之，企业应根据国民经济运行宏观环境，客观分析对企业经营管理活动的影响，并科学预测出行业的发展前景，为企业的税收筹划提供可靠的参考；尤其在投融资方面，企业必须充分掌握与项目相关的经济信息并进行合理的分析，如果割裂投融资计划与客观经济环境的有机联系，片面强调税收筹划，终会导致税收筹划的失败。

（三）执法因素

我国经济活动情况复杂，税收征管人员业务素质参差不齐，造成了税收政策、法规执行水平的差异，这也为税收筹划提供了可利用的空间，主要表现在以下三个方面：

(1) 自由裁量权。我国税法规定对纳税人具体涉税事项的征收管理常留有一定的政策选择空间，即在一定的范围内税务人员可以选择具体的征管措施和方式，比如税收征收管理办法中规定税务机关可以根据纳税人的具体情况采取税款征收的方式，税款的征收方式包括定期定额征收、查账征收、查定征收、查验征收等。

（2）征管水平。由于税务人员素质参差不齐，在税收政策的理解、贯彻执行的方式、执法的公平公正程度等执行上会存在主客观的差异。

（3）监管部门间的不协调。这主要是国税、地税等税务机关之间以及税务部门和其他经济监管部门之间行政管理活动的沟通与协同性差异、信息交流缺乏等。纳税人在利用执法差异进行税收筹划时最重要的是要有良好的政策沟通能力，包括与税务部门和其他经济管理部门的联系。在税收筹划工作中应争取税务部门采用有利于企业的具体征收管理方式，合法、合理取得税务管理人员对税收筹划方案的认可，否则企业精心制定的筹划方案也可能由于执法尺度上的差异而变成一纸空文。

（四）财务管理因素

在税收筹划的过程中需要一些基本的财务处理技术，包括合理安排收入的确认时间以延期纳税、选择合理的成本计价方式以降低税负水平、费用扣除最大化的费用分类的筹划、筹资方案评估的成本收益比较等，而这些技术都与企业的财务处理水平密切相关，如企业在年终汇算清缴所得税时，超过税法允许计提的比例部分的费用支出，企业应调整应纳税所得额等；财务人员在日常核算时，对费用进行合理合法的分类，使其满足税法相关条件，分别记在不同明细科目，避免全部计入"业务招待费"这一明细科目，就可以做到应扣尽扣，使税前费用扣除最大化从而减少应纳税所得额。

纳税人利用财务管理因素进行税收筹划时，财务会计人员及其他经营人员应具备法律、税收、会计、财务、金融等各方面的专业知识，还要具备统筹谋划的能力，否则，即使有迫切的筹划愿望也难有具体的实施方案。为此，企业管理人员应加强业务学习，积极主动了解各项经济法规和经济运行规则，提升自身涉税业务素质，提高企业管理水平。同时，纳税人在进行税收筹划时应寻求税务专家的意见，加强与中介专业机构的合作，提高技术含量，使筹划方案更加合理和规范，以降低税收筹划的风险。

（五）税收筹划目标因素

税收筹划是纳税人根据企业的经营发展预期作出的事前税收安排，不同企业的税收筹划目标可能有所差异，但企业税收筹划目标是判断税收筹划成功与否的一个重要指标。我国实行的是流转税与所得税并重的复合税制，各税种之间存在紧密的联系。纳税人在进行税收筹划时应以整体税负下降和企业经济效益增长为目标，如果以单一税种或以某环节的节税或以绝对税收支出额的节约为目标，容易造成顾此失彼，导致整个税收筹划的失败。比如，某企业应纳税所得额为 20 万元，税收筹划前应纳税额为：$20 \times 25\% = 5$（万元）。现在企业决定利用捐赠办法缩小企业所得税税基，筹划方案是企业通过中国境内的非营利机构向农村义务教育捐赠 5 万元。由于捐赠可以全额在税前扣除，企业应纳税所得额为：$20 - 5 = 15$（万元），适用税率 25%，应纳税额变为：$15 \times 25\% = 3.75$（万元），企业的整体税收负担税筹划后减轻了 1.25 万元。但是如果不考虑社会公益效应，仅从金额上来看，这 1.25 万元的税负减轻是以 5 万元为代价的，而且在筹划后企业的税后收益并没有增加。因此，企业在进行税收筹划时要通盘考虑，着眼于整体税后收益最大化，只有收益大于成本，税收筹划才是可行的。

（六）筹划方案实施因素

税收筹划不应仅是管理人员和财务人员的事务，而应是整个企业上下层级共同努力的目标。因为税收筹划是预先的税务安排，经济发展的情况是否如前所料则需要跟踪分析。税收筹划人员能否及时调整筹划方案，避免失败，有赖于各管理层的信息反馈。如果税收筹划方案得不到大多数员工的认可，没有相应的配合实施政策，就会影响整个方案的贯彻落实，致使税收筹划失败。因此，企业在实施具体税收筹划方案时要在企业内部进行必要的沟通工作，保证方案的顺利施行。此外，税收筹划者要保证筹划方案的可调节性，就需要税收筹划能随经济信息的变动及时调整，更重要的是税收筹划者要主动收集数据，考核计划的实施情况，保证方案的动态分析，避免税收筹划的风险，真正成就税收筹划。

第四节　税收筹划的博弈分析

一、税收筹划与博弈论

（一）博弈论基础

博弈思想在中国古已有之。《孙子兵法》对攻城略地、军事对策的辩证分析，就闪烁着深刻的博弈思想。田忌赛马，更是博弈论思想的成功应用。博弈论是一个强有力的分析工具，它不仅广泛应用于经济领域，而且在军事、政治、商战、社会科学领域以及生物学等自然科学领域都有非常重大的影响。

1. 博弈论的概念

博弈，是指决策主体 (个人、企业、集团、国家等) 在相互对局中，对局双方或多方相互依存的一系列策略和行动的过程集合。博弈论是研究对局中理性的决策主体如何进行策略性决策和采取策略性行动的科学。

博弈论 (Game Theory) 有一个非常通俗的名字——游戏理论，中国曾把博弈论称作对策论，博弈是讲究对策和游戏的策略。

现代博弈论开始建立和形成于 20 世纪 40 年代，美国数学家冯·诺依曼 (Von Neumann) 和摩根斯坦恩 (Morgenstern) 在《博弈论和经济行为》一书中提出了博弈论的经济思想。到 20 世纪 80 年代末 90 年代初，博弈论逐渐成为主流经济学的一部分，因为以博弈论为基础的经济分析方法更接近于经济系统的本质。博弈论最为重要的是为经济分析提供了一种新的分析方法和框架。

博弈论关注决策主体之间行为的相互影响及决策均衡问题，博弈中的任何一个局中人的决策都会受到其他局中人行为的影响，反过来他的行为也成为其他局中人决策的基础。

基于这种依存性，博弈结果依赖于每一个局中人的决策，没有任何一个局中人能够完全控制局面。博弈中的局中人之间产生竞争，而竞争只是博弈中相互依存的一个方面；博弈并非纯粹是竞争，相互博弈的另一方面是局中人有某些共同利益使局中人彼此合作。这是博弈论方法的本质与精髓。

2. 博弈论的研究范畴

博弈论的研究范畴主要包括决策主体、制度结构、行为、均衡和收益五个方面。

(1) 决策主体，即参与者，又称经济行为主体，是经济活动中追求自身利益最大化的决策者和参与者。例如终端消费者、企业、供应商、股东、政府等。

(2) 制度结构，即决策主体面对的所有约束，它是博弈的规则，规定了经济行为主体拥有什么条件去选择，如何去选择，能选择什么，同时它也受到其他行为主体的制约。

(3) 行为，即经济行为主体在面对各种约束条件下采取的策略。

(4) 均衡，即一个能够得以维持的结果，或是所有决策主体不得不接受而又不可能更好的结果。

(5) 收益，即在每一个可能的结果上，参与者的所得和所失，用经济术语来说，就是在所有可能的结果上参与者的偏好是什么。

3. 博弈论的假设条件

(1) 理性经济人假设。亚当·斯密在《国民财富的性质和原因的研究》中最早提出了"理性经济人"的概念，他认为人们的经济行为都是利己的，利己是所有进行经济活动的人的基本动机，在经济活动时，人们总是趋向于用最低的成本来取得最大化的效用。

(2) 理性选择假设。理性选择包括以下三方面的内容：

第一，在众多的支付选择中，至少有一种选择是理性经济人可以选择并能满足其意愿的；

第二，每一种选择都可以用相应支付下的收益来衡量；

第三，同样的成本之下，收益最多的选择是理性经济人最偏好的。

(3) 资源稀缺性假设。人们所拥有的资源以及想获得的资源都是有限的，资源具有稀缺性，正因为如此，理性经济人要获取更多的资源就会进行博弈选择。

4. 博弈的分类

(1) 静态博弈和动态博弈。根据博弈过程的不同可以将博弈分为静态博弈和动态博弈。静态博弈中，参与人同时选择或虽非同时选择但后行动者并不知道先行动者采取了什么具体行动；动态博弈中，参与人的行动有先后顺序，且后行动者能够观察到先行动者所选择的行动。

(2) 完全信息博弈和不完全信息博弈。根据参与者掌握的信息量可以将博弈分为完全信息博弈和不完全信息博弈。完全信息博弈是指每一位参与者对其他参与人的情况完全了解，博弈对局建立在信息对称基础之上；不完全信息博弈是指参与人对其他参与人的选择情况不够了解，博弈对局建立在信息不对称基础之上。

5. 纳什均衡

纳什均衡是由美国数学家纳什提出的，现在已成为博弈论中应用最广泛、使用最频繁的一个重要概念，它是应用博弈论的基础和核心。换句话说，在已知所有其他参与者的情况下，每个参与者都选择最佳策略，所有参与者的这种最佳策略组合就是一个纳什均衡。纳什均衡是一种比较满意的均衡，即如果所有的参与者都预测到某个均衡会发生，所有参与者都不会故意去违背它，没有愿望不去遵守它，它体现了战略博弈行动的稳定状态。纳什均衡实际上是一种理性预期均衡，但纳什均衡并不一定是帕累托最优，它有时存在个人理性和集体理性的冲突，这种冲突有时会导致集体福利的损失。在博弈中，一个博弈往往有不止一个的纳什均衡存在，即并非唯一的。在经济分析中，要求避免低效率的纳什均衡出现，力求福利最大化。

存在纳什均衡的条件下，参与人寻求均衡的努力不会白费，寻求均衡的风险也是较小的。但当可能存在多个纳什均衡时，要所有的参与人预期同一个纳什均衡会出现有时是非常困难的。要保证在存在多个纳什均衡的情况下出现一个纳什均衡，可以采用一些方法。一是利用社会文化习惯和参与人过去的博弈历史；二是让参与人在博弈开始前进行低成本的磋商和协调。

（二）税收筹划的博弈基础

从博弈论的角度来看，税收筹划可以理解为企业作为独立的经济行为主体在税收法律制度的约束下，根据税收政策导向，通过合理地规划、安排其财务活动，以达到减少税款支出、推迟纳税，并最终实现税后收益最大化的博弈行为。

1. 税收筹划博弈的研究范畴

(1) 决策主体：税收筹划博弈的参与者，主要包括企业、政府、税务机关、股东、债权人、供应商、代理商、消费者、企业管理层、雇员、社会公众等。

(2) 制度结构：主要包括宪法、税法、公司法、合同法以及相关的法律法规。

(3) 行为：企业在尊重法律、遵守税法的前提下，获取更多的市场信息，分析自身的成本结构和获利优势，事前系统地对自身的经营、投资等活动进行规划和安排，以达到节约税收、递延纳税和降低风险等目标的税务筹划行为。

(4) 均衡：税收筹划博弈对局中的各决策主体都能够满足当前所达成的协议，或暂时无力改变协议而只能接受的状态。

(5) 收益：在每一个可能的博弈上，税收筹划博弈各方获得的收益。

2. 税收筹划博弈的假设条件

(1) 理性经济人假设。企业是追求税后收益最大化的经济行为主体，它拥有健全的组织机构，能够详细计算自己的损失和收益，企业的每一个选择都是以这种选择能够带来的收益作为衡量标准的，在成本一定的条件下，企业总是偏好收益最多的选择；在收入一定的条件下，企业总是偏好成本最低的选择。

(2) 契约自由假设。当前契约不能满足博弈各方的收益需求时，企业与博弈对方达成的契约是可以被修改、补充或废止的，即契约的签订满足自由签约原则。

(3) 空间存在性假设。企业之所以能够进行税收筹划博弈，是因为税法允许企业拥有税收筹划的权利，且存在税收筹划的空间。一方面由于存在信息不对称现象，税务机关不可能对每个企业的情况都了如指掌，税法本身的不健全、税务机关的自由裁量权以及企业拥有独立经营决策权等都给企业提供了税收筹划博弈的空间。

3. 税收筹划博弈的战略目标定位

企业进行税收筹划都带有战略性目标，通过税收与财务会计管理活动的结合，达到企业筹资、投资、利润分配等活动的帕累托最优。所以，税收筹划博弈是一种战略博弈。通过税收筹划，企业能够达到以下战略性目标：

(1) 收益性目标。收益性目标是企业通过税收筹划博弈所要达到的获利方面的目标。企业在收益性目标方面进行博弈的主要衡量指标有税后净利率、资产报酬率等指标，收益性目标是税收筹划最基本的目标。

(2) 成长性目标。企业税收筹划博弈围绕其成长性要求和发展目标进行。企业通过追加投资、提高技术装备质量、提高市场占有率、争取低税率优惠等手段，在降低税负的基础上增加资产的流动性，满足企业不断成长发展的内在需要。

(3) 稳健性目标。企业税收筹划博弈围绕控制其经营风险和税务风险进行，以实现其稳健发展战略为目标。企业主要通过投资、兼并、收购等方式改变其组织架构、股权关系、商业模型、盈利模式，适应多变的市场形势，减少整体性经营风险和税务风险，实现其稳健性发展目标。

4. 税收筹划博弈的分类

根据博弈主体的不同，可以将企业税收筹划博弈分为企业与政府的博弈和企业与利益相关者的博弈。

(1) 企业与政府的税收筹划博弈主要包括两大类，一是企业与代表国家履行职权的政府组织的博弈；二是企业与行使政府征税权的税务机关的博弈。

(2) 企业与利益相关者的税收筹划博弈主要包括企业与市场竞争者、上下游企业、产权交易方 (有意改变企业产权结构的相对人)、投资者、债权人、企业管理层、雇员以及社会公众的博弈。

（三）税收筹划博弈的基础性条件

1. 信息的不对称性

从企业与政府的关系角度来讲，企业并不完全知晓立法者订立税收法律的意图及其执行标准，他们无法准确预测国家税收政策的变化，对于税法中的"非不允许"事项，企业有一定的自主选择空间。税务机关也不能够完全掌握每个所辖企业的经济运行情况、获利情况以及财务运行情况。企业和税务机关的信息不对称给企业提供了税收筹划空间。从企业与利益相关者角度来讲，企业无法准确预测市场环境的变化时间、趋势，无法全面了解市场中其他利益相关者的运行方式，这种信息不对称促进了企业进行税收筹划、提高经济收益的欲望。

2. 税收契约的不完全性

税收契约不完全性主要是针对法定税收契约来说的。一方面，由于我国缺乏税收基本法，税制本身有待进一步完善；另一方面，由于我国经济发展速度较快，税收法律法规的制定跟不上经济发展的速度，出现了一些税收漏洞和税法空白。税收契约的不完全性主要表现在以下几个方面：

(1) 税法适用上的可选择性。税法具有一定的弹性，一方面对于同一经济业务可以适用不同的税收政策，比如混合销售和兼营行为就存在一定的选择弹性；另一方面税收契约不同于其他契约，税务当局订立的是一对多的固定契约，一般不会针对每个企业的特殊情况协商个别契约，企业具有一定程度的主动选择性。

(2) 税法空白。对经济活动中的一些创新业务，税法没有触及或根本没有做出任何明确规定；税法修订速度没有跟上经济社会发展速度，造成税法没来得及予以明确。比如对于电子商务、网购业务，还没有形成切实可行的、明确的订单、物流、收入确认等方面的税法规定。

(3) 税收漏洞。由于立法程序、立法工作的缺陷以及立法者认知能力的限制，税收法律存在漏洞是在所难免的。税收漏洞即税法体系存在的影响税法功能且违反立法者意图的不完善性，它会导致经济活动的低效率。

3. 契约签订的灵活性

契约签订的灵活性主要是针对交易税收契约来说的。交易税收契约注重纳税人与其利益相关者之间的关系，这种经济战略伙伴关系的维护依赖于市场合约，在经济利益的驱动下，市场合约并不像税收法律那样是固定不变的，而是完全可以在各方合意的基础上做出改变。

(1) 签订"合谋契约"的可能性。税务机关是征税者，企业及其利益相关者是纳税者，从这一点上来说企业与其利益相关者是"统一战线"伙伴，他们可以通过改变契约结构、交易条件以及进行价格协商等方式签订"合谋契约"，共同与税务机关进行博弈，以期获得更大的税收利益。

(2) 与其他经济主体的利益竞争。企业与利益相关者除了有利益依存关系之外，还有竞争关系。根据供求关系提高产品的市场竞争力，争取在相关经济主体中的契约主导地位，这也是交易税收契约灵活性的体现。

4. 私法自治与决策自主权

私法自治强调国家应严格限制自己的权利范围和权力界限，充分关注个体利益和最大限度地发挥个体的主观能动性和积极性。在私法自治原则下，企业对自身的经济业务具有自主决策权和灵活的经营权。经济业务的发生时间、地点、交易方式的不同会导致税收结果的不同。比如通过控制财务费用、销售费用、管理费用的发生时间，可以调节各期之间的企业所得税和净利润水平。因此，私法自治和决策自主权为企业税收筹划博弈奠定了基础。

5. 外部环境的不确定性

我国处于市场经济转型时期，宏观经济环境具有很大的不确定性，这种不确定性给企业带来风险和挑战的同时也带来了丰厚的利益空间。

(1) 区域经济发展的不平衡性。由于各地区的经济发展不平衡，为了维持市场经济的快速发展，政府根据市场需求不断出台新的经济政策。比如我国实行的"西部大开发""振兴东北老工业基地""促进中部地区崛起"等区域性经济政策，以及上海自贸区、沿海经济开发区、苏州工业园区、福建台商投资区、高新技术产业开发区、保税区等差异性税收政策，为企业税收筹划博弈提供了机会。

(2) 税收政策的不稳定性。自 1994 年分税制改革以来，我国税制改革持续进行。在这一发展时期，税收政策的不稳定性给企业带来了较大的税收筹划空间，企业可以根据税收政策的变化做出最佳决策。当下我国正在进行的个人所得税改革、房地产税改革、"营改增"改革、环境税制改革等都为企业税收筹划博弈提供了广阔的舞台。

(3) 政策执行的不确定性。从横向上看，我国税务管理机构分为国家税务总局和地方税务局；从纵向上看，分为省、自治区、直辖市及其下属税务机关。由于税务管理机构层级较多，区域较广，税收政策在不同地区的实际执行中存在较大执法差异，这也为企业税收筹划博弈创造了机会。

二、税收筹划中的博弈机理与参与人

（一）税收筹划博弈机理

1. 税收筹划博弈源于契约的不完全性

著名经济学家劳伦斯·克莱因 (L. R. Klein) 说："契约的不完全性主要有两个原因：一是不确定性意味着存在大量的偶然因素，且要预先了解和明确针对这些可能的反应，其费用是相当高的；二是履约的度量费用也是相当高的。"正是契约的不完全性直接导致了企业税收筹划博弈行为的产生。

(1) 法定税收契约的不完全性。一方面，由于存在税制缺陷及税收征纳双方信息的不对称性，导致我国税法的模糊性广泛存在，且存在一定的税收漏洞，这就决定了法定税收契约是不完全的，税收契约不可能规范所有情况下所有纳税主体的税收事项。另一方面，由于政府及征税机关未能在税收征管中严格履行法定税收契约，且征税机关拥有较大的税收自由裁量权，所以导致了法定税收契约不完全性。企业在法定税收契约不完全性环境下，只有积极主动地与政府及征税机关进行税收筹划博弈才能获取税收利益，实现其最终的财务目标。

(2) 交易税收契约的不完全性。我国市场环境不断变化、错综复杂，企业与其利益相关者订立的交易税收契约只是一种合意的约定。受市场环境变化和利益驱动的影响，这种交易税收契约随时可能发生改变。由于交易税收契约存在一定程度的不稳定性，因此企业需要不断地与利益相关者进行博弈，通过不断改变交易税收契约的条件、内容和结构来达到税收筹划的目的。

2. 税收筹划博弈的实质是改变税收契约关系

企业税收筹划是对其经济业务的一种重新规划和安排，任何类型的税收筹划都会影响到企业之间的利益分配关系。企业作为"一系列契约的联结"的节点，其对经济业务的重新规划和安排都是通过契约来改变利益分配格局的，即最终都表现为契约关系的改变。契约或是以制度或是以书面文件的形式约定，或是以口头形式约定，抑或是通过道德约束的形式约定，但不论采取哪种契约形式，税收筹划本质上都是税收契约关系的改变，即为契约中规定的各利益主体相互联结形式的一种改变。

契约关系的改变使企业与其竞争者及合作者之间的交易结构、交易方式发生改变。从税收逻辑发展角度观察，企业与政府通过税收契约界定其利益分配格局，企业基于法定税收契约的税收筹划，其实是对企业与政府之间税收契约关系的改变；企业与其利益相关者通过改变市场交易结构和交易方式获取税收利益，企业基于交易税收契约的税收筹划，其实是对企业和利益相关者之间税收契约关系的改变。

（二）税收筹划中的博弈参与人

企业税收筹划中的博弈参与人有企业，政府和利益相关者。政府又包括作为社会经济事务管理者的各级政府组织和作为征税代理人的税务机关；利益相关者又包括股东、债权人、管理层、市场竞争者、产权交易方、上下游企业（供应商、代理商等）、消费者、企业雇员、社会公众等。

1. 企业与政府的博弈对局

(1) 企业与政府组织的博弈。由于市场环境是一直变化的，政府的宏观调控政策、地区管理政策导向都会因市场变化而变化，最直观的表现形式就是政府出台的经济政策的改变。企业与政府组织之间存在着微妙的博弈关系。一方面，企业受制于这些政府组织，要遵守各种法律法规，定期接受各项检查；另一方面，企业又受益于这些政府组织，各级政府组织为企业提供了良好的发展平台和政策支持，有些地方政府组织还为企业提供各种类型的财政补贴和税收减免优惠。政府依赖企业创造的价值而生存，提升政府绩效的源泉也在于企业创造的收益。企业和政府在索与取之间相互博弈，政府提供更多的政策优惠和发展平台，企业提供更多的价值回报政府，二者在这种博弈框架下相互依存、共同发展。

(2) 企业与税务机关的博弈。对国家来说，税收是其赖以提供公共产品的基础。收取的税收越多，国家就越有条件为社会提供更多的公共产品。国家征税是通过法律的形式确定的，具有强制性参与收益分配的特征，对企业来说，税收是既得利益的一种损失，企业有降低税负支出的强烈动力，既然不能通过偷、逃税等违法手段降低税负，那么必然会通过合法的税收筹划行为降低税负。

从博弈论角度分析，企业和税务机关构成了博弈对局的双方。政府为了获得更多的税收收入，会不断修订和制定新的税收法律，通过强制性契约来约束和限制企业以使其按照政府意图纳税；企业为了维护其自身利益，追求合法框架下的税收筹划。因此，企业与税务机关形成了一种动态博弈对局，征纳双方在动态博弈过程中相互竞争和妥协，最终实现了双方都能接受的均衡结果。

2. 企业与利益相关者的博弈对局

(1) 企业与市场竞争者的博弈。企业与市场竞争者之间的税收筹划行为的差异性会产生比较优势。企业作为追求税后收益最大化的理性经济人，通过既定收入水平下的成本最小化和既定成本水平下的收入最大化方式达到最佳效果，税收可以看作是企业的一部分经营成本，出于自身利益的考虑，企业必然会通过降低税率、分解业务、加强研发能力、增加税收扣除额等方式进行税收筹划，以降低税收成本获取更多的税后收益，以便与市场竞争者展开博弈。因此，企业相对于其市场竞争者，就会获得超额利润，产生显著的比较优势。

由于税收筹划方案不具有绝对的专属性，那么某一企业成功的税收筹划行为，必然带来市场竞争者的模仿效应。由于这种模仿行为的成本和风险相对较小，会有更多的竞争对手来模仿这种税收筹划行为，成为所有竞争对手追捧的对象。于是，竞争企业之间最终再次回到行为一致的博弈均衡状态。但是，从短期来看，税收筹划具有一定的专属性，如果企业筹划成功，就会获得税收筹划所带来的收益。这其中必然需要做好保密工作，加大税收筹划方案被模仿的难度，延缓筹划方案被普及的时间。从长期动态博弈角度分析，即使税收筹划的专属性程度很高，但最终还是要被社会广泛采用的，博弈的最终结果会使企业的超额利润消失，最终企业与竞争对手还是回到行为一致的均衡状态上来。但是这种均衡与初始状态下的均衡不同，它可以带来竞争企业之间共同税收利益的增加，显示出税收筹划博弈行为的长期经济效应。

(2) 企业与产权交易方的博弈。在企业的发展过程中，产权安排方式的改变不仅能为企业发展带来机遇，还能为企业带来税收利益。企业与产权交易方通过公司并购、企业分立、股权转让等方式创造税收筹划博弈空间，其中交易模式选择和价格谈判是实现税收筹划博弈的核心策略。所以，产权交易方作为企业的利益相关者，对企业的税收负担将会产生重大影响。

(3) 企业与上下游企业(供应商、代理商等)、消费者的博弈。企业与上下游企业之间既存在着竞争又存在着合作。在与税务机关的博弈过程中，企业、供应商、代理商、消费者的利益趋于一致，它们都希望尽量降低税负，降低商品成本和价格，这一利益共同点便成为它们之间合作的基础。企业的经济活动可以通过契约形式约定，不同的契约形式界定不同的业务模式和纳税结构。如果企业与供应商、代理商之间合理安排和调整其契约关系，就可以在更大范围内更主动地安排纳税事宜以期达到节税的目的。即它们之间有可能达成博弈合作，从政府手中争取更大的税收利益，实现除政府之外其他各方利益的帕累托优化。如果企业与供应商、代理商之间存在税率差异，或面临不同的边际税率，则通过订立契约可以实现共同的税负降低。

企业与上下游企业之间的竞争体现在税负转嫁方面。税负转嫁没有造成国家的税收流失，只是企业与供应商、代理商等上下游企业之间税收利益格局的重新调整。从企业节税角度分析，企业既可以通过低价购进商品或生产要素将税负转嫁给供应商，也可以通过提高商品或生产要素的价格将税负转嫁给代理商，从而实现其税后收益最大化目标。消费者是对企业产品或服务有特定需求的群体，他们是企业经营活动得以维持的重要保障。没有消费者就没有企业的生存空间和未来发展。企业与消费者的利益相关度取决于交易规模、交易合同期限和商品的专用性程度等因素。

(4) 企业与股东的博弈。企业与股东之间的契约关系表现为一种出资与受资的关系，股东与企业之间的契约关系与税收筹划博弈涉及以下三个层面：

其一，股东投资于企业时会考虑企业的规模大小、行业类别、组织结构及产权性质的不同，实现战略投资与税收筹划的完美结合。

其二，股东投资企业之后，出于现实利益的考虑，有要求企业进行税收筹划的强烈愿望，通常会委托管理层实施税收筹划，虽然投资者并不会直接参与其中。如果企业管理层税收筹划实施成功，可能会吸引股东继续投资，以扩大其收益规模，放大税收筹划的节税效应。

其三，不同类型的股东对税收筹划持有不同的态度，并非所有类型的股东都存在强烈的税收筹划动机。从股东性质角度分析，国有企业的股东通常税收筹划的动机并不强烈，它们更多的是要求企业经营的稳健性，而民营企业的股东要求实施税收筹划的动机相对比较强烈。而在上市公司股权结构下，大股东与小股东对待税收筹划的态度也不尽相同，小股东可能会更为关注税收筹划，大股东通过操纵股市套取现金的动机可能比实施税收筹划的动机更强烈。大股东可能会纵容甚至授意管理层进行盈余管理，以此来提高股价，套取更多的现金（这是很危险的行为）。

(5) 企业与债权人的博弈。企业与债权人的契约关系极为微妙，二者之间形成博弈对局。

其一，企业通过债务契约从债权人手中获得资金，可以获得利息抵税效应。莫迪格莱尼 (Franco Modigliani) 和默顿·米勒 (Merton Miller) 创立的 MM 理论获得诺贝尔经济学奖，该理论从融资与税收的关系方面揭示出利息抵税效应，举债的融资成本（利息）可以在所得税前扣除，因而举债融资较权益融资更具有节税功能，这为企业与债权人之间的税收筹划博弈创造了机会。

其二，在债务契约中，企业和债权人可以通过对利息费用支付额度、支付方式、支付时间的精心安排达到双方总体税负降低的效果。特别是在企业与债权人面临不同的边际税率时，通过债务契约可以将利润转移到边际税率较低的一方，然后再把得到的税收利益按照事前约定的比例进行分配，从而实现借贷双方共赢的局面。

其三，债权人出于自身利益的考虑，在债务契约中往往加入一些限制性条款（如利息偿付方式、利息票据等），约束企业的某些行为和财务指标，而这些限制可能会间接地制约企业进行税收筹划的空间和力度。

(6) 企业与管理层的博弈。管理层在企业中居于重要的地位，不仅受托为企业提供经营决策和管理服务，而且直接控制着企业的经济资源并占据着绝对的信息优势。企业与管理层之间的契约关系及税收筹划博弈体现在以下两个方面：

其一，在所有权与经营权分离的企业中，管理层和股东代表不同的利益主体，代表企业价值的股东与代表企业经营的管理层之间形成博弈对局。管理层关注的是自己付出的努力得到的回报，股东关注的是管理层带给自己多少税后收益，因此管理层和股东的税收筹划意愿是不同的。股东更希望管理层进行税收筹划以确保公司的长远发展，管理层更倾向于提高当前报表业绩以获取自己的报酬，很可能不愿意冒风险去进行税收筹划，这种矛盾使得二者互相博弈，最终在双方都能接受的利益平衡点上达成均衡。

其二，一般而言，管理层都希望向资本市场和股东报告高水平的会计收益，而向税务当局报告低水平的应税所得。尽管会计收益与应税所得属于不同的范畴，但两者之间毕竟存在一定的正相关性。所以，税收筹划与财务报告往往存在一定程度的冲突，操纵利润往往会增加企业不必要的税收成本，管理层时常面临着盈余管理与税收筹划的选择。资本市场的实践证明，管理层似乎更倾向于虚增利润的盈余管理，这不仅因为管理层缺乏税收筹划的动力，更是由于财务报告对管理层的意义重大。

(7) 企业与其雇员的博弈。企业与其雇员之间是一种雇佣与被雇佣的契约关系，一般签订劳动合同。雇员向企业提供劳动和人力资本，企业向雇员支付相应的劳动报酬。在对待税收筹划问题上，雇员一般不会反对企业进行税收筹划，这是由于雇员总是或多或少、直接或间接地获得企业税负降低、效益增加的好处。当然，如果企业要将雇员薪酬作为一种税收筹划的工具来调节企业所得税时，就必须充分考虑雇员的利益和承受程度。企业税收筹划要以不损害雇员利益为前提，并考虑适当让利于雇员，以调动全员参与的积极性。

以降低雇员税负支出为导向的雇员薪酬筹划行为，既不会给企业带来显性的经济利益，又要花费相当大的精力和成本，企业可能不愿意进行这方面的税收筹划。但从雇员角度分析，在个人利益驱动下，雇员很可能非常关注企业是否实施雇员薪酬方面的税收筹划。如果雇员的关注程度影响到工作的积极性和效率，那么，企业就不得不进行雇员薪酬方面的税收筹划以满足雇员的要求。

基于我国目前的税收制度，企业如何设计工资薪金及福利制度，不仅会影响雇员工作的积极性，而且会为雇员带来不同的税收负担。因此，企业设计和实施职工薪酬方面的筹划方案对雇员是有利的，比如年薪制筹划、年终一次性奖金与基本工资的组合等都能够在一定程度上降低雇员的个人所得税负担。但是在现实生活中，雇员也可能对企业的这种善意的行动持相对保守的态度。这是因为雇员薪酬的税收筹划很可能会造成薪酬的波动或延期支付(比如采用年终奖金、递延报酬合同进行税收筹划)，如果该企业雇员具有很强的风险回避和流动性偏好，那么雇员宁愿选择多交税款的情况也可能会出现。因此，企业应该综合考虑薪酬筹划的风险与成本、雇员的关注程度以及对工作效率的影响程度、雇员的风险偏好类型等因素，加强与雇员的沟通与交流，制订恰到好处的薪酬筹划方案。

(8) 企业与社会公众的博弈。企业与社会公众之间一般缺乏明确的契约载体，但双方的利益关系却不可否认，它不仅表现在社会公众很可能是企业的受益者或受害者，还表现在社会公众同时还是企业潜在的投资者或客户。随着社会公众权利意识的觉醒及整个社会可持续发展的要求，企业与社会公众之间的利益关系越来越密切，提供就业机会、实施社会救济、履行环境保护等社会责任已经成为每个企业不可推卸的义务，为激励企业积极履行社会责任的义务，税法往往给予一定的税收优惠。企业在利用税收优惠政策进行税收筹划的同时，也必然为社会公众带来更多的福利。从某种意义上说，企业税收筹划并非简单的零和博弈，而是帮助政府保障社会公众利益的一个有效工具。

三、税收筹划中的委托-代理博弈模型

(一)参与人的行动分析

由于公司制企业所有权与经营权的分离，在现代企业内部形成了独特的委托－代理

关系，企业的所有权人为委托人，企业的管理层为代理人。委托人和代理人都是理性经济人，行为目标都是实现自身效用最大化。基于不同的目标定位，委托人与代理人在税收筹划方面的意愿并不一致，但二者可以通过建立某种互利契约、优化策略以实现博弈均衡。从管理层（代理人）角度来看，他关注的是自己付出的努力得到的回报，或者在确定的回报之下如何付出较少的努力。如果管理层选择税收筹划，其负面效应是增加企业的税务风险和运营风险，有可能会因为税收筹划引起一系列连锁反应，如当期盈利水平不高、报表质量下降，对管理层的职业声誉造成影响，此时管理层的收入并不一定会增加，只会增加股东的利益；如果不选择税收筹划，对于有激励机制的公司管理层来说，又会失去激励收入。从股东（委托人）的角度来看，他关注的是管理层的经营结果，而不是管理层付出了多少努力。管理层进行税收筹划对股东是有益的，企业为国家上缴的税收越少，留在企业的收入就越多，股东分得的红利便越多。因此，股东为了获得更多的收益，会倾向于与管理层订立契约，比如签订激励性契约，促使其进行有效的税收筹划。

（二）博弈模型设计

1. 变量设定

在委托－代理博弈模型中设定如下变量：
D：代理人的总收益；
A：代理人的基本年薪；
B：代理人由于税收筹划而带来的激励收入；
t：代理人为企业进行税收筹划而节约的税收；
C：代理人由于税收筹划承担风险而减少的收益；
W：委托人的收益；
M：未进行税收筹划前委托人的分红收入；
N：由于代理人进行税收筹划而使委托人增加的收入。

2. 模型设计

假定企业税收筹划中涉及的税收筹划成本、稽查处罚金等暂不考虑。则企业代理人和委托人的收益用公式 $D(t) = A + B(t) - C(t)$ 表示。代理人的总收益等于其基本年薪加上因税收筹划而获得的激励收入，减去代理人因承担风险减少的收益，变量 D、B、C 都是 t 的函数。$W(t) = M + N(t) - B(t)$，委托人的总收益等于税收筹划之前的分红收入加上税收筹划后增加的收入，减去支付给代理人的激励费用，变量 W、N、B 都是 t 的函数。假设代理人由于税收筹划而增加的激励收入与其节约的税收成正比，即 $B(t) = bt$，承担的风险与其节约的税收的二次方成正比，即 $C(t) = ct^2$。由于代理人进行税收筹划而使委托人增加的收入与节约的税收成正比，即 $N(t) = nt$。根据上述条件，股东与管理层的委托－代理博弈矩阵如表 1-1 所示，代理人、委托人的收益函数分别为

$$D(t) = A + bt - ct^2$$
$$W(t) = M + (n - b)t$$

式中，b、c、n 为正比系数。

表1-1　委托-代理博弈矩阵

策略选择		委托人（股东）	
		激励	不激励
代理人（管理层）	筹划	$A+bt-ct^2$，$M+(n-b)t$	$A-ct^2$，$M+nt$
	不筹划	A，M	A，M

由委托－代理博弈矩阵可知，当管理层选择不进行税收筹划时（假设管理层是极端的风险厌恶者），无论股东是否对其进行激励，双方的收益是不变的，管理层只在乎自己的年薪，对额外的收益不感兴趣。

（三）委托－代理博弈模型的均衡解及分析

上述两个公式的均衡解，采用作图法进行求解，如图 1-1 所示。

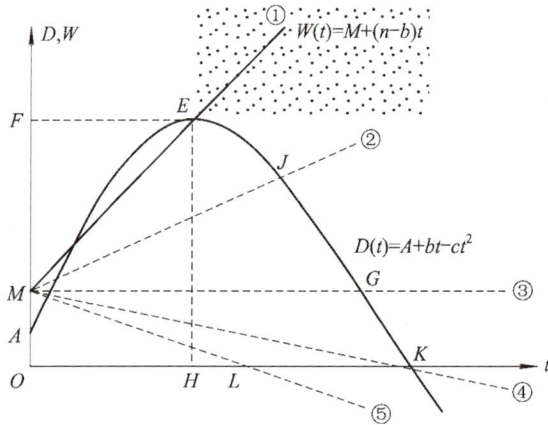

图 1-1　委托－代理博弈模型求解图

$D(t)$ 是一个开口向下的抛物线，它与纵轴的交点代表管理层的基本年薪收入。下面根据 $W(t)$ 斜率的不同情况分别进行讨论。

1. 当 $n-b>0$ 时

当 $n-b>0$ 时，$W(t)$ 如图中①②所示。

(1) 在 E 点时 $D(t)$ 达到了最大值，此时 $t=\dfrac{b}{2c}$，$D(t)=\dfrac{b^2}{4c}+A$，与此同时，$W(t)$ 也达到了有效区域内的最大值，$W(t)$ 的斜率 $n-b=\dfrac{b}{2}+\dfrac{2c(A-M)}{b}$，$W(t)=\dfrac{b^2}{4c}+A$，$E$ 点为二者博弈的均衡点。阴影区域为无效率区域，管理层不能使自己的收入因为税收筹划而有所提高，因此不会为股东冒险。

(2) 若 $n-b>\dfrac{b}{2}+\dfrac{2c(A-M)}{b}$，则在区域 EFM 中，管理层的收益还未达到最大化，股东的收益也可以继续增长，股东会进一步增加有效激励以使管理层继续进行税收筹划，二者在博弈的过程中继续最大化各自的收益。

(3) 若 $0 < n - b < \dfrac{b}{2} + \dfrac{2c(A-M)}{b}$ ，假定处在②的位置，此时虽然因为税收筹划而减少了更多的税收，但管理层由于承担的风险太大使得自己的收益开始下降，最终也会影响到股东的收益。

2. 当 $n - b = 0$ 时

当 $n - b = 0$ 时，$W(t)$ 如图中③所示。

在 G 点时，$W(t) = M$，无论是否进行税收筹划，股东得到的收益是一样的，股东因税收筹划得到的收益和付出的激励成本相等，此时股东不会采取激励措施。

3. 当 $n - b < 0$ 时

当 $n - b < 0$ 时，$W(t)$ 如图中④⑤所示。

由于 $n - b < 0$，即 $n < b$，表示股东为了使管理层进行税收筹划，必须付出比因税收筹划得到的收益更多的激励成本，这种策略对股东来说是不可取的，因此也是无效的。此时有两种情况：

(1) 在 K 点时，管理层因税收筹划承担风险而减少的收益等于其得到的基本年薪和激励收入之和，管理层所有的努力付诸东流，其总收益为 0，股东收益也为 0。

(2) 在图中⑤表示的情况下，股东的收入极低，而管理层可能会因税收筹划得到额外收益。

以上两种情况是现实企业经营中不会出现的情形，因为税收筹划的风险太大，成本太高，管理层和股东都会维持其原来的收入水平而不会采取任何行动。

从以上分析来看，当管理层和股东拥有共同利益时，管理层倾向于遵从股东的意愿进行税收筹划；在管理层与股东收益函数不一致的情况下，除非公司治理结构发生变化，否则管理层与股东的行为取向不可能达成一致。现实生活中最常见的使管理层与股东利益一致的措施就是实现管理层持股，如果管理层持股比例足以影响其自身利益，那么拥有剩余索取权的管理层会和股东的目标函数渐趋一致。因此，我们可以得出结论：在管理层持股前提下，管理层持股比例与税收筹划实施程度正相关。

四、税收征管中的筹划博弈模型

（一）模型假设

纳税人的税收筹划通常是在不对称信息条件下进行的，具有博弈性质，而且税收筹划通常是在法律的边缘上进行操作，因而具有很大的风险，尤其是征税人的认定风险。因此，我们做出如下假设：

1. 理性经济人假设

假设纳税人（企业）和征税人（政府）都是理性的经济人，都是风险中性的，都以最大化收益为目标。政府是公共服务的供给者，企业则是公共服务的需求者，税收实际上就是公共服务的价格。作为公共产品供给者的政府，总是希望在不损害经济效率的前提下尽可能多地征税；而作为公共服务需求者的企业，总是希望尽可能少地缴税，以实现税后收益的最大化。这就造成了税收征纳双方的激励不相容问题，因而就产生了税收筹划行为。

2. 信息不对称假设

通常都认为，纳税人掌握的信息多于征税人，即只存在单向的信息不对称。但实际上，对于纳税人而言，纳税人自身具有的信息多于征税人；但对于征税人对法律的把握尺度、是否将避税行为认定为偷、漏税等方面的信息，征税人优于纳税人。因此，就存在双向的信息不对称问题。

3. 自然的不确定性

当博弈结果依赖于自然界中的事件而不是理性参与者的行为时，其收益具有不确定性。在博弈中，我们把自然作为参与者，假定自然事件的发生遵循给定的概率。海萨尼 (Harsanyi) 曾在 1967—1968 年提出了一种处理不完全信息博弈的方法——引入虚拟的博弈者自然力，用自然力选择可以描述博弈过程的随机因素，选择策略的参与者是自然力，尽管自然力不会得到报酬，但在相应回合，它必须选择策略。

（二）模型设定

假设在混合策略博弈中，纳税人首先行动 (决定是否进行税收筹划)，之后征税人 (税务机关) 行动 (决定是否进行税务稽查)。

1. 纳税人

假设纳税人应纳税额为 T，进行税收筹划的概率为 P；如果纳税人不进行税收筹划，则申报的纳税款为 T；如果纳税人进行税收筹划，则申报的纳税款为 T_1，节税额为 $T - T_1$，筹划成本为 C_1，且 $C_1 < T - T_1$。

2. 征税人

假设征税人进行税务稽查的概率为 q，稽查成本为 C_2。当纳税人不进行税收筹划时，征税人无论是否稽查，博弈都结束。税务机关如果不稽查，(纳税人、征税人) 的支付向量为 $(-T, T)$；如果稽查，(纳税人、征税人) 的支付向量为 $(-T, T - C_2)$。当纳税人进行税收筹划时，如果税务机关不进行稽查，则博弈结束，(纳税人、征税人) 的支付向量为 $(-T_1 - C_1, T_1)$；如果征税人稽查，假设纳税人的税收筹划被认定为不合法的概率为 r，罚款倍数为 f，则罚款额为 $f(T - T_1)$。此时有两种情况：当纳税人的税收筹划被认定为合法时，(纳税人、征税人) 的支付向量为 $(-T_1 - C_1, T_1 - C_2)$；当纳税人的税收筹划被认定为不合法时，假设纳税人选择进行寻租的概率为 ξ，寻租的成本为 C_3，寻租成功的概率为 α，寻租成功时被寻租人分享的利益比率为 ϕ，则选择进行行政复议或者诉讼的概率为 $1 - \xi$，成本为 C_4，行政复议或者诉讼成功的概率为 β。同时，假设无论纳税人选择寻租还是行政复议或诉讼，征税人的成本都为 0。如果纳税人选择寻租，当寻租不成功时，(纳税人、征税人) 的支付向量为 $[-T_1 - C_1 - C_3 - f(T - T_1), T_1 - C_2 + f(T - T_1)]$；当寻租成功时，(纳税人、征税人) 的支付向量为 $[-T_1 - C_1 - C_3 - \phi f(T, T_1), T_1 - C_2]$；当纳税人选择行政复议或者诉讼时，如果不成功，则 (纳税人、征税人) 的支付向量为 $[-T_1 - C_1 - C_4 - f(T - T_1), T_1 - C_2 + f(T - T_1)]$；如果成功，则 (纳税人、征税人) 的支付向量为 $[-T_1 - C_1 - C_4, T_1 - C_2]$。纳税人和征税人的博弈过程如图 1-2 所示。

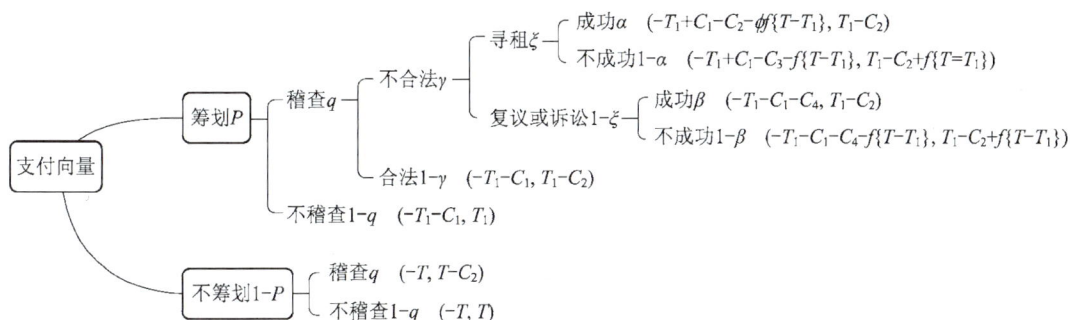

图 1-2 税收筹划中征纳双方博弈行为的拓展式

根据图 1-2 中的博弈行为拓展式，得到纳税人的期望收益 E_1 为

$$E_1 = p\{q[r(\xi(\alpha(-T_1 - C_1 - C_3 - \phi f(T - T_1)) + (1 - \alpha)(-T_1 - C_1 - C_3 - f(T - T_1))) + $$
$$(1 - \xi)(\beta(-T_1 - C_1 - C_4) + (1 - \beta)(-T_1 - C_1 - C_4 - f(T - T_1)))) + $$
$$(1 - r)(-T_1 - C_1)] + (1 - q)(-T_1 - C_1)\} + (1 - p)(-T)$$

可以求出征税人进行税务稽查的均衡概率：

$$q^* = \frac{1 - C_1 / (T - T_1)}{r\{f[1 - (1 - \phi)\xi\alpha - (1 + \xi)\beta] - \xi C_3 / (T - T_1) + (1 + \xi)C_4 / (T - T_1)\}}$$

同理，可以根据图 1-2 得到征税人的期望收益 E_2 为

$$E_2 = p\{q[r(\xi(\alpha(T_1 - C_2) + (1 - \alpha)(T_1 - C_2 + f(T - T_1))) + $$
$$(1 - \xi)(\beta(T_1 - C_2) + (1 - \beta)(T_1 - C_2 + f(T - T_1)))) + (1 - r)(T_1 - C_2)] + $$
$$(1 - q)T_1\} + (1 - p)[q(T - C_2) + (1 - q)T]$$

从而可以得出纳税人进行税收筹划的均衡概率为

$$p^* = \frac{C_2 / (T - T_1)}{r\{f[1 - \xi\alpha - (1 - \xi)\beta] + T_1 / (T - T_1)\}}$$

实际上，(p^*, q^*) 就是税收筹划动态博弈中混合策略的纳什均衡，即征纳双方博弈的最优策略组合。在这个稳定状态下，征纳双方都在给定对方的策略下选择了对自己而言最优的策略。

（三）纳什均衡分析

1. 纳税人的均衡状态

由以上拓展式可知，纳税人进行税收筹划的期望收益为

$$E_3 = q\{r[\xi(\alpha(-T_1 - C_1 - C_3 - \phi f(T - T_1)) + (1 - \alpha)(-T_1 - C_1 - C_3 - f(T - T_1))) + $$
$$(1 - \xi)(\beta(-T_1 - C_1 - C_4) + (1 - \beta)(-T_1 - C_1 - C_4 - f(T - T_1)))) + $$
$$(1 - r)(-T_1 - C_1)]\} + (1 - q)(-T_1 - C_1)$$

纳税人不进行税收筹划的期望收益为

$$E_4 = q(-T) + (1 - q)(-T) = -T$$

如图 1-3 所示，纳税人选择进行税收筹划的期望收益用直线 E_3 表示，选择不进行税收筹划的期望收益用直线 E_4 表示，则图中的 A 点表示征税人的均衡稽查概率。在任何一种概率下，纳税人都会选择收益较大的策略，因此，征税人将选择一个稽查概率使得纳税人的两种策略的收益相同，这一概率就是两条直线的交点 A，即征税人的均衡稽查概率。

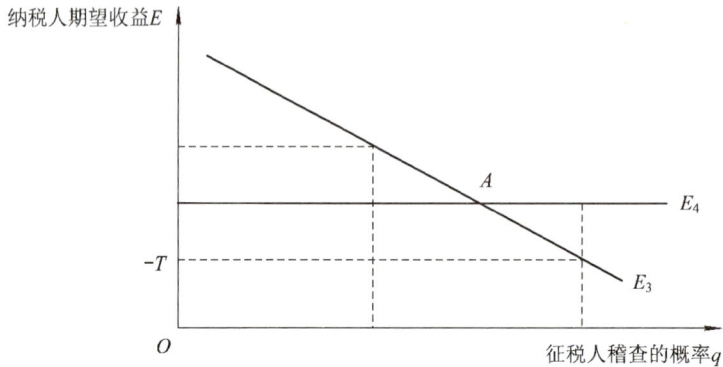

图 1-3　纳税人稳定状态的图形分析

2. 征税人的均衡状态

由图 1-2 的博弈拓展式可知，征税人进行税务稽查的期望收益为

$$E_5 = P\{r[\xi(\alpha(T_1 - C_2) + (1 - \alpha)(T_1 - C_2 + f(T - T_1))) + (1 - \xi)(\beta(T_1 - C_2) + (1 - \beta)(T_1 - C_2 + f(T - T_1)))] + (1 - r)(T_1 - T_2)\} + (1 - P)(T - C_2)$$

征税人不进行税务稽查的期望收益为

$$E_6 = PT_1 + (1 - P)T = (T_1 - T)P + T, \quad T_1 < T_2$$

如图 1-4 所示，征税人选择进行税务稽查的期望收益用直线 E_5 表示，选择不进行税务稽查的期望收益用直线 E_6 表示，则图中的 B 点表示纳税人的均衡税收筹划概率。在任何一种概率下，征税人都会选择收益较大的策略，从而降低纳税人的收益。因此，纳税人将选择一个概率使得征税人进行稽查和不进行稽查两种策略的收益相同，这一概率就是两条直线的交点 B，即纳税人的均衡税收筹划概率。

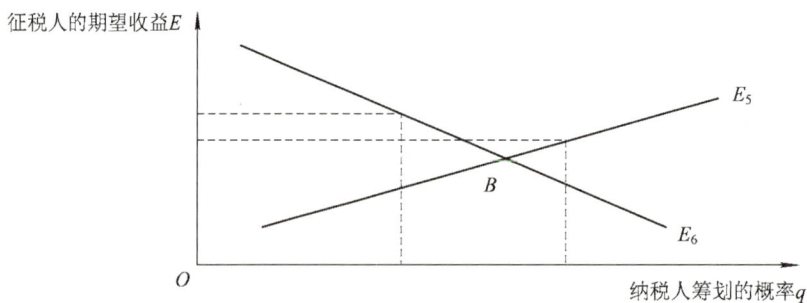

图 1-4　征税人稳定状态的图形分析

第1章　税收筹划的基本理论

3. 博弈的纳什均衡状态

如果征税人选择税务稽查的概率比均衡概率大，由图 1-3 可知，$E_4 > E_3$，即纳税人的最佳反应是选择不进行税收筹划；如果纳税人选择不进行税收筹划，由图 1-4 知，$E_6 > E_5$，此时征税人的最佳反应就是不进行税务稽查。因此，这一策略组合是不稳定的。如果征税人选择税务稽查的概率比均衡概率小，由图 1-3 可知，$E_3 > E_4$，即纳税人的最佳反应是选择进行税收筹划；如果纳税人选择进行税收筹划，由图 1-4 知，$E_5 > E_6$，此时征税人的最佳反应就是提高进行税务稽查的概率。所以，这一策略组合也是不稳定的。同理，无论纳税人选择进行税收筹划的概率高于或者低于均衡的概率，最终得到的策略组合都是不稳定的，即在这一个博弈中没有纯策略均衡。因此，纳税人和征税人将不断地改变各自的策略，直到重新回到混合策略均衡时，才会达到稳定状态。

思 考 题

1. 什么是税收筹划？它具有什么特点？它与偷税、抗税、逃税、骗税、避税有什么区别？
2. 税收筹划的分类有哪些？
3. 税收筹划的基本原则有哪些？
4. 影响税收筹划的因素有哪些？
5. 简要阐述税收筹划的目标以及税收筹划的实施流程。
6. 简要阐述税收筹划中的委托－代理博弈模型。

— 37 —

第2章　税收筹划的基本方法

本章学习要求

1. 熟悉和掌握如何根据纳税人、税收优惠政策、征税范围、税前扣除等方法进行不同税种的税收筹划；

2. 熟悉和掌握企业筹资活动、投资活动、经营活动以及利润分配活动的税收筹划基本思路和方法；

3. 熟悉行业(产业)特征所带来的税收筹划思路。

第一节　不同税种税收筹划的基本方法

一、纳税人身份选择的税收筹划方法

纳税人身份不同，涉及的税种范围也存在差异，导致其所承担的税负亦有所差异，这就为其进行税收筹划提供了空间。

（一）一般纳税人与小规模纳税人身份的选择

对增值税纳税人身份的选择是否恰当，会对纳税人的税负产生较大影响。我国增值税纳税人分为一般纳税人和小规模纳税人两种类型。《中华人民共和国增值税暂行条例》(以下简称《增值税暂行条例》) 对两种纳税人的增值税税率作出了明确规定，另外还规定，一般纳税人可抵扣进项税额，而小规模纳税人则不能，只能将进项税额列入成本；一般纳税人销售货物时可以向对方开具增值税专用发票，而小规模纳税人却不可以(虽可申请税务机关代开，但税率很低)。增值税对一般纳税人与小规模纳税人的差别待遇，以及增值税纳税人身份的可转换性规定，为纳税人通过其身份的选择进行事前筹划提供了可能。实际操作中，可以通过比较两种纳税人的税负大小进行身份选择。

（二）居民企业与非居民企业身份的选择

缴纳企业所得税的企业分为两类：居民企业和非居民企业。《中华人民共和国企业所得税法》(以下简称《企业所得税法》) 规定，居民企业是指依法在中国境内成立，或者

依照外国 (地区) 法律成立但实际管理机构在中国境内的企业；非居民企业是指依照外国 (地区) 法律成立且实际管理机构不在中国境内，但在中国境内设立机构、场所的，或者在中国境内未设立机构、场所，但有来源于中国境内所得的企业。企业所得税基本税率为 25%，适用于居民企业和在中国境内设有机构、场所且取得的所得与机构、场所有关联的非居民企业；低税率为 20%，适用于在中国境内未设立机构、场所或虽设立机构、场所但取得的所得与其所设机构、场所没有实际联系的非居民企业 (但实际征税时适用 10% 的税率)。通过以上分析可见，居民企业和非居民企业适用的企业所得税税率是不同的。因此，企业可以通过选择不同的纳税人身份来适用低税率，从而降低企业所得税税负。

【案例 2-1】　菲林国际有限公司目前有两种运营方式：一是依照外国法律成立但使其实际管理机构在中国境内；二是依照外国法律成立并使其实际管理机构不在中国境内，且在中国境内不设立机构、场所。假设两种方式下每年来源于中国境内的应纳税所得额均为 2000 万元，且没有来源于中国境外的所得，请对其进行税收筹划。

◆ 【分析】

方案一：依照外国法律成立但使其实际管理机构在中国境内，即为居民企业，则

$$应纳企业所得税 = 2000 \times 25\% = 500 \ 万元$$

方案二：依照外国法律成立并使其实际管理机构不在中国境内，且在中国境内不设立机构、场所，即为非居民企业，则

$$应纳企业所得税 = 2000 \times 10\% = 200 \ 万元$$

对比可见，方案二比方案一少缴纳企业所得税 300 万元。因此，菲林国际有限公司应当选择成为非居民企业。

（三）居民纳税人与非居民纳税人身份的选择

我国《个人所得税法》将个人所得税纳税人分为两类：居民纳税人和非居民纳税人。纳税人如果在中国境内有住所，或者无住所而在中国境内居住满 1 年，均属于中国的居民纳税人，应就其来源于中国境内及境外的所得缴纳个人所得税。纳税人如果在中国境内无住所又不居住或者无住所而在中国境内居住不满 1 年，则属于中国的非居民纳税人，应就其来源于中国境内的所得缴纳个人所得税。需要特别注意的是，在境内居住满一年，是指在一个纳税年度中在中国境内居住满 183 日。通过以上政策分析可见，居民纳税人和非居民纳税人承担不同的纳税义务。因此，当外籍个人到我国工作时，应充分利用居民纳税人的判断标准合理安排在华居住时间，以避免成为我国的居民纳税人，从而减轻个人所得税税负。

【案例 2-2】　吉瑞先生为美国公民，就职于美国史密斯钻头公司。因工作原因，吉瑞被美国总部派往中国的分公司工作。当年，吉瑞需回国述职一段时间，于是选择 9 月份回国 26 天。年终，发放工资、薪金。吉瑞获得中国分公司支付的 22 万元人民币和美国总部支付的 2 万美金。请对其进行税收筹划。

◆【分析】

方案一：吉瑞回国述职 26 天。按上述时间段分析，吉瑞除临时离境 26 天外，其余时间全在中国。由于在华居住满一年，因此，吉瑞属于居民纳税人，应就其来源于两国的全部所得缴纳个人所得税。

方案二：假设吉瑞回国述职时，多停留 4 天以上。吉瑞满足一次离境超过 30 天的条件，成为非居民纳税人，可以仅就来源于中国分公司的所得缴纳个人所得税。

对比可见，方案二与方案一相比，吉瑞在中国无需缴纳来源于美国总公司工资、薪金的个人所得税。因此，应当选择方案二。

（四）法人企业与非法人企业身份的选择

根据现行的税收政策，法人企业与非法人企业应缴纳的所得税是不同的。具有法人资格的企业(如有限责任公司和股份有限公司)需缴纳 25% 的企业所得税，个人股东从法人企业取得的税后利润还需缴纳 20% 的个人所得税。而不具有法人资格的企业(如个人独资企业和合伙企业)则不需要缴纳企业所得税，只需要其投资者按照个体工商户的生产经营所得缴纳个人所得税。因此，实际业务操作中，纳税人可通过法人企业与非法人企业身份的选择来实现最大程度降低税负的目的。

二、利用课税范围的税收筹划方法

我国税制对纳税范围有明确的界定，在一定条件下合理安排纳税人的经济行为和业务内容及纳税事项，避免其进入纳税范围，可使纳税人合理规避税收支出，甚至彻底免除纳税义务。由于税制对每个具体税种的课税对象和征税范围作出了明确的法律规定，因此，对纳税范围进行筹划就要反其道而行之，找出不属于征税范围的内容。课税范围的税收筹划方法一般涉及增值税、消费税、个人所得税、城镇土地使用税、房产税等税种，这里主要介绍消费税和房产税。

（一）筹划消费税纳税范围

我国现行消费税的征税范围比较窄，仅对特殊消费品征收消费税。如高尔夫球及球具、高档手表、游艇、木制一次性筷子、实木地板税目；取消汽油、柴油改为成品油税目下的子目(税率不变)；另外新增石脑油、溶剂油、润滑油、燃料油、航空煤油 5 个子目。虽然国家对消费税进行了调整，但实际上还有很多高档消费品，具有较大的投资空间，但没有被列入消费税征税范围。因此，在市场前景看好的情况下，企业可以选择这类项目投资，以规避消费税。

（二）筹划房产税纳税范围

房产税纳税范围也存在着可筹划的空间，针对不同情况下房产税的政策，可筹划要点如下：

(1) 对于坐落在农村的房产免征房产税。据此，企业可以利用该政策把仓库、厂房等设在农村，一方面可以降低成本，另一方面又可以节约房产税。

(2)《中华人民共和国房产税暂行条例》(以下简称《房产税暂行条例》)中规定：房产税的纳税人是房屋产权所有人。产权属于全民所有的，由经营管理单位缴纳。产权出典的，由承典人缴纳。产权所有人、承典人不在房产所在地的，或者产权未确定以及租典纠纷未解决的，由房产代管人或使用人缴纳。因此，可以利用这些政策合理界定房产税的纳税范围，进行相应的筹划。

国家关于征税的房产范围进一步明确：房产是以房屋形态表现的财产，房屋是指有屋面和围护结构(有墙或两边有柱)，能够遮风避雨，可供人们在其中生产、工作、学习、娱乐、居住或储藏物资的场所。独立于房屋之外的建筑物，如围墙、烟囱、水塔、变电塔、油池油柜、酒窖菜窖、酒精池、糖蜜池、室外游泳池、玻璃暖房、砖瓦石灰窑以及各种油气罐等，不属于房产。

【案例 2-3】　铁东集团在城市边缘正兴建一座工业园区，由于城市的扩展，该地区已被列入城区范围。工业园区除厂房、办公用房外，还包括厂区围墙、水塔、变电塔、停车场、露天凉亭、喷泉设施等建筑物，总计工程造价 6 亿元，除厂房、办公用房外的建筑工程造价 2 亿元。如果 6 亿元都作为房产原值的话，铁东集团从工业园区建成后的次月起就应缴纳房产税，每年需要缴纳的房产税(扣除比例为 30%)为 60 000 万元 × (1 − 30%) × 1.2% = 504 万元。

因此，铁东集团除厂房、办公用房以外的建筑物，如停车场、游泳池等，都建成露天的，并且把独立建筑物的造价同厂房、办公用房的造价分开，在会计账簿中单独核算，则这部分建筑物的造价不计入房产原值，不缴纳房产税。这样，铁东集团可以少缴纳房产税 20 000 × (1 − 30%) × 1.2% = 168 万元。

利用课税范围进行税收筹划，关键是在纳税人工商税务登记的过程中，合理选择自身的经营范围，避免成为有些税种的纳税人，从而实现税收筹划的目的。因此利用课税范围进行税收筹划，是在熟悉相关税种课税范围和课税环节的基础上来实现的，有时也会结合税种之间的课税环节不一致或结合课税范围来实现税收筹划。

三、利用税收优惠政策的税收筹划方法

(一)税收优惠政策的概念

所谓税收优惠政策，实际就是指政府利用税收制度，按预定的目的，以减轻某些纳税人应履行的纳税义务来补贴纳税人的某些活动或相应的纳税人。它是税收原则性与灵活性相结合的一种具体表现。税收优惠政策也是国家利用税收调节经济的重要手段，国家通过税收优惠政策，可以从宏观上调节国民经济的总量与结构。比如利用税收优惠政策扶持需要加快发展的特殊地区、特殊产业；增加特定人群的收入水平；降低出口产品的税收负担增强出口产品在国际市场上的竞争优势。另外通过税收优惠政策与某些增加税收负担的政策相配合，可以达到对宏观经济更加灵活和有效的调控。

（二）税收优惠政策筹划的主要方式

1. 减免税

(1) 减免税的概念。减免税是指税务机关依据税收法律、法规以及国家有关税收规定给予纳税人的减税、免税。减免税政策是国家财税政策的组成部分和税收支出的重要形式，是国家出于社会稳定和经济发展的需要对一定时期特定行业或纳税人给予的一种税收优惠，是国家调控经济、调节分配的重要方式。

(2) 减免税的分类。减免税实质上相当于财政补贴，一般有两类减免税：一类是照顾性的减免税，另一类是政策性的减免税。照顾性减免税取得的条件一般比较苛刻，所以不能利用这种减免税达到节税的目的，只有取得政策性的减免税才能达到节税目的。比如增值税税法规定，如果生产原料中掺兑废渣比例不低于 30% 的特定建材产品可以免缴增值税。

(3) 减免税在税收筹划使用中应该注意两点：一是尽量使减免税期最长化。许多减免税都有期限规定，减免税期越长，节减的税收就越多；二是尽量争取更多的减免税待遇。在税法允许的范围内争取尽可能多的项目获得减免税待遇。与缴纳的税收相比，减免的税收就是节减的税收，减免征收的税收越多节减的税收也就越多。

【案例 2-4】 某橡胶集团位于湖北省某市 A 村，主要生产橡胶轮胎、橡胶管和橡胶汽配件。在生产橡胶制品的过程中，每天产生近 30 吨的废煤渣。为了妥善处理废煤渣，使其不造成污染，该集团尝试过多种办法，与村民协商用于乡村公路的铺设、维护和保养；与有关学校联系用于简易球场、操场的修建等，但效果并不理想。因为废煤渣的排放未能达标，使周边乡村的水质受到影响，因污染问题受到环保部门的多次警告和罚款。如何治污，拟定了两个方案：① 把废煤渣的排放处理全权委托给 A 村村委会，每年支付该村委会 40 万元的运输费；② 用 40 万元投资兴建墙体材料厂，生产免烧空心砖。

◆【分析】

方案一：虽然一定程度上解决了治污的问题，但是并没有从根本上获利，而且增加了企业的经营成本，没有达到利用减免税政策进行税收筹划的目的，也没有很好的变废为宝。

方案二：销路好，符合国家的产业政策，能获得一定的节税利益；利用废煤渣等生产的建材产品免征增值税；彻底解决污染问题；部分解决了企业的就业压力。但是在实施方案二的过程中需要注意三点：一是墙体材料厂实行独立核算、独立计算销售额、进项税额和销项税额。二是产品须经过省资源综合利用认定委员会的审定，获得认定证书。三是向税务机关办理减免税手续。

2. 退税

(1) 退税的概念。退税是税务机关按规定对纳税人已纳税款进行退还。税务机关向纳税人退税的情况一般有：税务机关误征或多征的税款，如税务机关不应征收或错误地多征收的税款；纳税人多缴纳的税款，如纳税人源泉扣缴的预提税或分期预缴的税款超过纳税人应纳税额的款额；零税率商品的已纳国内流转税税款符合国家退税奖励条件的已纳税款。

税收筹划中涉及到的退税主要是税务机关退还纳税人符合国家退税奖励条件的已纳税款。

(2) 退税在税收筹划使用中应该注意两点：一是尽量争取退税项目的最多化。在税法规定的范围内尽量争取更多的退税待遇，退还的税额越多，节减的税收也就越多；二是尽量使应退的税额最大化。在其他条件相同的情况下，退还的税额越大，企业的税后利润也就越大。

3. 税收抵免

(1) 税收抵免的概念。税收抵免原意是纳税人在汇算清缴时可以用其贷方已纳税额冲减其借方应纳税额。现在多指从应纳税额中扣除税收抵免额。税收抵免可以避免双重征税，在采用源泉征收法和申报查定法两种税收征收方法的国家在汇算清缴时都有税收抵免规定。除此之外税收抵免也可以成为税收优惠或奖励的方法，还可以成为个人所得税基本扣除的方法。

税收筹划中涉及到的税收抵免，主要是利用国家为贯彻其政策而制定的税收优惠性或奖励性税收抵免。比如个人所得税税法规定，对纳税人从中国境外取得的所得，准予其在应纳税额中扣除已在境外缴纳的个人所得税税额。再比如企业所得税税法规定企业购置并实际使用税法规定的环境保护、节能节水、安全生产等专用设备的，该专用设备投资额的 10% 可以从企业当年的应纳税额中抵免；当年不足抵免的，可以在以后 5 个纳税年度结转抵免。

(2) 税收抵免在税收筹划使用中应该注意两点：一是抵免项目最多化。在税法规定的可以抵免的范围内尽可能地把能参与抵免的项目全部抵免，参与抵免项目越多就意味着节减的税款越多；二是抵免金额最大化。在税法允许的范围内尽可能使参加抵免项目的金额最大化。在其他条件相同的情况下，抵免的金额越大，冲抵应纳税额的金额就越大，因而节减的税款就越多。

4. 税前扣除

(1) 税前扣除的概念。税前扣除是指从计税金额中减去一部分以求出应税金额。比如，企业所得税税法规定企业的应纳税所得额为纳税人每一纳税年度的收入总额减去准予扣除项目后的余额。准予扣除的项目包括企业实际发生的与取得收入有关的、合理的支出，包括成本、费用、税金、损失和其他支出。

税收筹划中涉及到的税前扣除，主要是利用国家为贯彻其政策而制定的税收优惠性扣除。比如，个人所得税税法规定纳税人通过中国人口福利基金会、光华科技基金会的公益、救济性捐赠可在应纳税所得额的一定限额内扣除。再比如企业所得税税法规定，企业为开发新技术、新产品、新工艺发生的研究开发费用，未形成无形资产计入当期损益的，在 2023 年 12 月 31 日前，在按照规定据实扣除的基础上，再按照研究开发费用的 75% 在税前加计扣除；形成无形资产的，按照无形资产成本的 175% 在税前摊销。

(2) 税前扣除在税收筹划使用中应该注意三点：一是扣除项目最多化。在其他条件相同的情况下扣除的项目越多，计税基数就越小因而节减的税收就越多。二是扣除金额最大化。在其他条件相同的情况下扣除的金额越大，计税基数就越小，因而节减的税收就越多。

三是扣除最早化。在其他条件相同的情况下，扣除越早，货币的时间价值就越高，因而相对节减的税收就越多。

利用税前扣除政策进行税收筹划，不仅需要争取税前扣除最大化，而且更为重要的是需要满足税前扣除的条件。一方面要注意税前扣除的相关性问题。如果仅仅为了税前扣除，而忽视税前扣除的相关性，往往会导致税收筹划失败。另一方面要注意税前扣除的条件。我国税种政策规定中，能够税前扣除的项目，大部分是需要满足一定的前提条件的，在税收筹划过程中，盲目追求税前扣除，而忽视这些条件，往往是一种伪税收筹划，最终会得不偿失。

5. 税率差异

(1) 税率差异的概念。税率差异是指对性质相同或相似的税种适用不同的税率是普遍存在的客观情况。在开放经济条件下，一个企业完全可以根据国家有关法律和政策决定自己企业的组织形式、投资规模和投资方向等利用税率差异来少缴税；同样的道理一个自然人也可以选择他的投资规模、投资方向和居住国等利用税率差异来少缴税。

税收筹划中涉及到的税率差异主要是利用国家鼓励某种经济、某类型企业、某类行业、某类地区的存在和发展而制定的优惠性税率差异。比如现行的企业所得税基本税率设定为25%，但是为了鼓励小型微利企业的生存和发展，企业所得税税法规定小型微利企业减按20%的税率征收企业所得税。

(2) 税率差异在税收筹划使用中应该注意两点：一是尽量寻求税率最低化。在其他条件相同的情况下按高低不同税率缴纳的税额是不同的，它们之间的差异就是节减的税收寻求适用税率最低化，可以达到节税的最大化。二是尽量寻求税率差异的稳定性和长期性。比如，政局稳定国家的税率差异就比政局动荡国家的更具稳定性，政策制度稳健国家的税率差异就比政策制度多变国家的更具长期性。

6. 延期纳税

(1) 延期纳税的概念。延期纳税是指延缓一定时期后再缴纳税金。狭义的延期纳税专门指纳税人按照国家有关延期纳税规定进行的延期纳税；广义的延期纳税还包括纳税人按照国家其他规定可以达到延期纳税目的的财务安排和纳税计划。比如按照折旧政策、存货计价政策等规定来达到延期纳税的财务安排。延期纳税并没有降低纳税人应缴纳税款的总金额，只是使纳税人获得了有关税款的货币时间价值。

为了鼓励和促进投资，许多国家允许纳税人延期纳税。如有的国家规定，对有海外公司的企业如果海外子公司的利润被留在海外继续经营就不必缴纳任何税；但如果海外子公司的利润被汇回国内就产生了有关的纳税义务。再比如，有的国家对纳税人在处置一项营业资产后又重新购置营业资产的行为允许纳税人对处置有关营业资产所获得的利得暂免税，直到该纳税人最后不再购置营业资产时为止。

(2) 延期纳税在税收筹划使用中应该注意两点：一是使延长时间最长化。在其他条件相同的情况下，纳税延长期越长由延期纳税增加的现金流量所产生的收益就越多，因而相对节减的税收就越多。二是延期纳税的项目最多化。在其他条件相同的情况下，延期纳税的项目越多，本期缴纳的税收就越少现金流量就越大，因而相对节减的税收就越多。

7. 亏损弥补

以前年度的经营亏损允许税前扣除，是各国普遍的做法。争取允许亏损弥补，通过缩小税基的方式，实现减少税款负担，是比较普遍的税收筹划思路。纳税人可以通过合理安排亏损额的弥补，实现税收筹划。一是通过做大筹建期的亏损额，争取开始经营之后的亏损弥补，实现正常经营期的税收筹划目的；二是通过合理确定不同经营期的盈利能力，实现亏损弥补政策的税收利益最大化。

四、利用税负转嫁与递延纳税的税收筹划方法

（一）税负转嫁

1. 税负转嫁的概念

税负转嫁是指纳税人为达到减轻税负的目的通过价格的调整和变动将税负转嫁给他人承担的经济行为。税负转嫁包括前转、后转、混转、税收资本化等形式。从税负转嫁的程度来讲，如果纳税人通过转嫁将全部税负转移给负税人称为完全转嫁，如果仅把部分税负转移给负税人则称为部分转嫁。

2. 利用税负转嫁的税收筹划的主要方式

利用税负转嫁的税收筹划的方式很多，不同国家的纳税人都会根据本国的特点和自身所处的地位及纳税身份，寻找适合自己的方式和途径。根据我国情况并参照国外的一些基本做法，利用税负转嫁的税收筹划一般有以下几种方式：

(1) 市场调节法。市场调节法是根据市场变化进行的商品课税转嫁。商品的市场价格受供求规律的支配，这在国际市场上表现得特别明显。需求的变动影响供给，供给的变动作用于需求。商品的价格随着供给和需求的变动上下波动。税负能否转嫁，主要看纳税者怎样利用市场供求变化以及怎样引导这种变化。运用市场调节主要从以下几个方面观察实施：

第一，在某些条件既定的情况下课税商品对消费者来说属于可要可不要的消费品时，该商品生产经营者就不要强制进行税负转嫁的尝试。价格低购买的人就多；价格高购买的人就少。税负转嫁会使该商品难以销售出去，一旦商品滞销后再行降价处理，问津的人也会减少（因为降价往往意味着产品质量发生了问题）。

第二，如果课税产品供不应求，需求量与供给量相差悬殊，且该课税商品价格未被抬得过高的情况下，生产经营者在努力扩大生产的同时应该尽可能地把所承担的税收连同各种费用一道转嫁给购买者，进行彻底的税负转嫁（当然这样做的前提条件是商品市场价格是由供求关系决定的而不是依靠指令和计划确定的）。应当指出，在商品经济中税负转嫁不是一件坏事，它是加速供求关系平衡、促进市场繁荣的一种手段。

第三，当商品的供给为一定量时，如果需求增加或保持不变，生产经营者可以将所承担的税收加到商品价格上，转嫁给购买者。这种情况大多是由于一种商品生产相对处于数量、质量稳态过程中，即社会再向该产品生产企业投资就会导致供大于求，而若从这些已有生产企业中抽走资金减少生产，又会导致供给不足这样一种局面。这种局面在重大应用技术发明和扩大生产之前是一种普遍存在的现象，因而在这种情况下实行税负转嫁也是较

为普遍的。

第四，当需求为一定量时，如果供给不变或者减少，税负就可以通过价格上涨的方式转嫁给购买者。要做到这一点，关键在于生产经营者是否充分掌握需求处于稳态时的程度以及可预期能维持多长时间。比如，一些商品在多数情况下它的需求处于一种稳态，这种商品的生产经营者在供给上稍作减少调整，他们的税负就可转移给购买者。

(2) 成本转嫁法。成本转嫁法是根据商品成本状况进行税负转嫁的方法。成本是生产经营者为从事正常生产经营活动的各种预先支付和投入费用的总和。它一般有三种形态，即固定成本、递减成本和递增成本。固定成本是在生产经营过程中不随产品产量变化而变化的费用和损失。递增成本是随产品产量增加和经营范围的扩大而增加的费用和损失。递减成本则与递增成本相反，它是单位产品随着经营扩大和服务范围的扩展而减少的费用和损耗。从转嫁筹划看，不同成本种类产生的转嫁筹划方式及转嫁程度不同：

第一，固定成本与税负转嫁。由于这类商品的成本不随生产产量的多少而增减单位成本，因此在市场需求无变化的条件下，所有该产品承担的税款都有可能转嫁给购买者，即税款可以加入价格，实行向前转嫁。然而，应该指出的是，对于成本固定而市场缺乏弹性的商品，它的需求总是一定的，需求变化的情况极为少见。

第二，递增成本与税负转嫁。对于递增成本的产品，企业在这种商品中的税负是不会全部转嫁的，至多转嫁一部分。因为成本递增的产品随着产量的增加，单位产品的成本也会增加，而课税又迫使企业提高产品价格，这样由于价格提高和产量增加的双重压力，产品的销路必然受到影响，继而造成产品严重积压。在这种情况下，厂家为了维持销路，不得不降低产品价格，自己承担一部分应属于购买者所承担的税收。可见，对于产品成本递增的生产经营者来说，若不想办法降低成本递增趋势，税负转嫁筹划是难以实现的。

第三，递减成本与税负转嫁。成本递减的产品是实行税负转嫁的最好形式。由于单位产品成本在一定的情况下，随着数量增加和规模的扩大而减少，单位产品所承担的税负分摊也就减少，因此税负全部或部分转嫁出去的可能性大大提高。然而，随着生产数量和规模的扩大，客观上要求降低产品价格的呼声也就越大。生产经营者为了保证自己的竞争优势，也会适当地调低其出厂价格和销售价格。但一般情况来说，这种价格降低的程度不会大于税负分摊在每个产品上的下降程度，即生产经营者在价格调低后，仍会把有关税负转嫁给购买者，甚至还可以获得多于税额的价格利益。

(3) 税基转嫁法。税基转嫁法也称作税基宽窄运用法，是根据课税范围的大小、宽窄实行的不同税负的转移方法。一般来说，在课税范围比较广的情况下，直接进行税负转嫁就比较容易，这时的税负转嫁可称为积极税负转嫁；在课税范围比较窄的时候，直接进行税负转嫁便会遇到强有力的阻碍，纳税人不得不寻找间接转嫁的方法，这时的税负转嫁可称为消极税负转嫁。

从事积极税负转嫁的条件是所征税种遍及某一大类商品而不是某一种商品。比如，对生产、经营汽车征的税，对烟酒征的税等。这些对大类商品普遍适用的税种实际上忽略了具体不同产品的生产经营状况，忽略了不同产品承受税负和转嫁税负的能力，因而为生产经营者转嫁税负创造了条件。在市场价格充分显示供求变化的条件下，生产经营者根据市场信号进行产品品种的调整，就完全可以实现有效的税负转嫁。拿汽车生产来说，汽车品种很多，在其生产所有品种的汽车适用同一税率的情况下，完全可以把绝大多数财力、物力、人力集中于市场上销售好的汽车生产，同理，汽车商店也会这样做。这样生产厂家及经营商店总会处于设法满足市场需求的状况中，其产品总是适销对路。因此，保证了他们承受的税负部分甚至全部可以转嫁出去。

消极性税负转嫁的情况是仅对某类商品中的某一种商品开征特定的税，真正意义上的税负转嫁就难以实现。因为这时的税负承担者很具体，税基窄，消费者抉择的余地大，如果税负向前转嫁，则商品价格上升。由于市场存在无税或低税的替代品，课税商品的需求量必然减少，且减少的水平往往大于价格上升的幅度，因此，税负难以转嫁。比如，茶和咖啡同属饮料，如果课税于茶而免税于咖啡，当茶价上涨时，饮茶者改饮咖啡，以致茶的消费减少，这时茶商如果想把税款加到茶价上去进行转嫁就很困难。

（二）递延纳税

递延纳税是企业开展税收筹划的目标之一，而所谓递延纳税是指企业在不违反法律法规的前提下，延迟一定时期后再缴纳本期应纳的税款。递延纳税虽然不能直接减少企业应纳税款，但由于货币存在时间价值，递延纳税就如同纳税人从政府部门取得了一笔无息贷款，可以在本期有更多的资金用于投资和再投资以获得更大的投资收益或可以减少企业的筹资成本，相对降低了税收负担取得了收益。因此纳税人可合理合法地运用各种税收筹划方法，以获取递延纳税的税收利益。

1. 合理选择会计处理方法实现递延纳税

会计处理方法不同，企业当期应纳税额也不尽相同。如企业计提固定资产折旧可采用直线法，符合一定条件可采用加速折旧法；存货计价可采用先进先出法、加权平均法和移动加权平均法等，而合理合法地选择固定资产折旧方法和存货计价方法，则可起到递延缴纳企业所得税的作用。

(1) 利用固定资产折旧计提方法实现递延纳税。企业所得税法规定，固定资产按直线法计提折旧准予税前扣除，但在特殊情况下，如由于技术进步等原因确需加速折旧的，可采用缩短折旧年限或者采用加速折旧方法计提折旧。不同的折旧方法表现为在固定资产的使用年限内，折旧的计提总额相同，但计入各会计期或纳税期的折旧额不同，从而影响到企业各期的成本和利润，进而影响企业当期应纳所得税税额。因此，企业可以通过选择不同的固定资产折旧方法，使企业当期应纳所得税向以后各期延迟，从而实现递延缴纳企业所得税带来的经济效益。就折旧年限而言，缩短折旧年限有利于加速回收成本，可使后期成本费用前移，从而使前期会计利润后移，在税率稳定的情况下，可实现延迟缴纳企业所得税。

(2) 利用存货计价方法实现递延纳税。企业所得税法规定，企业的原材料、库存商品、周转材料等存货的计价应以实际成本为准，企业各项存货的发生和领用，其实际成本的计算方法，可在先进先出法、加权平均法和移动加权平均法等方法中任选一种。而会计核算中，若存货计价方法不同，则存货成本也不尽相同；当期的存货成本不同，则企业的当期利润也不一样。因此，企业可根据自身的实际情况以及存货的价格变动、存货的采购时间等作出正确的选择，以使税前扣除的存货成本尽可能最大，使前期应纳所得税税额最小，从而实现递延纳税。

2. 变更企业组织形式实现递延纳税

根据现行税法，消费税是针对特定的纳税人以及特定的纳税环节而征收的，因此，纳税人可通过企业分立或企业合并等组织形式的变更以实现递延纳税。

(1) 利用企业分立实现递延纳税。企业分立，可增加一道流通环节，有利于流转税的抵扣和转让定价策略的运用。根据《中华人民共和国消费税暂行条例》(以下简称《消费税暂行条例》) 规定，消费税主要在生产环节征收，因此，为减轻税负，纳税人可设立独立核算的销售公司销售自产应税消费品。若纳税人以相对较低的价格销售给销售公司，销售公司再以正常的市价销售产品，则纳税人不仅可以直接节约消费税税额，还可以将生产环节应缴纳的部分增值税推迟到销售环节缴纳，从而实现增值税递延纳税带来的税收利益。

(2) 利用企业合并实现递延纳税。企业可以通过分立达到节税的目的，自然也可以通过合并进行税收筹划。如对于两个具有业务往来的消费税纳税人，通过企业合并，会使原来企业间的购销环节转变为企业内部的原材料转让环节，从而实现消费税递延纳税。若两个合并企业之间存在原材料的供应关系，在合并前，这笔原材料的转让关系为购销关系，应按正常的购销价格缴纳消费税；而在合并后，企业间的原材料供应关系则转变为企业内部的原材料转移关系，无须缴纳消费税，而是递延到销售环节再缴纳，从而实现消费税递延纳税带来的税收利益。

3. 改变销售结算方式实现递延纳税

纳税人销售产品时，可选择不同的销售方式和结算方式，而销售方式和结算方式不同，其纳税义务发生时间也不尽相同。因此，企业在进行税收筹划时应考虑货币的时间价值，充分利用各种销售结算方式来推迟纳税时间，给企业带来间接收益。

(1) 利用销售方式实现递延纳税。根据《中华人民共和国消费税暂行条例实施细则》(以下简称《消费税暂行条例实施细则》) 的规定，应税消费品连同包装物销售的，无论包装物是否单独计价以及在会计上如何核算，均应并入应税消费品的销售额中缴纳消费税。如果包装物不作价随同产品销售，而是收取押金，此项押金则不应并入应税消费品的销售额中征税。但对因逾期未收回的包装物不再退还的或者已收取的时间超过 12 个月的押金，应并入应税消费品的销售额，按照应税消费品的适用税率缴纳消费税。对既作价随同应税消费品销售，又另外收取押金的包装物的押金，凡纳税人在规定的期限内没有退还的，均应并入应税消费品的销售额，按照应税消费品的适用税率缴纳消费税。根据上述规定，纳税人可以通过收取包装物押金的形式推迟纳税义务的发生时间，取得税款使用的时间价值，有时甚至可以把本属作价销售性质的包装物以收取押金的名义取得价款，从而获得推迟纳税的好处。

(2) 利用结算方式实现递延纳税。根据《中华人民共和国增值税暂行条例实施细则》(以下简称《增值税暂行条例实施细则》) 规定，在不同的结算方式下，纳税人销售货物或提供应税劳务的纳税义务发生时间分别为：采取直接收款方式销售货物的，不论货物是否发出，其纳税义务发生时间均为收到销售款或者取得索取销售款凭据的当天；采取托收承付和委托银行收款方式销售货物的，其纳税义务发生时间为发出货物并办妥托收手续的当天；采取赊销和分期收款方式销售货物的，其纳税义务发生时间为书面合同约定的收款日期的当天，无书面合同的或者书面合同没有约定收款日期的，为货物发出的当天；委托其他纳税人代销货物的，其纳税义务发生时间为收到代销单位的代销清单或者收到全部或者部分货款的当天，未收到代销清单及货款的，为发出代销货物满 180 天的当天。根据上述规定，纳税人可利用结算方式的选择权采用没有收到货款不开发票的方法，以实现递延纳税的目的。比如，对发货后一时难以回笼的货款，可作为委托代销处理，待收到货款再出具发票纳税；避免采用托收承付和委托银行收款结算方式销售货物，防止垫付税款；在采用直接收款结算方式不能及时收到货款的情况下，可采用赊销或分期收款结算方式，在书面合同上注明收款日期，当实际收到货款时再开具发票，则可以分期核算销售收入，推迟纳税时间，实现递延纳税。

4. 利用纳税期限及延期纳税权实现递延纳税

根据现行税法，纳税人可利用纳税期限及延期纳税权实现递延纳税。

(1) 利用纳税期限实现递延纳税。《增值税暂行条例》、《消费税暂行条例》对纳税期限及纳税申报缴库期限均作了明确规定，以增值税为例，其纳税期限分别为 1 日、3 日、5 日、10 日、15 日、1 个月或者 1 个季度。纳税人以 1 个月或者 1 个季度为 1 个纳税期的，自期满之日起 15 日内申报纳税；以 1 日、3 日、5 日、10 日或者 15 日为 1 个纳税期的，自期满之日起 5 日内预缴税款，于次月 1 日起 15 日内申报纳税并结清上月应纳税款。纳税人可充分利用纳税期限的有关规定，尽可能推迟纳税以获取资金的时间价值。如纳税人可通过各种合理合法途径，尽量使自身的纳税期限被确认为 1 个月或 1 个季度，以避免预缴税款；同时，在纳税期限确认后，纳税人可通过纳税申报缴库期限的规定尽量推迟纳税。

(2) 利用延期纳税权实现递延纳税。为照顾某些纳税人由于缺乏资金或其他特殊原因造成缴税困难，许多国家都在税法中规定了有关延期缴纳的税收条款。由此可见，延期纳税权是许多国家税收法律赋予纳税人的一项权利。在我国，《征管法》规定，纳税人因有特殊困难，不能按期缴纳税款的，经省、自治区、直辖市国家税务局、地方税务局批准，可以延期缴纳税款，但最长不得超过 3 个月。由此可见，在符合《征管法》相关规定的前提下，纳税人可向省、自治区、直辖市国家税务局、地方税务局申请，行使延期纳税权，以获得递延纳税带来的好处。

五、税前扣除的税收筹划方法

亏损弥补、技术开发费加计扣除、公益救济性捐赠等都是应当从企业所得税应纳税所得额中扣除的项目。目前，税法对扣除顺序未作明确规定，兼有多项税前扣除项目的企业纳税人可以自由安排扣除项目的顺序，选择税负最低的扣除方案。

【案例 2-5】　林丰公司是国有独资公司、工业企业。该公司经主管税务机关核实亏损 500 万元；次年，账面实现利润 400 万元，当年发生技术开发费 500 万元 (比上年增长 30%，可加计扣除 250 万元)；2002 年度，弥补亏损前的应纳税所得额 400 万元。试分析林丰公司的税前扣除项目顺序怎样对公司更有利。

◆【分析】

方案一：先弥补亏损，再加计扣除技术开发费。

林丰公司弥补亏损后，应纳税所得额为 0 万元，技术开发费不得加计扣除，未弥补的亏损为 100 万元；弥补亏损后的应纳税所得额为 300 万元。

方案二：先加计扣除技术开发费，再弥补亏损。

加计扣除技术开发费后的所得为 150 万元，弥补亏损后的应纳税所得额为 0 万元，未弥补的亏损为 350 万元；弥补亏损后的应纳税所得额为 50 万元。

对比可见，方案二比方案一节税，这是因为亏损可以结转以后年度弥补（超过 5 年弥补期限的除外），而技术开发费加计扣除额不得结转以后年度扣除，所以纳税人在申报企业所得税时应当优先加计扣除技术开发费。

如果纳税人在一个纳税年度内同时发生好几项业务，应当先扣除公益救济性捐赠，再加计扣除技术开发费，最后弥补亏损。

六、利用业务性质的税收筹划方法

"营改增"后，对于一些具有税收优惠政策的业务领域，应积极通过税收筹划，以争取适用税收减免政策。以"四技"（技术开发、技术转让以及与之相关的技术咨询、技术服务）业务为例，"营改增"前，国家对"四技"业务免征营业税，"营改增"后，国家对"四技"业务收入继续免征增值税。因此，对于科技类公司而言，对外提供相关技术服务签署合同时，应在合同条款中凸显"四技"合同的特征，履行相关备案义务。同时，需要提醒的是，"四技"业务享受增值税免税，无法开具增值税专用发票，导致下游采购方无法取得增值税专用发票。

增值税较营业税的一大优势就是可以避免重复征税，有利于行业的细分化和专业化发展，提高生产效率。在此背景下，企业集团可以通过将部分服务进行外包，做自己最为擅长的领域。

中小企业开展税收筹划，需要良好的基础条件。税收筹划基础是指企业的管理决策层和相关人员对税收筹划的认识程度，企业的会计核算和财务管理水平，企业涉税诚信等方面的基础条件。如果中小企业管理决策层对税收筹划不了解、不重视、甚至认为税收筹划就是搞关系、找路子、钻空子、少纳税；或是企业会计核算不健全，账证不完整，会计信息严重失真，甚至企业还有偷逃税款的前科，或违反税法记录较多，等等，那么将会造成企业税收筹划基础极不稳固，在这样的基础上进行税收筹划，其风险性极强，这是中小企业进行税收筹划最主要的风险。

第二节　企业经营活动的税收筹划基本方法

一、企业筹资活动的税收筹划方法

筹资作为一个相对独立的行为，其对企业经营理财业绩的影响，主要是通过资金成本的变动而发生作用的。因此，分析筹资中的税收筹划时，应重点考察两个方面：资金成本的变动究竟是怎样对税负和企业业绩产生影响的；企业应当如何进行资金（或资本）结构的配置，才能实现税收筹划目标。

企业筹资方式主要有：商业信用、短期借款、发行股票和债券、长期借款、融资租赁和企业自我积累等。

（一）税收筹划对筹资决策的影响

不同的筹资方式，形成不同的税前、税后资金成本，税收筹划可降低筹资的资金成本。如采用借款方式的印花税税负低于租赁方式的税负；在所得税方面，采用权益资本筹资，财务风险较低，比较安全，也不需要支付固定的利息，但要支付股利，并从所得税后利润中列支，不能减少所得税税基和应纳税所得额，故筹资成本相对较高；采用债务形式筹资，有固定的利息和明确的到期日，到期要还本付息，财务风险较大，但利息可以在税前列支，可以减少所得税税基和应纳税所得额，因而筹资成本相对较低；另外，权益资本分红时，还要缴纳个人所得税。

一般来说，企业以自我积累方式筹资所承受的税收负担要重于向金融机构贷款所承受的税收负担，贷款融资所承受的税收负担要重于企业间拆借所承受的税收负担，企业间拆借资金的税收负担要重于企业内部集资的税收负担。这是因为，从资金的实际拥有或对资金风险负责的角度看，自我积累方法最大，企业内部集资入股方法最小。因此，它们承担的税负也就相应地随之变化。从税收筹划角度看，企业内部集资和企业之间拆借资金方式产生的效果最好，金融机构贷款次之，自我积累方法效果最差。这是因为通过企业的内部融资和企业之间拆借资金，这两种融资行为涉及到的人员和机构较多，容易寻求降低融资成本、提高投资规模效益的途径，但企业仍可利用与金融机构特殊的业务联系达到一定程度减轻税负的目的。自我积累方式由于资金的占有和使用融为一体，税收难以分割或抵消，因而难以进行税收筹划。

企业的资金来源除资本金外，主要是负债。负债具体又包括长期负债和短期负债两种。其中长期负债与资本的构成关系，通常称为资本结构。资本结构，特别是负债比率合理与否，不仅制约着企业风险、成本的大小，而且在相当大的程度上影响着企业的税收负担以及企业权益资本收益实现的水平。负债融资的财务杠杆效应主要体现在节税及提高权益资本收益率（包括税前和税后）方面。其中，节税功能反映为负债利息计入财务费用扣减应税所得额，从而相对减少应纳税额。在息税前收益（支付利息和所得税前的收益）不低于负债成本总额的前提下，负债比率越高，额度越大，其节税效果就越显著。当然，负债最重要的杠杆作用在提高权益资本的收益水平及普通股的每股盈余（税后）方面。

筹资利息方面，纳税人在生产经营期间向金融机构借款的利息支出，按照实际发生数额扣除；向非金融机构借款的利息支出，不高于按照金融机构同类、同期贷款利率计算的数额以内的部分，准予扣除；超过的部分不准予扣除。企业筹资的利息支出，凡在筹建期间发生的，计入开办费，自企业投产营业起，按照不短于 5 年的期限分期摊销；在生产经营期间发生的计入财务费用，其中，与购置固定资产或者无形资产有关的，在资产尚未交付使用或者虽已交付使用但尚未办理竣工决算以前，计入购置资产的价值。

财务费用可以直接冲抵当期损益，而开办费和固定资产、无形资产价值则须分期摊销，逐步冲减当期损益。因此，在税收筹划中，企业应尽可能加大筹资利息支出计入财务费用的份额，缩短筹建期和资产的购置周期。

在筹资决策中进行税收筹划，就是对不同的筹资方式进行分析比较，综合考虑使用期长短、偿还的条件、取得的难易程度等因素，最终在各种筹划方案中选出最优的方案。

（二）短期负债筹资决策的税收筹划

1. 短期负债筹资的特点

短期负债筹资所筹资金的可使用时间较短，一般不超过1年。短期负债筹资具有如下一些特点。

1) 筹资速度快，容易取得

长期负债的债权人为了保护自身利益，往往要对债务人进行全面的财务调查，因而筹资所需时间一般较长且不易取得。短期负债在较短时间内即可归还，故债权人顾虑较少，容易取得。

2) 筹资富有弹性

举借长期负债，债权人或有关方面经常会向债务人提出很多限定性条件或管理规定；而短期负债的限制则相对宽松些，使筹资企业的资金使用较为灵活、富有弹性。

3) 筹资成本较低

一般地讲，短期负债的利率低于长期负债，短期负债筹资的成本也就较低。

4) 筹资风险高

短期负债需在短期内偿还，因而要求筹资企业在短期内拿出足够的资金偿还债务，若企业届时资金安排不当，就会陷入财务危机。此外，短期负债利率的波动比较大，有时高于长期负债的水平也是可能的。

2. 短期负债筹资的形式

短期负债筹资的主要形式有：商业信用和短期借款。

1) 商业信用的税收筹划

商业信用是指在商品交易中由于延期付款或预收货款所形成的企业间的借贷关系。商业信用在短期负债筹资中占有相当大的比重。商业信用筹资最大的优点是容易取得。首先，对于多数企业来说，商业信用是一种持续性的信贷形式，且无需正式办理筹资手续。其次，如果没有现金折扣或使用不带息票据，商业信用筹资不负担成本。其缺陷在于期限较短，在放弃现金折扣时所付出的成本较高。

商业信用的具体形式有应付账款、应付票据、预收账款等。对附有现金折扣的商业信用，如果能以低于放弃现金折扣的成本的利率借入资金，应在现金折扣期内借入资金，享受折扣；如果在折扣期内短期投资所得的投资收益率高于放弃现金折扣的成本，则应放弃折扣。税收在其中的影响是借入资金在折扣期内付款，其借款利息可以在所得税税前扣除，实际上降低了借入资金的成本。

2) 短期借款的税收筹划

短期借款是指企业向银行和其他非银行金融机构借入的期限在1年以内的借款。我国目前的短期借款按照目的和用途分为若干种，主要有生产周转借款、临时借款、结算借款等；按照国际通行做法，短期借款还可依偿还方式的不同，分为一次性偿还借款和分期偿还借款；依利息支付方法的不同，分为收款法借款、贴现法借款和加息法借款；依有无担保，分为抵押借款和信用借款等。企业在申请借款时，应根据各种借款的条件和需要加以选择。税法规定短期借款的利息和安排借款发生的辅助费用摊销在所得税税前直接扣除，因而实际的借款成本要低于利息费用支出。企业面对相同的利率，由于适用所得税税率的不同，其短期借款的成本也是不同的，因此，可以对此进行合理的税收筹划。

（三）长期资金筹集决策的税收筹划

企业长期资金筹集的方法很多，如发行股票、所有者再投资、企业债券溢价或折价摊销、长期负债、融资租赁等。长期资金的筹集和使用必然构成企业的权益资本和债务资本。权益资本和债务资本的构成必然要符合企业经营和理财的战略需要，但资金筹集和使用成本是必不可少的考虑因素，而税收也是影响企业长期资金成本的重要因素之一。

1. 长期负债筹资的筹划

负债筹资是指通过负债筹集资金，负债是企业一项重要的资金来源，几乎没有一家企业是只靠自有资本，而不运用负债就能满足资金需要的。与普通股筹资相比，负债筹资的特点表现为：筹集的资金具有使用上的时间性，需到期偿还，不论企业经营好坏，需固定支付债务利息，从而形成企业固定的负担，但其资本成本一般比普通股成本低，且不会分散投资者对企业的控制权。

长期负债是指期限超过 1 年的负债。筹措长期负债资金可以解决企业长期资金的不足，如满足发展长期性固定资产的需要，同时由于长期负债的归还期长，债务人可对债务的归还作长期安排，还债压力或风险相对较小。长期负债的利率一般会高于短期负债利率，长期负债的债权人经常会向债务人提出一些限制性的条件以保证其能够及时、足额偿还债务本金和支付利息。目前，在我国，长期负债筹资主要有长期借款和债券筹资两种方式。

(1) 长期借款是指企业向银行或其他非银行金融机构借入的使用期超过 1 年的借款，主要用于购置固定资产和满足长期流动资金占用的需要。与债券筹资相比，长期借款筹资的特点有：

① 筹资速度快。长期借款的手续比发行债券简单得多，得到借款所花费的时间较短；

② 借款弹性较大。借款时企业与银行直接交涉，有关条件可谈判确定，用款期间发生变动，亦可与银行再协商。而债券筹资所面对的是社会广大投资者，协商改善筹资条件的可能性很小；

③ 借款成本较低。长期借款利率一般低于债券利率，且由于借款属于直接筹资，筹资费用也较小；

④ 长期借款的限制性条款比较多，制约了企业的生产经营和借款的作用。

(2) 债券筹资。债券是经济主体为筹集资金而发行的，用以记载和反映债权与债务关系的有价证券。与其他筹资形式相比，债券筹资突出的优点是筹资对象广、市场大，但是这种筹资方式成本高、风险大、限制条件多，这是其不利的一面。企业发行的债券称为企业债或公司债券。一般所指的债券，是期限超过 1 年的公司债券，其发行目的通常是为建设大型项目筹集大笔长期资金。按照《中华人民共和国公司法》（以下简称《公司法》）的规定，发行可转换债券的主体只限于股份有限公司中的上市公司。

税法规定，纳税人为经营活动需要承担的、与借入资金相关的利息费用，包括发行公司债券所支付的各期的利息以及与债券相关的折价和溢价的摊销、安排借款时发生的辅助费用的摊销可在税前直接扣除。但扣除有一个限制，就是纳税人在生产经营期间，向非金融机构借款的利息支出，不得高于按照金融机构同类、同期贷款利率计算的数额以内的部分，否则不予扣除。可见发行公司债券筹集长期资金，其资金成本较发行股票低，可达到降低所得税税负的目的。

2. 企业债券溢、折价摊销的税收筹划

债券可以等价发行，也可以溢价发行或折价发行。在溢价或折价发行时，必须在发行期内进行摊销。溢价或折价摊销进入财务费用，冲减利息费用或增加利息费用。利息费用作为扣除项目，在计算应税所得时可以从所得中扣除，纳税人利息费用的多少直接影响纳税人应纳所得税额的多少。摊销方法有直线法和实际利率法两种，两种方法计算出来各年的摊销额是不同的。因此，企业债券溢、折价摊销会对纳税人每年的应纳所得税额产生影响。

3. 发行股票筹资的税收筹划

股票是股份公司发行给股东的所有权凭证，是股东借以取得股利的一种有价证券。股票可分为普通股和优先股。普通股按是否记名又分为记名股和不记名股；按投资主体分为国家股、法人股和个人股；按是否标明金额分为有面值股票和无面值股票；按发行的对象和上市的地区分为 A 股、B 股、H 股、N 股。A 股是以人民币标明票面金额并以人民币认购和交易的股票。B 股、H 股和 N 股是专供外国和我国港澳台地区投资者买卖的，以人民币标明票面金额但以外币认购和交易的股票。其中，B 股在上海、深圳上市；H 股在香港上市；N 股在纽约上市。

从税收来讲，普通股股利在税后利润中支付，不像债券利息那样作为费用在税前列支，因而不具有抵税作用。在我国税法中，个人股东分得的股利还要缴纳个人所得税。另外，普通股的发行费用一般较高，但可以作为费用在税前列支。

一般来说，企业筹资活动的税收筹划，主要从两方面来进行：一是从不同的筹资对象来进行税收筹划。因为银行等金融机构的筹资费用可以据实税前扣除，而非银行金融机构的筹资费用不能够税前据实扣除；另一方面是通过不同的筹资方式来进行税收筹划。因为不同的筹资方式，税收政策是不同的。债券筹资具有一定的税盾作用，而股权筹资方式不能税前扣除。

二、企业投资活动的税收筹划方法

（一）企业在投资期限方面的税收筹划

1. 企业投资期限的法律规定

企业进行投资时会涉及投资期间的选择。在投资期限中，有分期投资方式和一次性

投资方式。我国对中外合资经营企业和中外合作经营企业各方出资期限的规定是：合营各方应当在合营合同中写明出资期限，并且应当按照合营合同规定的期限缴清各自的出资额。合营合同中规定一次缴清出资的，合营各方应当从营业执照签发之日起 6 个月内缴清；合营合同中规定分期缴付出资的，合营各方第一期出资不得低于各自认缴出资的15%，并应在营业执照签发之日起 3 个月内缴清，其最后一期出资应在营业执照签发之日起 3 年内缴清。

2. 企业投资期限的税收筹划思路

纳税人在投资时应该尽可能延长投资期限，未到位的资金通过向银行或其他机构贷款解决。企业在生产、经营期间向金融机构借款的利息支出，按照实际发生数税前扣除；向非金融机构借款的利息支出不高于按照金融机构同类、同期贷款利率计算的数额以内的部分，准予扣除。这样就可以缩小所得税税基，达到节税的目的；同时，在企业盈利的情况下，还可实现少投入资本、充分利用财务杠杆效应的目的。

（二）企业进行长期股权投资的税收筹划

长期股权投资是指投资方企业以其货币资产或者非货币资产向被投资方企业进行投资，以其资产的价值取得股权，参与被投资方企业收益分配的一种经营活动。

1. 长期股权投资的会计准则规定

投资企业取得对联营企业或合营企业的投资以后，对于取得投资时初始投资成本与应享有被投资单位可辨认净资产公允价值份额之间的差额，应区别情况进行处理：

(1) 初始投资成本大于取得投资时应享有被投资单位可辨认净资产公允价值份额的，该部分差额是投资企业在取得投资过程中通过作价体现出的与所取得股权份额相对应的商誉及不符合确认条件的资产价值。这种情况下不要求对长期股权投资的成本进行调整。

(2) 初始投资成本小于取得投资时应享有被投资单位可辨认净资产公允价值份额的，两者之间的差额体现为双方在交易作价过程中转让方的让步。该部分经济利益流入应作为收益处理，计入取得投资当期的营业外收入，同时调整增加长期股权投资的账面价值。

2. 长期股权投资的税法规定

(1) 股息、红利等权益性投资收益，除国务院财政、税务主管部门另有规定外，应当以被投资方做出利润分配决策时间确认收入的实现。但是符合条件的居民企业之间的股息、红利等权益性投资收益，在中国境内设立机构、场所的非居民企从居民企业取得与该机构、场所有实际联系的股息、红利等权益性投资收益，均属于免税收入，其中不包括连续持有居民企业公开发行并上市流通的股票短于 12 个月取得的投资收益。

(2) 企业对外投资期间，投资资产的成本在计算应纳税所得额时不得扣除。投资资产按照以下方法确定成本：① 通过支付现金方式取得的投资资产，以购买价款为成本；② 通过支付现金以外的方式取得的投资资产，以该资产的公允价值和支付的相关税费为成本。

3. 长期股权投资的税收筹划思路

(1) 利用征免税的界限进行税收筹划。由于新企业所得税法对权益性投资收益规定了免税与征税的界限，纳税人应该对持有的上市流通的股票投资，在可能的情况下使其持有期限超过 12 个月，以谋求免税待遇。

(2) 利用投资方取得被投资方可辨认净资产份额的多少进行税收筹划。由于按照会计准则规定，如果投资方的初始投资成本小于取得投资时应享有被投资单位可辨认净资产公允价值份额的，两者之间的差额体现为双方在交易作价过程中转让方的让步。该部分经济利益流入应作为收益处理，计入取得投资当期的营业外收入，同时调增长期股权投资的账面价值。所以，纳税人进行长期股权投资时，要避免缴纳所得税，应该让其初始投资成本大于或等于取得投资时应享有被投资单位可辨认净资产公允价值份额。

但是这种节税方法不一定是最佳选择，如果其初始投资成本大于取得投资时应享有被投资单位可辨认净资产公允价值份额的部分比作为营业外收入的部分所缴纳的企业所得税税额还大，免税的选择就不是最佳了。

（三）利用利润分配分界点进行税收筹划

1. 利润分配的法律规定

根据《中华人民共和国企业所得税法》(以下简称《新企业所得税法》) 的规定，由居民企业，或者由居民企业和中国居民控制的设立在实际税负明显低于企业所得税法规定税率水平的国家 (地区) 的企业，并非由于合理的经营需要而对利润不作分配或者减少分配的，上述利润中应归属于该居民企业的部分，应当计入该居民企业的当期收入。这里控制关系的确认是指：

(1) 居民企业或者中国居民直接或者间接单一持有外国企业 10% 以上有表决权股份，且由其共同持有该外国企业 50% 以上股份；

(2) 居民企业或者居民企业和中国居民持股比例没有达到上述规定的标准，但在股份、资金经营购销等方面对该外国企业构成实质控制。

2. 利润分配的税收筹划思路

(1) 利用控股标准进行税收筹划。根据《新企业所得税法》的规定。居民企业或者中国居民直接或者间接持有外国企业 10% 以上有表决权股份，且由其共同持有该外国企业 50% 以上股份，就必须对税后利润进行分配。只要纳税人在该方面有意识地不符合其中一个标准，就可以不对税后利润进行分配，从而起到递延纳税的目的。

(2) 利用实际税负标准进行税收筹划。根据《新企业所得税法》的规定，实际税负判定标准是指实际税负明显低于规定税率水平，即低于企业所得税法规定税率的 50%，这涉及投资地点的选择。纳税人在境内进行投资，由于其税后利润的分配，即取得的股息红利属于免税收入，所以不存在节税操作问题。但是对于跨国公司的跨国经营，则存在着投资地点的选择。对于我国的跨国纳税人而言，应该尽可能选择实际税负低于 12.5% 的国家或地区进行投资，这样就可以保留利润不分配，而规避将股息、红利性质的收入计入纳税人的当期应税收入。

（四）企业在直接投资方面的税收筹划

直接投资是指投资主体将金融资产转化为实物资产进行生产、经营活动，并从经营活动中取得利益的经济行为。

1. 直接投资的法律规定

(1) 企业应该按规定缴纳流转税 (如增值税、消费税等) 及相关的行为税和财产税，如房产税、土地使用税、车船税、印花税等。

(2) 企业应该按规定缴纳企业所得税。

(3) 在缴纳上述税收时，符合税收优惠政策的投资项目，可以享受税收优惠待遇。

2. 直接投资的税收筹划思路

直接投资形成各种形式的企业，企业的生产经营成果既要征收流转税，如增值税，其纯收益还要征收企业所得税。对直接投资的综合评估主要考虑投资回收期、投资的现金流出和现金流入的净现值、项目的内部报酬率等财务指标。纳税人需要考虑的税收因素主要是指影响这些指标的税收政策。投资者首先要判定其投资项目按照税法规定应征收哪些流转税，如征收增值税，是否还要征收消费税？除了征收增值税、消费税外，还有城市维护建设税和教育费附加，其税率或费率是多少？这一切都将影响企业的税费负担，并因此进一步影响到投资者的税后净收益。这需要投资者在估算销售收入的时候必须考虑销售税金及附加，才能做好税收筹划。

另外，直接投资更重要的是要考虑企业所得税的税收待遇。我国企业所得税制度规定了很多税收优惠待遇，包括税率优惠和税额扣除等方面的优惠。投资者应该在综合考虑目标投资项目的各种税收待遇的基础上，进行项目评估和选择，以期获得最大的投资税后收益。

（五）企业在国债投资方面的税收筹划

1. 国债投资的法律规定

企业投资国债取得的投资收益，即国债利息，与流转税没有什么关系，主要是与企业所得税有关。按照《新企业所得税法》及其实施条例的规定，国债利息收入免征企业所得税，但是对企业在债券市场上买卖国债取得的收益则应该缴纳企业所得税。

2. 国债投资的税收筹划思路

由于我国国债利息免征企业所得税，故企业在间接投资时要充分考虑税后收益。纳税人进行国债投资时，经常采用的税收筹划方法是买进国债进行税收套利。企业贷款购买国债进行税收套利必须同时具备以下两个条件：

第一，我们设国债为 M，银行贷款利率为 p，企业的应纳税所得额为 K，则：

$$K > K - M_p \geqslant 0$$

该公式表示，当纳税人贷款购买国债 M 元，贷款利率为 p 时，贷款利息支出为 M_p，如果企业应纳税所得额为 K，为了充分发挥利息支出减少企业所得税应纳税所得额的作用，K 必须大于零，且 $K - M_p \geqslant 0$。如果企业贷款规模过大，$K - M_p < 0$，即企业贷款购买国

债后的应纳税所得额为负数，就有一部分贷款利息支出不能减少应纳税所得额，达不到税收套利的目的。

第二，我们设手续费率为 f（即纳税人贷款的手续费和购买国债手续费之和与贷款额的比率），企业所得税税率为 t，国债年收益率为 d，贷款购买国债增加的税后收益为 S，则：

$$S = M_d - M_p(1-t) - M_f(1-t)$$

即税后收益等于企业贷款购买国债引起的税后现金净流量。此时 S 必须大于零，企业才有利可图。满足该条件就必须使国债年收益率 $d > (p+f) \times (1-t)$。我们设中国人民银行规定一年期贷款利率为 5%，企业贷款购买国债手续费率为 0.5%，根据上述公式，国债年收益率 $d > (5\% + 0.5\%) \times (1 - 25\%)$，即 $d > 4.125\%$。此时若企业贷款购买国债，则在一年期的情况下，国债年收益率必须大于 4.125% 才有利可图。

假设盈利企业有闲余资金存银行，一年期存款年利率为 3.6%，如果企业所得税前利润大于存款利息收入，那么全部存款利息收入需缴纳 25% 的所得税，企业实际得到的银行存款年利率为 2.7%。

盈利企业如果把闲余资金购买免税国债，企业获得的国债利息收入可免缴所得税。此外，还可以通过企业投资的标的以及企业投资的区域选择等方面来实现税收筹划。

三、企业经营活动的税收筹划方法

企业进行税收筹划的方法多种多样，但从其开展的经营活动类型和减轻税负的手段来看，常用的方法有四种：费用分摊方式；纳税人可以通过弥补盈亏来节省税款；根据税法对成本费用确认和计算的不同规定，纳税人应根据企业情况选择有利的方式；纳税人应从收入的方式、时间和计算方法上进行选择和控制，以达到节税的目的。

（一）费用分摊方式

采用费用分摊方式影响企业税收水平，其中涉及两个方面：一是如何使费用支出最小化；二是如何使费用分摊成本最大化。企业通常有若干费用项目，每个项目都有其规定的费用范围，如人工成本标准、管理费定额、亏损标准、各种补贴标准等，如何在正常生产经营活动过程中选择最低的费用支付金额，即实现组合生产经营效益和成本的支付，是采用费用分摊法的基础。发生的费用应及时核销并入账；已发生的坏账，应当及时计入费用；存货的盘亏、毁损属于正常损失的，应当及时计入费用。对能够合理预计发生的费用，采用权责发生制计入费用，适当缩短以后年度应分摊和支付的费用和损失的摊销期限。如低值易耗品和待摊费用的摊销，应选择短期限，增加以前年度的费用，推迟纳税时间。对列入定额的业务招待费、公益性救济性捐赠等费用，要准确控制允许列入的定额，并将限额内的部分全部列入。

（二）纳税人可以通过弥补盈亏来节省税款

弥补盈亏是指允许企业在一定时期内用一定年度的亏损冲减下一年度的盈余，以减少下一年度的应纳税额。这种优惠形式对新企业的发展起着重要的支持作用，对风险投资具有相当的激励作用。但是，这种方法的适用应当以企业有损失为前提，否则不会产生激励作用，从适用范围来看，只能适用于企业所得税。根据我国税法规定，企业年度亏损可以用下一年度的税前利润弥补。

（三）根据税法对成本费用确认和计算的不同规定，纳税人应根据企业情况选择有利的方式

存货计价方法的选择：纳税人可以采用适当的存货计价方法，在期末存货与销货之间分摊成本。不同的存货计价方法会导致企业存货的经营成本不同，从而影响应纳税利润，降低企业所得税。因此，存货计价是纳税人调整应纳税所得额的有力工具。选择有利的存货计价方法可以达到节税的目的。根据现行税法，存货计价可以采用先进先出法、加权平均法和移动加权平均法。不同的存货计价方法对企业纳税有着不同的影响，它不仅是企业财务管理的重要环节，也是税收筹划的重要内容。

由于折旧应计入产品成本或期间费用，直接关系到企业的当期成本、费用规模、利润水平和应纳税所得额，因此，折旧方法的选择和折旧的计算成为非常重要的问题。在计算折旧时，主要考虑以下因素：固定资产原值、固定资产残值、固定资产清算费用和固定资产折旧年限。固定资产折旧方法有，直线折旧法、总年限法、双倍余额递减法等，不同的折旧方法对纳税人的税收影响不同。

（四）纳税人应从收入的方式、时间和计算方法上进行选择和控制，以达到节税的目的

1. 销售收入结算方式的选择

企业销售商品有多种结算方式，不同的结算方式对收入确认时间的判断标准不同。根据税法规定：采取直接收款方式销售货物，以收到销售款或者取得销售付款凭证并将提单交给买方之日为收入确认时间；赊销、分期收款方式销售货物，以书面合同约定的收款日为收入确认时间，无书面合同或者书面合同没有约定收款日期的，为货物发出的当天；这样，通过对销售结算方式的选择和收入确认时间的控制，就可以合理地归属于收入年度，从而达到减税或延期纳税的目的。

2. 收入确认时点选择

每种销售结算方式都有收入确认的标准条件。企业可以通过控制收入确认条件来控制收入确认的时间。因此，在税收筹划过程中，企业应特别注意年末销售业务收入确认时点的筹划。企业可以推迟销售收入的确认时间。直接领用和销售商品时，可以通过推迟收款时间或发货单的发货时间，将收入的确认时间延至下一年度，从而获得税收延期的好处。

3. 劳动收入计算方法的选择

长期合同项目的收入计算可以采用完工百分比法和完工合同法。考虑到税收因素的影响，宜采用完工合同法。

四、企业利润分配活动的税收筹划方法

目前，纳税人开展股权投资业务已很普遍，投资人从被投资企业获得的收益主要有股

息（包括股息性所得）和资本利得。根据目前我国企业所得税相关法规的规定，企业股权投资取得的股息与资本利得的税收待遇不同。

股息是投资方从被投资单位获得的税后利润，属于已缴过企业所得税的税后所得，原则上应避免重复缴税。凡投资方企业适用的所得税税率等于或低于被投资方企业适用的所得税税率的，股权投资所得免缴企业所得税；凡投资方适用的所得税税率高于被投资方适用的所得税税率的，除国家税收法规规定的定期减税、免税优惠以外，其取得的投资所得应按规定还原为税前收益后，并入投资企业的应纳税所得额，依法补缴企业所得税。同时，不论企业会计处理中对投资采取何种方法，被投资企业会计处理实际作利润分配处理时，投资方企业应确认投资所得的实现。也就是说，如果被投资单位未进行利润分配，即使被投资单位有很多未分配利润，也不能推定为投资方企业的股息所得实现。因此，当投资方税率高于被投资方时，如果被投资企业保留利润不分配，投资方企业就无需补缴税款。

资本利得是投资企业处理股权的收益，即企业收回、转让或清算处置股权投资所获的收入，减除股权投资成本后的余额。这种收益应全额并入企业的应纳税所得额，依法缴纳企业所得税。

正是由于股息和资本利得在税收待遇上的差异，纳税人可以充分利用上述政策差异进行筹划。例如，如果被投资企业是母公司下属的全资子公司，则没有进行利润分配的必要。但是，由此引发的问题是，如果投资方企业打算将拥有的被投资企业的全部或部分股权对外转让，则会造成股息转化为股权转让所得。因为企业保留利润不分配，将导致股权转让价格增高，使得本应享受免税或补税的股息转化为应全额并入所得额征税的股权转让所得。因此，除非保留利润一直到转让投资前分配或清算，否则保留利润不分配导致的股息与资本利得的转化对企业是不利的。因此，正确的做法是被投资企业保留利润不分配，企业欲进行股权转让时，在转让之前必须将未分配利润进行分配。这样做，对投资方来说，可以达到不需补税或递延纳税的目的，同时又可以有效地避免股息转化为资本利得，从而避免重复纳税；对于被投资企业来说，由于不分配可以减少现金流出，而且这部分资金无需支付利息，等于增加了一笔无息贷款，因而可以获得资金的时间价值。另外，如果被投资企业是私营企业或投资企业转让股权的，在利润分配方面也有特殊规定。

1. 被投资企业是私营企业

根据税法规定，如果被投资企业为私营有限责任公司或其他私营企业，其税后利润按规定弥补亏损、提取盈余公积金后的剩余利润，不分配、不投资、挂账达一年的，从挂账的第二年起，将剩余利润依照投资者（股东）的出资比例计算分配个人投资者的所得，按"利息、股息、红利所得"项目征收个人所得税。由此可见，私营有限责任公司的股东即使公司保留利润不分配，也不能免除个人所得税，递延纳税的期限至多也只有一年。企业可利用《公司法》中企业提取公积金的比例进行税务筹划，达到减轻投资者税负的目的。

2. 投资方转让股权

(1) 投资方是企业：如果投资方企业打算将其所拥有的被投资企业的全部或部分股权对外转让，则很有可能造成本应享受免税或补税的股权投资所得转化为应全额并入所得额缴税的股权投资转让所得。因此，被投资企业必须在转让之前将累积的未分配利润分配。这样可以有效地避免股权投资所得转化为股权投资转让所得，避免重复纳税。

(2) 投资方是个人：我国现行税法规定，外国企业和外籍个人转让其在中国境内外商投资企业的股权取得的超出其出资额部分的转让收益，应按 20% 的税率缴纳预提所得税或个人所得税。税法规定，纳税人之间进行交易应按公允价值进行，价格不能明显偏低，否则税务机关有权进行调整。在一般情况下，是以转让资产负债表中所有者权益乘以转让数额作为交易价格。若企业处于盈利状态，即未分配利润为正数，或企业资本公积有余额，则转让价格会高于投资额，转让方会获得转让收益，应缴纳所得税。外国投资者从外商投资企业取得的利润 (股息) 和外籍个人从中外合资经营企业分得的股息、红利，免缴所得税。比较以上规定可以看出，若外国投资者在股权转让之前先进行股利分配，合法地使转让价格降低，则可以使税收负担降低；对于受让方来说，也可以用较低的价款取得相同的股权。

(3) 不论投资方是企业，还是个人，都必须要注意的问题是：其一，股利分配的可行性。一方面，公司提出的股利分配方案必须得到董事会的同意，如果外方具有控股权或相对控股权则问题比较好解决；如果不具有控股权，则应征得各方的同意，若其他各方要求外方付出代价，则应对所付代价与税收筹划收益进行比较，后者大于前者才具有可行性。另一方面，企业的现金应足够充裕，不应因股利分配给企业经营带来不利影响。否则，就会得不偿失，若影响太大，可能还会使投资者望而却步。如企业可对股利暂不进行支付，而挂在资产负债表中的负债方。但若金额太大，则会使企业的资产负债率过高，从而降低企业的偿债能力，降低企业的信誉，降低企业的筹资能力。其二，《国家税务总局关于股权投资业务所得税若干问题的通知》(国税发〔2000〕118 号) 规定，被投资企业对投资方的分配支付额，如果超过被投资企业的未分配利润和累计盈余公积金而低于投资方的投资成本的，视为投资回收，应冲减投资成本；超过投资成本的部分，视为投资方企业的股权转让所得，应并入企业的应纳税所得额，依法缴纳企业所得税。因此，在进行转让之前分配股息时，其分配额应以不超过"可供分配的被投资单位未分配利润和盈余公积的部分"为限。

第三节　行业(产业)的税收筹划基本方法

一、利用行业(产业)特点进行的税收筹划

1. 汽车制造业、汽配件加工企业

这类企业属于汽车行业内的企业，新购进的固定资产可由企业选择缩短折旧年限或采取加速折旧的方法。

普遍的折旧方法是直线法，而加速折旧方法包括：双倍余额递减法和年数总和法。如果企业正处于税收优惠期，那么不需要马上采取加速折旧等方法，如果企业已过税收优惠期限，可以采取加速折旧方法。

2. 房地产企业、园区企业

这类企业通常持有土地使用权用于开发房地产项目或园区物业项目。当购买土地使用权或转让土地使用权时，将涉及土地增值税、增值税、契税、印花税等多税种，纳税负担十分沉重。

A公司欲取得B公司所持有的土地进行房产开发，如果A公司直接向B公司收购土地，那么纳税负担很重，但A公司如果收购B公司股东的股份，其所对应的持股股份控制B公司的经营从而开发B公司所持有的土地，那么A公司和B公司都将大大降低纳税负担，并且A公司仍然达到了取得土地使用权进行房产开发的目的。

3. 外贸企业、外汇收款占比较大企业

根据企业所得税政策，企业所得以人民币以外的货币计算的，预缴企业所得税时，应当按照当月或季度最后一日的人民币汇率中间价，折合成人民币计算应纳税所得额。年度汇算清缴时，对已按照月度或季度预缴税款的，不再重新折合计算，只就该纳税年度内未交企业所得税部分，按照年度最后一日的人民币汇率中间价，折合人民币计算缴纳应交所得税。

那么，如果某年汇率中间价持续走高，则应选择在年初尽量多地预缴企业所得税，使预缴税额总数与应纳税额差额尽量减少。如果当年汇率中间价持续走低，则应该在年末预缴所得税，年初少缴纳所得税，利用汇率的变化，达到调整所得税纳税金额的目的。

4. 空调销售、电梯销售行业

以上两类行业的共同特点是，一般纳税人在销售产品的同时，还需要进行产品的维修、检测、安装调试等服务。如果安装服务的价款与产品售价合并一起销售，那么安装费用将按照13%来缴纳增值税。如果可以单独成立安装维修服务公司，并且成立小规模企业，那么安装费用可以单独按照3%的小规模纳税人征收率缴纳增值税，从而减轻整体增值税纳税负担。

5. 农业生产企业、农产品深加工行业

根据《增值税暂行条例》规定，农业生产者销售自产农产品免征增值税，但其他生产者销售的农产品不能享受免税待遇。农业指的是种植业、养殖业、林业、牧业、水产业。农业生产者包括从事农业生产的单位和个人。农产品，指的是初级农产品。因此农业企业如果自产农产品销售，可以单独设立子公司负责对外销售，从而享受免税待遇。

【案例2-6】 甲公司饲养奶牛100头生产牛奶，产出的鲜奶进行加工成为奶酪，再将奶酪销售给各大商业零售渠道，或者通过网络销售给全国各地的居民个人或公司，进项税额主要由两部分组成：一是向农民个人收购的草料部分可以抵扣进项税，二是公司水电费和修理配件费用等可以抵扣进项税，但这些进项税与销项税相比数额很小。该公司可以分为饲养奶牛和奶制品加工两个企业，饲养奶牛的企业供应鲜奶不缴纳增值税，而奶制品加工企业购进鲜奶抵扣进项税，因此会降低整个公司的增值税负担。

6. 高档化妆品生产企业

化妆品生产企业应该缴纳消费税，征收环节是生产环节和委托加工环节。而生产环节不是最终环节，也就产生了税收筹划的空间。

高档化妆品生产企业可以独立设置单独核算的销售公司，由生产企业将消费税应税化妆品产品以较低价格卖给销售公司，那么在这个出厂环节，消费税以较低的税基计算从而

减轻消费税整体的税收负担，此种方案整体而言，增值税的纳税负担没有变化，即不构成对增值税的影响。

二、利用行业(产业)特殊政策进行的税收筹划

1. 个人独资企业

个人独资企业是一种依据《公司法》在中国境内设立，有一个自然人投资，财产为投资人个人所有，投资人以其个人财产对企业财务承担无限责任的经营实体。个人独资企业，只缴纳个人所得税，不用缴纳企业所得税，由于省了一道税，税负较低；大多个人独资企业不能准确核算利润，税务局会采用核定征收的方式，节约了用人成本。

2. 服务型公司

以从事如设计师、律师、会计师、开发、餐厅、程序员、老师、留学服务、理财服务、保险代理服务、财务顾问服务等专业服务的经营主体，它们的税务管理核心会涉及到这几个税种——企业所得税、个人所得税和增值税。企业所得税方面，一般需要根据公司利润的 25% 征收。个人所得税方面，一般工资和劳务收入，需要征收 5% ～ 40% 左右的个人所得税；对于公司的分红，股东需要额外缴纳 20% 的个人所得税 (从而保持和工资劳务最高 40% 的税负率持平)。增值税方面，"营改增"后，一般纳税人提供咨询服务按照 6% 的增值税税率征收增值税。

3. 小规模纳税人按照 3% 的税率进行简易征收

在现代服务型公司中，如咨询服务、文化创意、信息技术、劳务服务等企业，将增加营业税后的税收负担，寻求合理避税的方法是服务行业的减负策略，合理避税是在合理合法的范围内减少赋税，服务行业通常采用的避税策略。

1) 虚列收入

企业财务人员根据上级领导指示进行利润调整，对已实现的收入不按现行财务会计制度的规定进行账务处理。企业领导人为了私利，授意会计人员虚增利润，造成企业虚盈实亏；有的企业谋求团体利益，虚增、虚减、转移或截留利润；有些效益较好的企业为了偷逃税款，对已实现的收入不作销售处理：一是虚挂往来；二是不入账或跨期入账，既逃交了税金，又达到隐匿利润的目的。

2) 出售股票收益

用于职工福利出售股票取得的高于股票账面价值的数额，应作为投资收益处理。有的企业为了弥补职工福利费的不足，便将其转作职工福利费，将出售股票收益予以截留。

3) 截留联营利润

这主要体现在投资单位一方，由于投资单位私心过重，与联营单位协商后，将从联营单位应分得的利润隐匿在联营单位。同时授意联营单位将联营利润由"应付账户"直接转入"其他应付款"账户。以后，该投资单位根据需要将应分得的联营利润直接从联营单位提现，放入"小金库"以备用于职工超税定额的工资及奖金。

4) 直接转入联营投资

根据现行财务制度和税收制度的规定，联营投资利润实行"先分后税"的原则，对外

投资的企业分得联营利润后，应作为投资收益下账，依法缴纳所得税。但有的企业为了偷逃所得税，将应从联营单位分得的联营利润，直接作增加联营投资的处理，而不作投资收益入账。

5) 转移营业外收入

营业收入是指企业取得的与企业生产经营活动有直接关系的各种收入，而营业外收入是指企业取得与企业生产经营活动无直接联系的各种收入。营业外收入不属经营性收入，不缴纳销售税金。而经营收入却应缴纳销项税金。有的企业为了少交税金，故意将营业收入转入营业外收入进行核算。

6) 利用地方税收优惠政策

对于高劳动成本劳动密集型和知识密集型服务业，可以通过向低税收地区注册一家分公司或新公司的方式，利用地方税优惠政策来减轻税收负担。一些地区可以享受优惠政策，甚至不必在当地实体开展业务。从注册地、企业登记到低税收地区，如工业园、高新科技园等，该方法可以以不同方式享受税收优惠政策。

三、利用行业(产业)切割方式进行的税收筹划

对企业而言，采取切割业务以降低税负或享受税收优惠待遇不失为可行之举。通过分析企业各个流程环节，可从业务切割入手寻找税收筹划的空间。

1. 利用混合销售业务分拆进行税收筹划

税法对混合销售行为，是按经营主业来确定征税的，只选择一个税种。但在实际经营活动中，企业的兼营和混合销售往往同时进行，在税收筹划时，如果企业选择缴纳增值税，就要使应税货物的销售额占到总销售额的 50% 以上；在实际业务中，有些企业却不能轻易地变更经营主业，这就要根据企业的实际情况，通过纳税主体的拆分来进行税收筹划。比如有一家生产锅炉的企业，同时提供锅炉的设计、安装、调试等劳务，如果把生产、安装、设计、调试等业务收入合并计算征收增值税，那么增值税税负将会很高。但是如果企业下设独立核算的建筑安装公司，专门负责锅炉的安装、调试以及设计等业务，那么企业的增值税税负就会下降很多。

2. 利用代收款项业务切割进行税收筹划

房地产公司在销售房产的过程中，往往同时要代天然气公司、有线电视网络公司等单位收取天然气初装费、有线电视初装费等费用。因此，房地产公司在销售房产过程中的上述各项代收款项，均应并入房产销售收入，这就加大了房地产公司的税收负担。而此时，如房地产公司将这部分代收款项让自己成立的物业管理公司来代为收取就可达到节税目的。

3. 利用公司业务分拆进行税收筹划

企业要安排好年应纳税所得额，不要超过小型微利企业的年纳税所得额、职工人数和资产总额的临界点。此外，收购业务的切割也能减少企业税负。例如，一家奶牛厂，加工鲜奶对外销售，增值税税负就会很高。如果把养殖厂和奶制品加工企业分成两个独立核算的企业 (即拆分)，那么养殖厂的产品成为增值税中规定的免税农产品，不用缴纳增值税，

只有奶制品加工企业会被征收增值税，但是奶制品加工企业增值税进项税额的抵扣不受影响，从而可以降低增值税税负水平。如此便可实现税收筹划的目的。

4. 利用业务环节切割进行税收筹划

【案例2-7】 A公司为一家木盒制造厂，经营模式为从供应商处购入原木，再将原木加工成高档木盒销售。随着销售规模的扩大，为更好地控制木材质量、节约成本，A公司购入林地自产木材加工木盒。A公司应如何整合业务，才能充分地享受税收优惠政策呢？

为享受农业生产者销售自产农业产品免征增值税的政策以及林木培育和种植免征企业所得税的政策，A公司可对业务进行梳理，将林木种植业务和制造木盒业务分开，分别由两家公司经营。A公司经营业务为制造木盒并对外销售，同时成立一家全资子公司（或关联公司）B，B公司从事林木种植业务。具体业务模式为：B公司种植林木，林木加工成原木销售给A公司，A公司从B公司购入原木加工成木盒对外销售。此种情形下，B公司销售自产原木免征增值税，向A公司开具普通发票。经营林木成本能取得增值税扣税凭证的支出主要为肥料、农药、种苗、设备，B公司享受免征增值税政策，其对应进项税额需作转出处理。由于经营林木取得的进项税额远低于其销售额的税率，企业整体增值税税负将明显降低。

5. 利用扣除费用切割进行税收筹划

【案例2-8】 某生产企业某年度实现销售净收入20 000万元，企业当年发生业务招待费160万元。发生广告费和业务宣传费3500万元。根据税收政策规定的扣除限额计算如下：

业务招待费超标为64万元，广告费和业务宣传费超标500万元，超标部分应缴纳企业所得税税额为141万元。在这个条件下的节税技巧就是：拆分企业的组织结构，也就是通过分设企业来增加扣除限额，从而增加税前的扣除费用，减轻企业所得税。可将企业的销售部门分离出去，成立一个独立核算的销售公司。企业生产的产品以18 000万元卖给销售公司，销售公司再以20 000万元对外销售。两个企业调增应纳税所得额64万元，应纳税额为16万元。两个企业比一个企业节约企业所得税125万元。

思 考 题

1. 如何选择税收筹划的切入点？
2. 如何进行纳税人身份的税收筹划？
3. 如何利用税收优惠政策进行税收筹划？
4. 如何利用税收转嫁与税收递延进行税收筹划？
5. 请阐述利用税前扣除进行税收筹划的思路。
6. 企业经营活动中存在哪些税收筹划点？
7. 举例说明企业利润分配过程中的税收筹划思路。

第3章 税收筹划的步骤和风险防范

本章学习要求

1.通过本章学习，熟悉税收筹划的具体目标以及税收筹划的具体步骤；

2.熟悉并掌握税收筹划风险的特征、税收筹划风险的类型以及税收筹划风险产生的具体原因；

3.熟悉税收筹划风险的防范措施。

第一节　税收筹划的步骤

一、税收筹划主体的选择

税收筹划的主体应该涉及征纳双方，其内涵最广、范围最大，包括所有的涉税事务，是同时站在税务机关和纳税人的角度对税收的立法、征管以及纳税人的纳税事项进行全方位的筹划，以期达到相对的征税效果最好、征税成本最低和纳税成本最小化、税负最小化，以及涉税零风险的效用总和，实质上是一个双赢的选择。它有利于促进公平的市场竞争和经济的良性发展，提高纳税人的纳税意识和普法意识，是市场经济法治建设的一个重要环节。

开展税收筹划首先要对纳税人经营环境、法律环境、政策制度环境等方面作出深入、细致、恰当的评估；其次，要认真分析研究筹划的纳税人战略目标、市场产品环境、企业文化、决策者偏好等；最后要研究、分析税法的现状、沿革、今后的发展方向，只有掌握充分信息后才能具体地筹划。由于专业性较强，当前企业主要以企业内部人员筹划或者外包人员筹划为主。

二、信息、收集与整理

学习、掌握税法和有关税收政策。掌握国家税法和政策条文，是税收筹划重要的前期工作，不管是纳税人自己进行筹划还是聘请外包人员进行筹划，在着手税收筹划之前都应该学习并掌握相关税收政策法律条文。不精通税法，我们就不能掌握相关税收优惠政策，更无从谈及有效的税收筹划。在制定税收筹划方案中，应该首先进行可行性分析，根据纳税人要求，草拟纳税计划并计算出相应缴纳税款，在进行税收筹划过程中应该统筹考虑，实事求是，将纳税人实际发生业务与将来可能发生的变动相互分析，同时考虑纳税人的整体经营情况。

三、税收筹划分析、方案设计与选择

（一）税收筹划分析

1. 合法性分析

税收筹划应以现行税法和相关法律、政策条文为依据，在不违法的情况下，利用税负弹性进行分析，选择最优纳税方案。该原则要与偷税、漏税、逃税加以区分。同时，在进行税收筹划时要遵守各行业各领域约定俗成、明文规定的制度，涉及财务、会计方面的法律制度也要严格遵守，纳税人要以规范的方式方法进行税收筹划，否则会受到相应惩罚并承担法律责任，因此，要分析税收筹划的思路、具体步骤、方法、注意事项及其所依据的法律法规。

2. 可行性分析

税收筹划的实施需要多方面的条件，纳税人必须对筹划方案的可行性进行评估，包括实施时间的选择、地点的选择、人员素质以及趋势预测等。

3. 纳税人的要求

纳税人的要求就是尽可能节减税额，获得税收利益，尽可能使得税后利润最大化。具体来看，不同纳税人的要求可能有所差异。

(1) 要求增加所得还是资本增值。纳税人的要求分为是增加所得还是增加资本抑或是要求两者都有所增加。对不同的要求，税收筹划也是不同的。

(2) 如果纳税人没有提出具体的投资方案，税收筹划者可以根据纳税人的经营情况提出合理的投资建议；如果纳税人有具体的投资要求，税收筹划者就要根据纳税人的要求制定出相应合法规范的税收筹划。

（二）目标的限定

1. 纳税成本和经济效益的选择

税收筹划和其他财务管理决策一样，只有满足税收筹划所得大于支出时，这样的方案才是有意义的。

(1) 税收筹划与企业发展战略的选择。虽然税收筹划在企业整个运营过程中起着重要作用，但是企业的发展不能只有税收筹划，一个大企业的长久发展与其企业管理、发展理念、企业文化等都相互关联，因此税收筹划要以企业整体发展为核心，不能单纯为了税负的减少而影响大局。

(2) 税收筹划目标与财务管理目标的选择。税收筹划也是企业财务管理的一部分，因此在大局上税收筹划离不开财务管理的发展方向，最终目的就是要实现企业利润最大化。

任何一项税收筹划方案的实施，都应该在草拟阶段考虑到有无影响到企业整体的财务管理。税收筹划的制定，不能仅仅考虑企业少交的税费，还要同时考虑到项目的运行是否会影响到企业未来的发展，如降低税费是否会影响到企业未来纳税等级、发票的额度等。

2. 税种的限定

税收筹划应该考虑整体税负轻重，不同税种、不同企业的税率都会有所差异，税收筹划不仅是考虑企业某一种税的节税方案，而且需要统筹考虑，为企业带来总体上税收的最小负担。

（三）方案设计与选择

对于一个纳税事件，税收筹划人都会制定出不同的纳税方案，最终选择哪个方案，应该要考虑到纳税人利益、公司未来发展以及最少税费支出等因素来进行统筹考虑。

(1) 风险筹划方案设计与选择。任何税收筹划方案都是存在风险的，风险是客观存在不可避免的，任何税收筹划都伴随着很多不确定因素，因此为了使税收筹划决策能有成功的结局，考虑资金时间价值以外，也要考虑到风险因素。

(2) 组合筹划方案设计与选择。组合筹划方案就是在一定环境下，通过多种税收筹划方法使得风险和支出最小的方案。

在前期所做的准备工作的基础上，梳理相关税收法律法规，结合纳税人实际生产经营状况寻求税收筹划空间。分析纳税人所处行业、从事业务以及应该缴纳的税种，是否存在享受税收优惠的可能性；分析纳税人现存采购、销售结算方式，是否存在可以进一步优化以提前确认成本费用，延后确认相关税种的纳税义务等。

一般情况下，企业中负责税收筹划的牵头部门需要制订出几套备选筹划方案以供企业选择。

在确定最终税收筹划方案之后，最关键的一步就是将税收筹划方案付诸实践，只有将方案落到实处，才能够实现节约税款的目的。在税收筹划方案的实施过程中，可能会遇到很多问题和阻碍，如相关部门的不配合或者计划执行不到位等。因此，在税收筹划方案的实施过程中，税收筹划的牵头部门还要定期通过一定的信息反馈渠道了解税收筹划方案的执行情况，以保证税收筹划方案的顺利进行并取得预期的税收筹划效果。

四、税收筹划方案的实施与跟踪

税收筹划方案制定后一般还需要相关管理人员进行审核批准，该项税收筹划方案才能得以实施。

在税收筹划方案执行过程中，税收筹划人应该关注纳税人的税务操作，了解筹划方案在实际业务发生时是否确实达到节税的好处。对于查证后纳税人与税收筹划方案操作差距较为明显，数字确实产生较大差异时，税收筹划人应当及时与纳税人沟通，如果纳税人依旧不按税收筹划方案执行，税收筹划人应当指出纳税人此时不当行为引起的后果；如果纳税人对税收筹划人的方案有意见，可以在符合纳税人要求的前提下，尽力修正为双方都满意的方案。对于纳税人发展方向或者业务范围发生重大变化时，税收筹划人应及时找准相应税收筹划方向，必要时对其方案进行修改，尽力为纳税人制定出最优的税收筹划方案。

第二节　税收筹划的风险与防范

一、税收筹划风险的特征

（一）税收筹划风险的客观性

税收筹划风险是客观存在的，是不以人们意志为转移的。税收筹划风险的客观性基于两个方面。一方面是因为缺乏信息。税收筹划者在筹划时，由于取得信息的成本过高，或者因为有些信息根本无法取得，致使筹划者对一些情况不了解，从而导致筹划风险的产生；另一方面，税收筹划者不能控制事物的未来情况。例如，国家宏观经济政策的变化、市场供求关系的变化以及纳税人和纳税人的客户违约等，这些因素的存在客观上使风险不可避免。

（二）税收筹划风险的复杂性

税收筹划风险的复杂性主要体现在，税收筹划风险的形成原因、形成过程、表现形式、影响程度都具有多样性。

（三）税收筹划风险的潜在性

税收筹划风险的潜在性体现在两个方面。一方面，由于税收筹划风险是客观存在的，不易做出精确的判断，税收筹划者能在思想上认识到它的存在，但必须依赖知识和经验做出专业判断；另一方面，税收筹划风险可能造成的损失要有一个显著化的过程，这一过程的长短因税收筹划风险的内容、纳税人的经济环境、法律环境以及纳税人对风险的认识程度而异。

（四）税收筹划风险的可评估性

税收筹划风险的可评估性是指税收筹划风险是可度量的。虽然税收筹划具有复杂性，但是税收筹划风险可能造成的损失的大小和损失发生的可能性可以参照经验数据，借助于数理统计技术加以分析估算，并在此基础上采取相应的策略加以应对。

【案例 3-1】　盛华锅炉厂有职工 240 人，2021 年产品销售收入为 2704 万元，其中安装、调试收入为 520 万元。该厂除生产车间外，还设有锅炉设计室，年设计费收入为 1976 万元。另外，该厂下设 6 个全资子公司，4 个联营公司，其中有建安公司、设计公司等。实行汇总缴纳企业所得税，属于增值税一般纳税人，2021 年增值税进项税额为 321.78 万元。

如果按照混合销售行为计算：

$$2021年应纳增值税额 = (2704 + 1976) \times 13\% - 321.78 = 286.62万元$$

$$增值税负担率 = \frac{286.62}{4680} \times 100\% = 6.12\%$$

该厂向主管税务机关申请，要求产品销售收入与产品设计、安装、调试收入分开单独核算，分别按增值税有关规定独立核算和纳税。具体规划调整如下：

(1) 将该厂设计室划归设计公司，设计公司实行独立核算，并负责纳税；

(2) 将该厂设备安装、调试人员划归建安公司，将安装、调试收入从产品销售收入中分离出来，由建安公司核算缴纳税款。安装服务可以按照甲供工程选择简易计税方法计税。

通过上述业务规划，其纳税结果如下：

① 该厂销售收入 = 2704 - 520 = 2184 万元

应缴增值税销项税额 = 2184 × 13% = 283.92 万元

应缴增值税 = 283.92 - 321.78 = -37.86 万元

② 锅炉设计费随设计公司缴纳，安装调试收入则随建安公司缴纳。

应缴增值税销项税额 (设计费) = 1976 × 6% = 118.56 万元

应纳增值税 (安装调试收入) = 520 × 3% = 15.6 万元

合计税收负担率 $= \dfrac{-37.86 + 118.56 + 15.6}{4680} \times 100\% = 2.06\%$

筹划后比筹划前的税收负担率降低了 4.06 个百分点 (6.12% - 2.06%)。

二、税收筹划风险产生的原因

纳税人面临的内外部环境有很多不确定性，在进行税收筹划的时候必然会给纳税人带来各种潜在风险。

（一）外部环境不确定性所导致的税收筹划风险

1. 外部经济条件不确定性

由于纳税人的经营活动是在一定外部条件下运行的，外部经济条件的不确定性也在一定程度上影响着企业的税收筹划，这些外部条件包括国家宏观经济局势。

2. 税收政策不稳定性

税收政策是整个税收筹划的主要依据，税收政策短时间内具有一定约束力，但其随着经济形势的发展而不断变化，进而给税收筹划方案的制定带来了一定的风险。

3. 税收法制的非规范性

税收法制包括税收立法管理、税收执法管理、税收司法管理等内容。税收法制非规范性主要表现在税收法律模糊性和税收执法行为的非规范性。

（二）内部环境不确定性所导致的税收筹划风险

1. 经营变化风险

因为税收筹划的过程实际上就是对税收政策的差别进行选择的过程。但无论何种差别，均应建立在一定的前提和条件下，即纳税人日后的生产经营活动必须符合所选税收政策要求的特殊性。这些特殊性，在给纳税人的税收筹划提供可能性的同时，也对纳税人的某一

方面的经营活动 (经营范围、经营地点、经营期限等) 带来了约束性，从而影响着纳税人经营活动本身的灵活性。

2. 方案设计和选择风险

这主要是由于纳税人不能准确预测到经营方案的实现所带来的风险，实质上是一种简单的经营风险，即经营过程未实现预期结果而使筹划方案失效的风险。政策变动风险与税法的刚性有关，目前我国税收政策还处于频繁调整时期，这种政策变动风险不容忽视。

譬如，原来许多企业通过变相的公费旅游为雇员搞福利，为弥补政策漏洞，税法明确规定公费旅游及各种变相形式的公费旅游应按人均旅游费用计入工资薪金总额缴纳个人所得税，这一政策使得利用公费旅游的筹划方法失效。

3. 实施不当

科学的税收筹划方案必须通过有效的实施来实现。即使有了科学的税收筹划方案，如果在实施过程中没有严格的实施措施，或者没有得力的实施人才和完善的实施手段，都有可能导致整个税收筹划的失败。

（三）风险偏好所导致的税收筹划风险

对于风险偏好型纳税人来说更倾向于收益大、风险大的税收筹划方案；对于风险厌恶型纳税人来说更加偏向保守型做法，选择风险较小带来收益也较小的税收筹划。

三、税收筹划风险的类型

（一）政策风险

1. 政策选择风险

主要是税收筹划者对于政策把握不足，对于政策性文件、法律条文要在认识的基础上，充分运用以为纳税人合理避税，对相关税务稽查部门的审查能做出合理解释。

2. 政策调整风险

随着市场经济的发展，我国的税收政策也在不同时期做出相应的调整，由于政策在短期内具有一定的时效性，在进行税收筹划的过程中，要紧跟税收政策要件，一旦税收筹划者理解的政策文件与时下政策不一致，就会给企业带来无法预期的风险。

3. 政策模糊风险

由于现有的税收法律法规较多，对于一些税收管理部门制定的税收政策规章，有些规章内容的意思表达含糊不清，税收筹划者在进行纳税人税收筹划时对于这些政策规章的理解很容易造成误解，进而就会做出不合理的税收筹划。

（二）方案设计风险

实际情况中，不科学的税收筹划大概有三种情况：税收筹划不符合实际情况；税收筹划不符合成本效益原则；没有以企业整体发展为基础制定税收筹划方案。以上情形均可能会导致企业整体发展失衡，给企业带来无法避免的损失。

（三）经营变化风险

由于企业经营方向的变化，会影响到适用政策和规章制度，一开始制定的税收筹划方案可能会由于经营变化导致企业经营范围、场所、时间等的变化而受到一定的约束，影响到企业原先既定的发展目标。

（四）方案实施风险

一个好的税收筹划方案离不开严格的实施过程和优秀的实施人员，如果在实施过程中出现了差错，再完美的方案也不会带来很好的筹划结果。

（五）执法风险

由于我国税收筹划的合法性需要相关稽查部门的审核，就有无违法性来说，需要税务机关自由裁定，没有明确的文件和章程，加之我国税务部门专业素质参差不齐，这些因素都可能会给税收筹划的最后裁决产生影响。

四、税收筹划风险的防范

（一）税收筹划风险处理方式

风险处理是指采用不同的措施和手段，用最小的成本获得最大的安全保障的经济运行过程。税收筹划风险处理方式有很多，但是通常采用的方式是规避、控制、转移和保留。

1. 风险规避

风险规避是指为避免风险的发生而拒绝某种行为或某一事件。可见风险规避是避免风险最彻底的方法，但其只能在相当窄的范围内应用。因为企业不能为规避风险而彻底放弃纳税方案。

2. 风险控制

风险控制是指那些用以使风险程度和概率达到最小化的努力，风险控制在于降低风险发生的可能性，减轻风险损失的程度，包括风险防范的事前、事中和事后控制。

3. 风险转移

风险转移是将风险转移给参与风险计划的其他当事人，一般通过合约的形式将风险转移。譬如纳税人可以与方案设计者签订最终方案，进行风险责任约定以及订立其他形式的损失保险合约来转移风险。

4. 风险保留

风险保留是风险融资的一种方法，是指遭遇风险的经济主体自我承担风险所带来的经济损失。风险保留的重心在于寻求和吸纳风险融资资金，但这取决于人们对待风险的态度，一种是风险承担，在风险发生后承担损失，但可能因为须承担突如其来的巨大损失而面临财务问题；另一种是为可能出现的风险做准备，在财务上预提风险准备金就是常用的办法之一。

【案例 3-2】　某民营企业董事长从财务部借款 50 万元，以个人名义购买一辆汽车，并办理了相关手续。此后，该董事长将车辆的燃油费及保险费等费用的凭证票据拿到财务部报销。后来税务机关进行税务稽查，认为所发生的用车费用属于董事长个人的消费支出，不能在企业账簿列支，也不允许税前扣除，需要进行纳税调整，并处一倍的罚款。

这里的问题就出在该董事长以个人名义买车，构成了个人消费行为。个人拥有的车辆所发生的费用怎么能报销呢？而且该董事长向企业借款长期不还，已经超过 1 年，要视同利润分配缴纳 20% 的个人所得税。如果对该董事长的借款购车事项进行税收筹划方案设计，改变购车的经济主体，以企业名义购买，则用车费用自然就可以由企业负担，在企业财务部全部报销。当然购车的支出可以计入企业的固定资产，并允许按期计提折旧并实现税前扣除。

（二）税收筹划风险处理的具体措施

(1) 密切关注财税政策的变化，建立税收信息资源库。税收筹划的关键是准确把握税收政策。但税收政策层次多，数量大，变化频繁，掌握起来非常困难。因此，我们建议企业建立税收信息资源库，对适用的政策进行归类、整理、存档，并跟踪政策变化，灵活运用。因此，准确理解和把握税收政策是设计筹划方案的基本前提，也是保证筹划方案质量的关键。

(2) 正确区分违法与合法的界限，树立正确的筹划观。依法纳税是纳税人的义务，而依法开展税收筹划、科学安排收支，也是纳税人的权利。纳税人应树立正确的筹划观，税收筹划可以节税，但税收筹划不是万能的，其筹划空间和弹性是有限的。

(3) 综合衡量筹划方案，降低风险。一个好的筹划方案，应该合理、合法，能够达到预期效果。实施筹划方案往往会"牵一发而动全身"，要注意方案对整体税负的影响；实施筹划方案的过程还会增加纳税人的管理成本，这也是不容忽视的问题；此外还要考虑战略规划、税收环境的变迁等因素的影响。

(4) 保持筹划方案适度的灵活性。由于纳税人所处的经济环境千差万别，加之税收政策和税收筹划的主客观条件时刻处于变化之中，这就要求在税收筹划时，根据纳税人的实际情况，制订纳税方案，并保持相当的灵活性，以便随着国家税制的改变及预期经济活动的变化及时调整项目投资，对筹划方案进行重新审查和评估，适时更新筹划内容，保证税收筹划目标的实现。

(5) 具体问题具体分析，切忌盲目照搬。税收筹划虽有一定的规律，但筹划方案设计并没有固定的套路，因为每个企业都有自己的特点，不存在最好的方案，只有最适合企业特点的方案。因此要针对不同的纳税问题，因地制宜，具体问题具体分析。

【案例 3-3】　张先生是一家公司的副经理，公司发了 6000 元的年终奖；李先生是经理，职位高一些，所以公司发了 6060 元，多出的 60 元以示区别。结果，扣除所得税后，李先生拿到手的钱却比张先生少了两三百元。这是怎么回事呢？

根据税法规定，年终奖可以平均到 12 个月当中，然后按照相应的税率来纳税。张先生的年终奖为 6000 元，平均每月 500 元，适用税率为 5%。所以，张先生应缴纳 6000×5%=300 元的个人所得税。

同样，李先生的年终奖为 6060 元，平均每月 505 元，适用税率为 10%。这样李先生需要缴纳的所得税为 6060 × 10% = 606 元，再减去 25 元的速算扣除，即 581 元。

比较之后不难看出，虽然公司想多给李先生 60 元的年终奖，但由于没有考虑纳税的因素，结果事与愿违，李先生因为多拿了 60 元却比别人多缴了 281(581 − 300) 元的税，总奖金少了 221 元。因此，企业发奖金的时候，也要考虑纳税这方面的因素。

思 考 题

1. 阐述税收筹划的目标。
2. 简述税收筹划的实施步骤。
3. 税收筹划的风险有哪些？
4. 如何防范税收筹划的风险？

TAX PLANNING
THEORY
AND
 PRACTICE

税收筹划理论与实务

实务篇

第4章 增值税的税收筹划

本章学习要求

1. 熟悉增值税纳税人身份的税收筹划思路和方法；
2. 熟悉并掌握增值税销项税额、进项税额的税收筹划思路与操作；
3. 掌握利用增值税税率差异进行税收筹划的思路与操作；
4. 掌握利用税收优惠政策进行增值税税收筹划的思路与操作；
5. 熟悉增值税出口退税政策的税收筹划思路与操作。

🎓 第一节 增值税纳税人身份的税收筹划

一、增值税纳税人身份的划分标准

增值税实行凭增值税专用发票抵扣税款的制度，客观上要求纳税人具备健全的会计核算制度和能力。在实际经济生活中我国增值税纳税人众多，会计核算水平参差不齐，大量的小企业和个人还不具备用专用发票抵扣税款的条件，为了既能简化增值税的计算和征收，又有利于减少税收征管漏洞，增值税法将增值税纳税人按会计核算水平和经营规模分为一般纳税人和小规模纳税人两类，分别采取不同的登记管理办法。2017 年 11 月 30 日国家税务总局 2017 年度第 2 次局务会议审议通过了自 2018 年 2 月 1 日起施行的《增值税一般纳税人登记管理办法》，其主要内容如下。

（一）基本规定

关于增值税纳税人身份的规定如下。

《财政部 税务总局关于统一增值税小规模纳税人标准的通知》（财税〔2018〕33 号）规定，小规模纳税人的认定标准是：年应征增值税销售额在 500 万元及以下。

年应征增值税销售额是指纳税人在连续不超过 12 个月或者 4 个季度的经营期内累计应征增值税销售额，包括纳税申报销售额、稽查查补销售额、纳税评估调整销售额、税务机关代开发票销售额以及免税销售额。

销售服务、无形资产或者不动产 (以下简称应税行为) 有扣除项目的纳税人，其应税行为年应纳增值税销售额按未扣除之前的销售额计算。纳税人偶然发生的销售无形资产、转让不动产的销售额，不计入应税行为年应税销售额。

根据《增值税一般纳税人资格认定管理办法》(国家税务总局令第 22 号)规定：增值税纳税人年应税销售额超过财政部、国家税务总局规定的小规模纳税人标准的，除个体工商户以外的其他个人、选择按小规模纳税人纳税的非企业性单位、选择按小规模纳税人纳税的不经常发生应税行为的企业外，应当向主管税务机关申请一般纳税人资格认定；年应税销售额未超过财政部、国家税务总局规定的小规模纳税人标准以及新开业的纳税人，可以向主管税务机关申请一般纳税人资格认定。对提出申请并同时符合下列条件的纳税人，主管税务机关应当为其办理一般纳税人资格认定：① 有固定的生产经营场所；② 能够按照国家统一的会计制度设置账簿，且根据合法、有效凭证核算，能够提供准确的税务资料。

(二)特殊规定

纳税人登记为一般纳税人之后，除转登记日前连续 12 个月或者连续 4 个季度累计应征增值税销售额未超过 500 万元外，不得转为小规模纳税人。

纳税人在年应税销售额超过规定标准的月份 (或季度) 的所属申报期结束后 15 日内按照规定办理相关手续；未按规定时限办理的，主管税务机关应当在规定时限结束后 5 日内制作《税务事项通知书》，告知纳税人应当在 5 日内向主管税务机关办理相关手续；逾期仍不办理的，次月起按销售额依照增值税税率计算应纳税额，不得抵扣进项税额，直至纳税人办理相关手续为止。

二、增值税纳税人身份选择的税收筹划

增值税纳税人身份选择不同，增值税的缴纳方式也不同，对企业的整体税负也会有较大的影响。这种差别待遇，为小规模纳税人与一般纳税人进行税务筹划提供了可能性。企业为了减轻增值税税负，可以事先从不同的角度计算两类纳税人的税负平衡点，通过税负平衡点，就可以合理合法的选择税负较轻的增值税纳税人身份。

(一)无差别税负平衡点增值率判别法

增值额是指纳税人在提供应税服务的过程中所获销售额与其购进项目之间的差额，而增值率是指该差额与销售额之比，即 (假定销项税额与进项税额税率相同)

$$增值率 = \frac{销售商品或服务价款 - 购进货物价款}{销售商品或服务价款} \times 100\%$$

$$= \frac{销项税额 - 进项税额}{销项税额} \times 100\%$$

假定纳税人销售商品或者提供服务的增值率为 R_{va}，销售商品或者提供服务价款为 S，购进货物价款为 P，一般纳税人适用税率为 T_1，小规模纳税人适用税率为 T_2，则 $R_{va} = \frac{S-P}{S} \times 100\%$，且

$$一般纳税人应纳增值税税额 = S \times T_1 - P \times T_1 = R_{va} \times S \times T_1$$

$$小规模纳税人应纳增值税税额 = S \times T_2$$

当两类纳税人应纳增值税税额相等时，有

$$R_{va} \times S \times T_1 = S \times T_2$$

$$R_{va} = \frac{T_2}{T_1} \times 100\%$$

因此，增值税两类纳税人税负的平衡点增值率为 R_{va}。当实际增值率等于 R_{va} 时，小规模纳税人与一般纳税人的税负相同；当实际增值率小于 R_{va} 时，小规模纳税人税负重于一般纳税人；当实际增值率大于 R_{va} 时，一般纳税人税负重于小规模纳税人。所以，在增值率较低的情况下，一般纳税人比小规模纳税人要有优势，主要原因是前者可以抵扣进项税额，而后者不能。但随着增值率的上升，一般纳税人的优势就越来越小，小规模纳税人更具有降低税负的优势。

上述计算是在不含税情况下计算的增值率。若在含税情况下，增值率的计算如下：同样假定纳税人的增值率为 R_{va}，销售商品或者提供服务的价税款为 S，购进货物价税款为 P，一般纳税人的适用税率为 T_1，小规模纳税人的征收率为 T_2，则 $R_{va} = \frac{S-P}{S} \times 100\%$。

$$一般纳税人应纳增值税税额 = \frac{S}{1+T_1} \times T_1 - \frac{P}{1+T_1} \times T_1 = \frac{R_{va} \times S}{1+T_1} \times T_1$$

$$小规模纳税人应纳增值税税额 = \frac{S}{1+T_2} \times T_2$$

当两类纳税人应纳增值税税额相等时，有

$$\frac{R_{va} \times S}{1+T_1} \times T_1 = \frac{S}{1+T_2} \times T_2$$

$$R_{va} = \frac{(1+T_1)T_2}{(1+T_2)T_1} \times 100\%$$

根据以上公式，可以得出一般纳税人税率为 13%、9%、6% 以及小规模纳税人征收率为 3% 时，两类纳税人的无差别税负平衡点如表 4-1 所示。

表4-1　两类纳税人无差别税负平衡点的增值率

一般纳税人税率/%	小规模纳税人征收率/%	不含税平衡点增值率/%	含税平衡点增值率/%
13	3	23.08	25.32
9	3	33.33	35.28
6	3	50	51.46

【案例 4-1】　某企业为生产企业，当年被核定为小规模纳税人，其购进的含 13% 增值税的原材料价款为 300 万元，实现含税销售额为 420 万元。次年 1 月主管税务机关开始新年度纳税人认定工作，根据税法规定，该企业虽然经营规模达不到一般纳税人的销售额标准，但会计制度健全，能够按照会计制度和税务机关的要求准确核算销项税额，进项税额和应纳税额，能提供准确的税务资料，经主管税务机关批准，可以被认定为一般纳税人。因此，该企业既可以选择小规模纳税人（征收率 3%）身份，也可以选择一般纳税人（适用税率 13%）身份。该企业应当如何进行纳税人身份的税务筹划？

◆【分析】

该企业含税增值率 = (420 － 300) ÷ 420 × 100% = 28.57%，实际含税增值率为 28.57%，大于两类纳税人含税平衡点的增值率 25.32%，选择一般纳税人的增值税税负将重于小规模纳税人，因此，该企业维持小规模纳税人身份更为有利。

若为一般纳税人的应纳增值税额 = $\dfrac{420}{1+13\%} \times 13\% - \dfrac{300}{1+13\%} \times 13\% = 13.81$ 万元；

若为小规模纳税人的应纳增值税额 = $\dfrac{420}{1+3\%} \times 3\% = 12.23$ 万元；

选择小规模纳税人的增值税税负降低额 = 13.81 － 12.23 = 1.58 万元。

（二）无差别税负平衡点抵扣率判别法

抵扣额是指纳税人在生产经营或者提供应税服务过程中消耗的生产资料的转移价值，即符合增值税抵扣条件的购进货物价款。抵扣率是指购进货物价款与销售商品或提供服务价款之比。

$$抵扣率 = \frac{购进货物价款}{销售商品或提供服务价款} \times 100\% = \frac{进项税额}{销项税额} \times 100\% = 1 - 增值率$$

假定纳税人购进货物的抵扣率为 R_d，销售商品或者货物价款为 S，购进货物价款为 P，一般纳税人适用税率为 T_1，小规模纳税人征收率为 T_2，则 $R_d = \dfrac{P}{S} \times 100\%$，且

$$一般纳税人应纳增值税税额 = S \times T_1 - P \times T_1 = S \times (1 - R_d) \times T_1$$

$$小规模纳税人应纳增值税税额 = S \times T_2$$

当两类纳税人应纳增值税税额相等时，有

$$S \times (1 - R_d) \times T_1 = S \times T_2$$

推出：

$$R_d = \frac{T_1 - T_2}{T_1} \times 100\%$$

因此，两类纳税人的增值税税负的平衡点抵扣率为 R_d。当实际抵扣率等于 R_d 时，小规模纳税人与一般纳税人的税负相同；当实际抵扣率小于 R_d 时，一般纳税人税负重于小规模纳税人；当实际抵扣率大于 R_d 时，小规模纳税人税负重于一般纳税人。所以，在抵扣率较高的情况下，可抵扣的进项税额越高，一般纳税人比小规模纳税人税负越轻。

同样，上述计算也是在不含税的情况下计算的购进货物的抵扣率。若在含税情况下，抵扣率的计算如下：

假定纳税人的抵扣率为 R_d，销售商品或者提供应税服务的价税款为 S，购进货物价税款为 P 一般纳税人的适用税率为 T_1，小规模纳税人的征收率为 T_2，则 $R_d = \dfrac{P}{S} \times 100\%$，且

$$一般纳税人应纳增值税税额 = \frac{S}{1+T_1} \times T_1 - \frac{P}{1+T_1} \times T_1 = \frac{S-P}{1+T_1} \times T_1 = \frac{(1-R_d) \times S}{1+T_1} \times T_1$$

$$小规模纳税人应纳增值税税额 = \frac{S}{1+T_2} \times T_2$$

当两类纳税人应纳增值税税额相等时，有

$$\frac{(1-R_d)\times S}{1+T_1}\times T_1 = \frac{S}{1+T_2}\times T_2$$

$$R_d = \frac{T_1 - T_2}{T_1(1+T_2)}\times 100\%$$

一般纳税人增值税税率为 13%、9% 和 6%，小规模纳税人增值税征收率为 3% 时，两类纳税人无差别税负平衡点的抵扣率如表 4-2 所示。

表4-2　两类纳税人无差别税负平衡点的抵扣率

一般纳税人税率 /%	小规模纳税人征收率 /%	不含税平衡点抵扣率 /%	含税平衡点抵扣率 /%
13	3	76.92	74.68
9	3	66.67	64.72
6	3	50	48.54

表 4-2 中，一般纳税人税率为 13%，小规模纳税人征收率为 3% 时，当不含税抵扣率为 76.92% 时，两种纳税人税负完全相同；当不含税抵扣率高于 76.92% 时，一般纳税人税负轻于小规模纳税人，适宜选择做一般纳税人；当不含税抵扣率低于 76.92% 时，则一般纳税人税负重于小规模纳税人，适宜选择做小规模纳税人。当含税抵扣率为 74.68% 时，两类纳税人税负相同；当含税抵扣率高于 74.68% 时，小规模纳税人税负大于一般纳税人；若含税抵扣率低于 74.68% 时，小规模纳税人税负小于一般纳税人。

【案例 4-2】　某科研所为非企业性单位，所研制的产品科技含量较高，当年预计不含税销售额 2000 万元，购进不含增值税的原材料价款为 800 万元，该科研所如何进行纳税人身份的税收筹划？

税法规定年应税销售额超过小规模纳税人标准的个人按小规模纳税人纳税，非企业性单位、不经常发生应税行为的企业，可选择小规模纳税人身份，即该科研所作为非企业性单位，既可以按小规模纳税人（征收率 3%），也可以申请为一般纳税人（适用税率 13%）。

◆【分析】

$$预计抵扣率 = \frac{800}{2000}\times 100\% = 40\%$$

该科研所预计抵扣率为 40%，小于两类纳税人平衡点的抵扣率 76.92%，该科研所申请为一般纳税人后的增值税税负将重于小规模纳税人，因此，该科研所应选择小规模纳税人身份更为有利。

若为一般纳税人的应纳增值税额 = 2000×13% − 800×13% = 156 万元；

若为小规模纳税人的应纳增值税额 = 2000×3% = 60 万元；

选择小规模纳税人的增值税税负降低额 = 156 − 60 = 96 万元。

（三）成本利润率筹划方法

如果纳税人取得的进项税额适用不同税率，既有购进货物 13% 的税率，又有接受服务 6% 的税率，则不适宜采用上述两种方法，此时可以采用成本利润率法筹划。假定纳税人销售商品、应税服务的含税年销售额预计为 S，一般纳税人适用的税率为 T_1，小规模纳税人的征收率为 T_2，其一年中预计能够取得的增值税进项税额为 I。则

$$一般纳税人应纳增值税 = S \times \frac{T_1}{1+T_1} - I$$

$$小规模纳税人应纳增值税 = S \times \frac{T_2}{1+T_2}$$

当两类纳税人应纳增值税额相等时，有

$$\frac{I}{S} = \frac{T_1}{1+T_1} - \frac{T_2}{1+T_2}$$

因此，当预计能够取得的增值税进项税额与含税销售额之比等于 $\frac{T_1}{1+T_1} - \frac{T_2}{1+T_2}$ 时，一般纳税人和小规模纳税人税负相同；当预计能够取得较多的增值税进项税额，使得增值税进项税额与含税销售额之比大于 $\frac{T_1}{1+T_1} - \frac{T_2}{1+T_2}$ 时，一般纳税人税负会轻于小规模纳税人，适宜选择一般纳税人；当预计能够取得的增值税进项税额较少，增值税进项税额与含税销售额之比小于 $\frac{T_1}{1+T_1} - \frac{T_2}{1+T_2}$ 时，一般纳税人税负会重于小规模纳税人，适宜选择小规模纳税人。

依据上述公式，当提供应税服务的一般纳税人的增值税税率为 9%，小规模纳税人征收率为 3% 时，两类纳税人税负平衡点就是 5.34%。当能够取得的增值税进项税额与含税销售额小规模纳税人征收率之比大于 5.34% 时，适宜选择一般纳税人；反之，适宜选择小规模纳税人。

【案例 4-3】　即将成立的昌达长途运输公司预计未来的运输收入为 400 万元 / 年，物料消耗方面预计每年能够取得 25 万元的进项税额，新购进的汽车预计能够取得 5 万元的进项税额，请问：做小规模纳税人合算还是一般纳税人合算？

◆【分析】

$$\frac{I}{S} = \frac{25+5}{400} = 7.5\%$$

预计能够取得的进项税额与含税销售额之比为 7.5%，大于 5.34%，所以，适宜选择一般纳税人。

若为一般纳税人，则应纳增值税 $= \frac{400}{1+9\%} \times 9\% - 25 - 5 = 3.03$ 万元；

若为小规模纳税人，则应纳增值税 $= \frac{400}{1+3\%} \times 3\% = 11.65$ 万元；

选择一般纳税人的增值税税负降低额 $= 11.65 - 3.03 = 8.62$ 万元。

三、增值税纳税人身份筹划需要注意的问题

综上所述，企业可以通过无差别税负平衡点增值率筹划法、无差别税负平衡点抵扣率

筹划法、成本利润率筹划法等，选择税负最轻，对自己最为有利的增值税纳税人身份，获取最大的节税收益。但在筹划过程中还要注意以下几个方面。

1. 筹划方法的适用对象

根据《中华人民共和国增值税暂行条例实施细则》(以下简称《增值税暂行条例实施细则》) 规定，销售额超过小规模纳税人标准，未办理一般纳税人认定手续的纳税人，应按销售额依照增值税税率计算应纳税额，不得抵扣进项税额，也不得使用增值税专用发票。所以，纳税人只要具备了一般纳税人条件就必须办理一般纳税人资格，否则就不能按小规模纳税人征收率计算税款，而必须按13%、9%或6%的税率直接计算应纳税额。所以销售额超过500万元的纳税人在增值税纳税人身份选择方面余地不大。自然人为纳税人的，无论其年应税销售额多高，只能为小规模纳税人。能够进行纳税人身份选择的主要包括以下三类：① 预计销售额在500万元附近及以下的企业；② 不经常发生应税行为的单位和个体工商户；③ 新开业的增值税纳税人。

2. 企业产品的性质及客户的类型

如果企业产品销售对象多为一般纳税人，决定着企业受到开具增值税专用发票的制约，必须选择做一般纳税人，才有利于产品的销售。如果企业增值税只能提供普通发票，或者只能提供3%征收率的专用发票，购买方一般都会要求销售方降低价格，弥补由此产生的损失。如果企业客户多为小规模纳税人或个体消费者，不受发票类型的限制，则筹划空间较大。因此，纳税人要认真分析企业产品的性质，分析购买方的特点，既要降低增值税税负，又不能损失客户群，影响销售量和利润额。

3. 纳税人身份转化的成本

上述筹划主要发生在企业成立初期，一旦纳税人已经认定了身份，则自由转换身份就不是一件特别容易的事情了。在法律上，不同身份之间的转换会受到不同的影响。从小规模纳税人转换成一般纳税人相对而言是允许的。但是，从一般纳税人转换成小规模纳税人，则会受到限制。《增值税暂行条例实施细则》规定，除国家税务总局另有规定外，纳税人一经认定为一般纳税人后，不得转为小规模纳税人。同时，一般纳税人必须具备健全的会计核算制度，设置完整的账簿，全面准确地进行会计核算。这些都将增加会计成本和纳税费用，所以筹划中要考虑成本效益因素。

第二节 增值税计税依据的税收筹划

一、销项税额的税收筹划

随着经济的发展，企业为扩大自身生产需求或者满足销售商品的市场份额，以达到促销的目的，往往会选择多种多样的销售方式，主要有以下几种。

（一）不同销售方式的税收筹划

1. 折扣销售

折扣销售是指销货方在应税销售行为时，因购货方购货数量较大等原因而给予购货方的价格优惠。比如：购买 100 件以内的商品，销售折扣 10%；购买 100 件（含）以上商品，销售折扣 20%。

纳税人发生应税销售行为，如将销售额和折扣额在同一张发票上的金额栏分别注明的，可以按折扣后的销售额征收增值税。未在同一张发票金额栏注明折扣额，仅在发票的备注栏注明折扣额的，折扣额不得从销售额中减除；未在同一张发票分别注明的，以价款为销售额，不得扣减折扣额。另外，折扣销售仅限于货物价格的折扣，如果销货方将自产、委托加工和购买的货物用于实物折扣的，则该实物款额不能从货物销售额中扣除，且该实物应按《增值税暂行条例实施细则》视同销售货物中的将自产、委托加工或者购进的货物无偿赠送其他单位或者个人计算缴纳增值税。

2. 销售折扣

销售（现金）折扣是指销货方在发生应税销售行为后，为了鼓励购货方尽早偿还货款而协议许诺给予购货方的一种折扣优待。比如：10 天内付款，货款折扣 2%；20 天内付款，货款折扣 1%；30 天内全额付款。销售折扣是在实现销售之后，实际付现时确认的，是企业进行融资的理财费用。因此，税法规定，销售折扣不得从销售额中抵减。

3. 销售折让

销售折让是指企业因售出商品的质量不合格等原因而在售价上给予的减让。对增值税而言，销售折让其实是指纳税人发生应税销售行为时，因为劳动成果质量不合格等原因在售价上给予的减让。销售折让可以从货物或应税服务的销售额中扣除，以其余额计算缴纳增值税。

4. 还本销售

还本销售是指纳税人在销售货物达到一定期限后，将其货物价款的全部或者部分一次或分次退还给购货方。这种方式实质上是一种筹资，是以货物换取资金的使用价值，到期还本不付息。因此税法规定，其销售额就是货物的销售价格，不得从销售额中扣除还本支出。

5. 以旧换新销售

以旧换新是指纳税人在销售货物时，有偿收回旧货物的行为。根据增值税法律法规的规定，采取以旧换新方式销售货物的，应按新货物的同期销售价格确定销售额，不得扣减旧货物的收购价格。之所以这样规定，既是因为销售货物与收购货物是两个不同的业务活动，销售额与收购额不能相互抵减，又是为了严格增值税的计算征收，防止出现销售额不实、减少纳税的现象。

但是，考虑到金银首饰以旧换新业务的特殊情况，对金银首饰以旧换新业务，可按销售方实际收取的不含增值税的全部价款征收增值税。

6. 以物易物方式销售

根据增值税规定，以物易物方式销售货物，买卖双方均作购销处理。具体而言，买卖双方均以发出的货物计算销项税额，以收到的货物计算进项税额。但是需要注意的是，纳税人以物易物交易当期是否存在进项税额，需要以是否及时取得对方开具的合法的购进货物增值税抵扣凭证为依据，否则，纳税人以物易物交易行为当期只存在销项税额，如此，以物易物而产生的进项税额当期不能抵扣或者后期取得对方合法增值税抵扣凭证后，再行抵扣。

7. 买一赠一方式销售

买一赠一方式销售货物，是比较常见的营销方式，实际上也是一种销售折扣，只不过与普通的销售折扣相比，其折扣的对象并非是因为购买数量而给予的价格打折，而是货物或者服务。因此，税法规定，所赠的货物或服务，属于纳税人对外的捐赠行为，需要视同销售处理，按照销售新货物计征增值税销项税额。这与企业所得税的处理是存在差异的。

综上，在企业经营时，可以在不同的税收政策下，采取有利于提高自身经营能力的销售方式。不同销售方式的税收筹划思路：

(1) 对于折扣销售，应尽量使得销售额和折扣额在同一张发票上分别注明，争取按折扣后的销售额计征增值税。

(2) 企业在选择折扣方式时，应当尽量不选择实物折扣，在必须采用实物折扣的销售方式时，企业可以在发票上作适当的调整，变实物折扣为价格折扣（折扣销售）或者捆绑销售方式，以达到节税的目的。

(3) 对于返还现金的折扣方式，争取将返还现金变为价格折扣（折扣销售），以达到节税效果。

【案例 4-4】 甲商场为扩大销售，准备在 2021 年春节期间开展一次促销活动，为促销欲采用以下三种方式：

(1) 让利（折扣）20% 销售商品，即商场将 1000 元的商品以 800 元价格销售，或者商场的销售价格仍为 1000 元，但在同一张发票上的金额栏反映折扣额为 200 元。

(2) 赠送商品，即商场在销售 800 元商品的同时，另外再赠送 200 元的商品。

(3) 返还 20% 的现金，即商场销售 1000 元商品的同时，向顾客赠送 200 元现金。

以销售 1000 元的商品为基数，参与该次活动的商品购进成本为含税价 600 元（即购进成本占售价的 60%）。经测算，商场每销售 1000 元商品可以在企业所得税前扣除的工资和其他费用为 60 元，请为其进行税收筹划抉择。（促销期间顾客产生的个人所得税由商场代付。）

◆【分析】

方案一：让利（折扣）20% 销售商品，即商场将 1000 元的商品以 800 元价格销售，或者商场的销售价格仍为 1000 元，但在同一张发票上的金额栏反映折扣额为 200 元。

应纳增值税额 $= \frac{800-600}{1+13\%} \times 13\% = 23$ 元；

应纳城建税及教育费附加 $= 23 \times (7\% + 3\%) = 2.3$ 元；

应纳企业所得税 $= \left(\frac{800-600}{1+13\%} - 60 - 2.3\right) \times 25\% = 28.67$ 元；

商场的税后利润 $= \dfrac{800-600}{1+13\%} - 60 - 2.3 - 28.67 = 86.02$ 元。

方案二：赠送商品，即商场在销售 800 元商品的同时，另外再赠送 200 元的商品。

应纳增值税 $= \dfrac{800}{1+13\%} \times 13\% - \dfrac{480}{1+13\%} \times 13\% + \dfrac{200}{1+13\%} \times 13\% - \dfrac{120}{1+13\%} \times 13\% = 46.02$ 元；

应纳城建税及教育费附加 $= 46.02 \times (7\% + 3\%) = 4.602$ 元；

应纳企业所得税 $= \left(\dfrac{800-480-120}{1+13\%} - 60 - 4.602 \right) \times 25\% = 28.10$ 元；

商场税后利润 $= \dfrac{800-480-120}{1+13\%} - 60 - 4.602 - 28.10 = 84.29$ 元。

方案三：返还 20% 的现金，即商场销售 1000 元商品的同时，向顾客赠送 200 元现金。

应纳增值税额 $= \dfrac{1000-600}{1+13\%} \times 13\% = 46.02$ 元；

应纳城建税及教育费附加 $= 46.02 \times (7\% + 3\%) = 4.602$ 元；

应纳企业所得税 $= \left(\dfrac{1000-600}{1+13\%} - 60 - 4.602 \right) \times 25\% = 72.35$ 元；

商场代付个人所得税 $= \dfrac{200}{1-20\%} \times 20\% = 50$ 元；

商场的税后利润 $= \dfrac{1000-600}{1+13\%} - 60 - 200 - 4.602 - 50 - 72.35 = -32.97$ 元。

通过上述分析，税收净利润最大的是方案一，因此应当选择方案一进行促销活动。

【案例 4-5】　某商场商品销售利润率为 40%，即销售 100 元商品，其成本为 60 元，商场是增值税一般纳税人，购货均能取得增值税专用发票，为促销欲采用三种方式：

(1) 将商品以 7 折销售；

(2) 凡是购物满 100 元者，均可获赠价值 30 元的商品 (成本为 18 元)；

(3) 凡是购物满 100 元者，将获返还现金 30 元 (以上价格均为含税价格)。

假定消费者同样是购买一件价值 100 元的商品，则对该商场来说以上三种方式的应纳税情况及利润情况如下 (由于城市维护建设税及教育费附加对结果影响较小，因此计算时未考虑)：

方案一：7 折销售，价值 100 元的商品的售价为 70 元。

增值税：$\dfrac{70}{1+13\%} \times 13\% - \dfrac{60}{1+13\%} \times 13\% = 1.15$ 元；

企业所得税：利润额 $= \dfrac{70}{1+13\%} - \dfrac{60}{1+13\%} = 8.85$ 元；

应缴所得税：$8.85 \times 25\% = 2.21$ 元；

税后净利润：$8.85 - 2.21 = 6.64$ 元。

方案二：购物满 100 元，赠送价值 30 元的商品 (成本 18 元)。

增值税：

销售 100 元商品应纳增值税：$\dfrac{100}{1+13\%} \times 13\% - \dfrac{60}{1+13\%} \times 13\% = 4.602$元；

赠送 30 元商品视同销售，应纳增值税：$\left(\dfrac{30}{1+13\%} - \dfrac{18}{1+13\%}\right) \times 13\% = 1.38$元；

合计应纳增值税：$4.602 + 1.38 = 5.982$ 元。

个人所得税：

根据 (国税函〔2000〕57 号) 文件规定，为其他单位和部门的有关人员发放现金、实物等应按规定代扣代缴个人所得税，税款由支付单位代扣代缴。为保证让利顾客 30 元，商场赠送的价值 30 元的商品应不含个人所得税额，该税应由商场承担，因此赠送该商品时商场需代缴顾客偶然所得个人所得税为 $\dfrac{30}{1-20\%} \times 20\% = 7.5$元。

企业所得税：

$$利润额 = \dfrac{100}{1+13\%} - \dfrac{60}{1+13\%} - \dfrac{18}{1+13\%} - 7.5 = 11.97 \text{ 元}$$

由于代顾客缴纳的个人所得税款不允许税前扣除，因此应纳企业所得税：

$$\left(\dfrac{100}{1+13\%} + \dfrac{30}{1+13\%} - \dfrac{60}{1+13\%} - \dfrac{18}{1+13\%}\right) \times 25\% = 11.50 \text{ 元}$$

税后利润：$11.97 - 11.50 = 0.47$ 元。

方案三：购物满 100 元返回现金 30 元。

增值税：应缴增值税税额 $= \dfrac{100}{1+13\%} \times 13\% - \dfrac{60}{1+13\%} \times 13\% = 4.602$元；

个人所得税：7.5 元 (计算同上)。

企业所得税：

利润额 $= \dfrac{100}{1+13\%} - \dfrac{60}{1+13\%} - 30 - 7.5 = -2.10$元；

应纳所得税额 $= \left(\dfrac{100}{1+13\%} - \dfrac{60}{1+13\%}\right) \times 25\% = 8.85$元；

税后净利润：$-2.10 - 8.85 = -10.95$ 元。

由此可见，上述三种方案中，方案一最优，方案二次之，方案三最差。

由上述案例可以看出，税收筹划不能仅仅只考虑节税。缴纳税金多的不一定是要舍弃的方案；相反，缴纳税金少的也不一定可取。要综合考虑最终能为企业带来多少或者增加多少收益。

（二）兼营行为的税收筹划

1. 兼营行为的含义

兼营行为是指纳税人的经营范围既包括销售货物和加工修理修配劳务，又包括销售服务、无形资产或者不动产。但是，销售货物、加工修理修配劳务、服务、无形资产或者不动产不同时发生在同一项销售行为中。(两项业务没有从属关系)

2. 税务处理

(1) 分别核算适用不同税率或者征收率的销售额;

(2) 未分别核算销售额的,从高适用税率或征收率征税。

具体:① 兼有不同税率的销售货物、加工修理修配劳务、服务、无形资产或者不动产,从高适用税率。② 兼有不同征收率的销售货物、加工修理修配劳务、服务、无形资产或者不动产,从高适用征收率。③ 兼有不同税率和征收率的销售货物、加工修理修配劳务、服务、无形资产或者不动产,从高适用税率。

(3) 兼营行为的税收筹划思路:纳税人应当尽量将不同税率的货物或者应税劳务分开核算,以适用不同的税率,从而规避从高适用税率,进而减轻企业负担。对兼营行为的税收筹划关键是会计核算与分开核算相一致。

【案例 4-6】　甲企业属于增值税一般纳税人,该企业主要生产机电设备,2021 年 1 月销售机电设备共取得不含税收入 1000 万元,其中农机的销售额为 600 万元 (不含税),其它机电设备的销售额为 400 万元 (不含税)。当月可抵扣的进项税额共计为 100 万元。请对其进行税收筹划。

◆【分析】

方案一:未分别核算销售额。

$$甲企业应纳增值税 = 1000 \times 13\% - 100 = 30 \text{ 万元}$$

方案二:分别核算销售额。

$$甲企业应纳增值税 = 400 \times 13\% + 600 \times 9\% - 100 = 6 \text{ 万元}$$

通过上述分析,分别核算比未分别核算少纳 24 万元的增值税,因此应当选择方案二。

特别提醒:在"营改增"后,不仅原营业税业务并入增值税范围,而且增值税税率也相应扩大,税率结构也不再局限于 13% 与 9% 两档,类似这种分别核算达到降低应纳税收成本的思路很是值得注意。

【案例 4-7】　某公司是增值税一般纳税人,生产 A 产品,售价 17 元 / 件 (不含税),成本构成大致为材料 10 元 / 件 (其中主要原材料 9 元 / 件,辅助材料 1 元 / 件),工资等其他成本 6 元 / 件 (进项税额忽略不计),当年预计生产 200 万件。现有一国外来料加工的订单,由该公司提供辅助材料并加工成 A 产品,加工费 7.5 元 / 件,共计 10 万件。

该公司销售部门的人员作了一个预测,由于来料加工货物出口时免征增值税,其耗用的辅助材料的进项税额不能抵扣,应增加材料的成本,所以该加工成本是辅助材料 1.17 元 / 件,工资等其他成本 6 元 / 件,合计成本 7.17 元 / 件,加工利润是 $(7.5 - 7.17) \times 10 = 3.3$ 万元,因此签订了该加工合同。

$$不得抵扣的进项税额 = 全部进项税额 \times \frac{免税项目销售额}{全部销售额}$$

$$全部进项税额 = 10 \times 13\% \times 200 + 1 \times 13\% \times 10 = 261.3 \text{ 万元}$$

$$免税项目销售额 = 7.5 \times 10 = 75 \text{ 万元}$$

$$全部销售额合计 = 17 \times 200 + 7.5 \times 10 = 3475 \text{ 万元}$$

$$不得抵扣的进项税额 = 261.3 \times \frac{75}{3475} = 5.64 \, 万元$$

$$该来料加工业务的成本总额 = 1 \times 10 + 5.64 + 6 \times 10 = 75.64 \, 万元$$

$$来料加工业务利润 = 75 - 75.64 = -0.64 \, 万元$$

即该订单不仅不盈利，反而亏损了 0.64 万元。

（三）混合销售行为的税收筹划

1. 混合销售行为的含义

一项销售行为如果既涉及货物又涉及服务，为混合销售，且二者之间有从属关系。

2. 税务处理

(1) 从事货物的生产、批发或者零售的企业和个体工商户的混合销售行为，按照销售货物缴纳增值税；

(2) 其他单位和个体工商户的混合销售行为，按照销售服务缴纳增值税；

(3) 纳税人销售活动板房、机器设备、钢结构件等自产货物的同时，提供建筑、安装服务，不属于混合销售，应分别核算销售货物 13% 和建筑服务 9% 的销售额计征增值税。

(4) 混合销售行为的税收筹划思路：① 通过设立登记避免成为按照销售货物缴纳增值税，争取按照销售服务缴纳增值税；② 通过分立的方式，争取业务分流，实现分别核算降低税负，尽可能地争取小规模纳税人身份。

在实际经营活动中，纳税人只要使混合销售的应税货物销售额占到总销售额的 50% 以上，则按照销售货物缴纳增值税；若应税服务占到总销售额的 50% 以上，则按照销售服务缴纳增值税。由于不同税目适用的增值税税率不同，纳税人可以通过控制应税货物和应税服务的所占比例进行税务筹划，选择适用较低的税率。

【案例 4-8】 某建筑安装企业为增值税一般纳税人，主要经营范围包括钢结构生产、安装和建筑承包。该企业承包某大厦钢结构建筑工程，施工合同中没有将钢结构销售价款和建筑安装施工价款分别注明，合计 6000 万元。假设该企业当期允许抵扣的增值税进项税额为 500 万元。

(1) 如果该企业钢结构生产销售业务占公司营业收入比重超过 50%，按照 13% 税率计算增值税。

$$6000 \times 13\% - 500 = 280 \, 万元$$

(2) 如果该企业建筑安装业务占公司营业收入比重超过 50%，按照 9% 税率计算增值税。

$$6000 \times 9\% - 500 = 40 \, 万元$$

通过上述分析，企业可以通过控制应税货物和应税服务的比例进行税务筹划，从而适用较低的税率。

（四）结算方式的税收筹划

1. 结算方式的增值税规定

(1) 采取直接收款方式销售货物，不论货物是否发出，均为收到销售额或取得索取销售额的凭证，并将提货单交给买方的当天。

(2) 采取托收承付和委托银行收款方式销售货物，不论款项是否收到，为发出货物并办妥托收手续的当天。

(3) 采取赊销和分期收款方式销售货物，为书面合同约定的收款日期的当天。无书面合同的或者书面合同没有约定收款日期的，为货物发出的当天。

(4) 采取预收货款方式销售货物，为货物发出的当天。生产销售、生产工期超过 12 个月的大型机械设备、船舶、飞机等货物，为收到预收款或者书面合同约定的收款日期的当天。

(5) 委托其他纳税人代销货物，为收到代销单位销售的代销清单或者收到全部或者部分货款的当天；未收到代销清单及货款的，其纳税义务发生时间为发出代销货物满 180 天的当天。

(6) 提供应税劳务、应税服务，为提供劳务同时收讫销售款或取得索取销售款凭据的当天。

(7) 发生视同销售货物行为，为货物移送的当天。

(8) 发生视同应税服务，为应税服务完成当天。

2. "营改增"行业增值税纳税义务、扣缴义务发生时间

(1) 纳税人提供建筑服务、租赁服务采取预收款方式的，其纳税义务发生时间为收到预收款的当天。

(2) 纳税人从事金融商品转让的，为金融商品所有权转移的当天。

(3) 视同销售的服务、无形资产或者不动产情形，其纳税义务发生时间为服务、无形资产转让完成的当天或者不动产权属变更的当天。

3. 结算方式的税收筹划

增值税销售结算方式的筹划就是在税法允许的范围内，尽量采取有利于本企业的结算方式，推迟纳税时间，获得纳税期的递延。如在不能及时收到货款的情况下，采用赊销或分期收款结算方式，避免垫付税款。特别是在应收货款一时无法收回或部分无法收回的情况下，可以选择赊销或分期收款结算方式，避免垫付税款。具体是通过在合同中明确体现出赊销或分期收款的具体日期，实现本期税款递延纳税。

【案例 4-9】 甲企业为增值税一般纳税人，2020 年 6 月发生销售业务 3 笔，共计应收货款 2000 万元 (不含税价)。其中，第一笔 800 万元，货款两清；第二笔 500 万元，两年后一次付清；第三笔 700 万元，一年后付 300 万元，余款 400 万两年后结清。请对其进行税收筹划。

◆【分析】

方案一：采取直接收款方式。即在合同中未体现出具体的收款日期，税务机关则直接推断为直接收款方式。

$$增值税销项税额 = 2000 \times 13\% = 260 \ 万元$$

方案二：对第二笔和第三笔业务采取赊销和分期收款结算方式。即在合同中体现出赊销和分期收款的具体日期，即第二笔 500 万元，于 2022 年 6 月 15 日付款；第三笔 700 万元，于 2021 年 6 月 15 日付款 300 万元，2022 年 6 月 15 日付款 400 万元。

本期增值税销项税额 = 800 × 13% = 104 万元

一年后支付的增值税销项税额 = 300 × 13% = 39 万元

两年后支付的增值税销项税额 = (500 + 400) × 13% = 117 万元

通过上述分析发现，方案二使得本期递延纳税增值税，相当于免息贷款，因为实现了将当期应纳税额递延，等于是获得了相应税款的时间价值。因此，应该选方案二。

【案例 4-10】　A 企业与 B 企业在 3 月 6 日签订了一份购销合同，A 企业向 B 企业销售某种型号的推土机，总价值 2 000 万元，双方合同规定采取委托银行收款方式结算税款。A 企业于当日向 B 企业发货，并到当地某银行办理了托收手续。4 月 15 日，B 企业收到 A 企业的全部推土机，对其进行技术检测后，认为不符合合同的要求，拒绝付款，并将全部推土机退回。依据税法规定，采取托收承付和委托银行收款方式销售货物，其纳税义务发生时间为发出货物并办妥托收手续的当天，需要注意的是，纳税义务发生时间与纳税申报时间是两个概念。因此，A 企业在 3 月 6 日未收到货款的情况下，需要在 4 月 1 日至 4 月 15 日之间进行纳税申报 (假设 A 企业以一个月为纳税期)。此时需要垫付销项税额 260 万元 (2000 × 13%)。虽然这笔税款可以在退货发生当期的销项税额中抵扣，但是，由于 4 月份发生的业务需要在 5 月 1 日至 5 月 15 日 (暂不考虑节假日的纳税期顺延) 之间进行纳税申报。所以，抵扣时间与以前的垫付时间是有间隔的，短则 15 天，长则可能达 45 天。这就相当于企业占用了一部分资金用于无回报的投资，而且还要承担资金成本 1.209 万元 (260 × 5.58% ÷ 360 × 30，假设 A 企业每月固定某日进行纳税申报，则资金占用时间大致为 30 天，银行贷款利率为 5.58%)，对于资金比较紧张的企业而言，无疑是一种损失。因此，在销售结算时应当慎重选择托收承付或委托收款结算方式。

（五）利用代销方式的税收筹划

代销通常有两种方式：收取手续费方式和视同买断方式。

(1) 收取手续费方式是受托方根据所代销的商品数量向委托方收取手续费，这对受托方来说是一种劳务收入。在这种代销方式下，委托方在收到受托方的代销清单，或者收到全部或部分货款，或者商品发出满 180 天时 (选三者最早的时间) 开具增值税专用发票，以专用发票上注明的税额确认销项税额；受托方以委托方所开具增值税专用发票上注明的税额确认进项税额。由于受托方按委托方规定的价格销售，必然导致同一业务的销项税额与进项税额相等。同时，对受托方收取的手续费收入按照服务业征收增值税。

(2) 视同买断方式由委托方和受托方签订协议，委托方按协议价收取所代销的货款，实际售价可由双方在协议中明确规定，也可由受托方自定，实际售价与协议价之间的差额归受托方所有，这种销售仍是代销，委托方只是将商品交给受托方代销，并不是按协议价卖给受托方。在这种代销方式下，委托方同样在收到受托方的代销清单，或者收到全部或部分货款，或者商品发出满 180 天时 (选三者最早的时间) 开具增值税专用发票，以专用发票上注明的税额确认销项税额；受托方以委托方所开具增值税专用发票上注明的税额确认进项税额，但其销项税额应按实际售价与增值税税率的乘积计算得出，并开具相应税额的增值税专用发票。也就是说，如果受托方将代销商品加价出售，仍与委托方按原协议价结算，对这部分差价收入要征收增值税。

因此，代销方式不同，税法规定的计税方法也不同，合理选择对企业有利的代销方式，可以达到降低税负的目的。

【案例 4-11】　某家具生产企业和某商场签订了一项代销协议，由该商场代销家具公司的 A 产品。家具公司和商场都是增值税一般纳税人。由该商场代销家具公司的 A 产品，为了维护家具公司的整体市场战略，A 产品在市场上的售价为 5000 元 / 件，假设 2021 年全年共销售 A 产品 2000 件。有以下两种方案可供双方选择：

方案一：采取收取手续费方式，商场与家具公司签订协议：商场以 5000 元 / 件的价格对外销售该家具公司的 A 产品，家具公司以 5000 元 / 件的价格收取代销货款，商场另外再根据代销数量向该家具公司收取 20% 的代销手续费，即该商场每销售一件 A 产品，向家具公司收取 1000 元的代销费用。

方案二：采取视同买断的方式，家具公司与商场签订协议：该商场每售出一件 A 产品，家具公司按 4000 元的协议价收取货款，商场在市场上仍以 5000 元 / 件的价格销售 A 产品，实际售价与协议价之间的差额归商场所有。

请为双方的方案选择作出抉择。

◆【分析】

方案一：收取手续费方式。

家具公司：

增值税销项税额 = 2000 × 5000 × 13% = 130 万元；

收入增加：5000 × 2000 − 1000 × 2000 = 800 万元。

商场：

收入增加：1000 × 2000 = 200 万元；

应纳增值税 = 5000 × 2000 × 13% − 5000 × 2000 × 13% + 200 × 6% = 12 万元；

应纳城建税及教育费附加 = 12 × (7% + 3%) = 1.2 万元。

家具公司和商场合计：

收入增加 1000 万元，应交增值税和城建税及教育费附加 130 + 12 + 1.2 = 143.2 万元。

方案二：视同买断方式。

家具公司：

收入增加：4000 × 2000 = 800 万元；

增值税销项税额 = 800 × 13% = 104 万元；

商场：

收入增加：5000 × 2000 − 4000 × 2000 = 200 万元；

应纳增值税 = 5000 × 2000 × 13% − 8 000 000 × 13% = 26 万元；

应纳城建税及教育费附加 = 26 × (7% + 3%) = 2.6 万元。

家具公司和商场合计：

收入增加 1000 万元，应交税金 104 + 26 + 2.6 = 132.6 万元。

通过以上分析，在收入没有改变的前提下，视同买断方式比收取手续费方式合计少缴纳税款 143.2 − 132.6 = 10.6(万元)，对于家具公司而言节省增值税的同时也节省了城建税及教育费附加；对于商场而言，虽然税负明显增加了，但是两者共同减少了税负。

【案例 4-12】　鑫瑞电子有限公司是一家生产型中外合资企业，经营业务比较广泛，主要生产甲产品及经销乙产品，具有进出口经营权。公司在国外有长期稳定的客户，每月对乙产品的需求量达 100 万件。由于该产品工艺比较简单，产品质量要求不是很高，再加上公司的生产能力已经满负荷，鑫瑞公司未自行生产，而是从 A 工厂购进后销售给 B 外贸公司出口至国外客户。乙产品每月销量 100 万件，该产品销售过程如下：

(1) 乙产品的制造成本为 90 万元，其中材料成本是 80 万元 (不含税价，且能全部取得 17% 的增值税专用发票)。A 工厂以 100 万元的不含税价格销售给鑫瑞公司，其当月利润是 10 万元，进项税额 10.4 万元，销项税额 13 万元，应交增值税 2.6 万元。

(2) 鑫瑞公司以 100 万元的不含税价格购进，以 110 万元的不含税价格售出，当期进项税额 17 万元，当期销项税额 18.7 万元，应交增值税 1.3 万元，利润 10 万元。

(3) B 外贸公司以 110 万元不含税价购进，因鑫瑞公司销售非自产货物无法开具税收缴款书，从而 B 外贸公司无法办理出口退税，购进成本应是含税价 128.7 万元，出口售价 130 万元，利润 1.3 万元，不缴税，不退税。

(4) 乙产品征税率和退税率都是 13%。

请选择能使鑫瑞公司利润最大的筹划方案。

方案一：将经销改为代购代销。

改变鑫瑞公司的经销商地位，成为代购关系。具体而言，变成鑫瑞公司为 B 外贸公司向 A 加工厂代购乙产品，按照代购程序由 A 加工厂直接卖给 B 外贸公司，而鑫瑞公司为 B 外贸公司代购货物应向其索取代理费。这样，由于 A 加工厂属于生产型企业，销售给 B 外贸公司的自产货物，可开具税收缴款书，B 外贸公司凭该税收缴款书可办理出口退税。

具体操作为：

(1) A 加工厂用 80 万元购料加工后，以 100 万元不含税价格开具增值税专用发票销售给 B 外贸公司，同时提供 B 外贸公司税收缴款书，A 工厂进项税额 10.4 万元，销项税额 13 万元，应交增值税 2.6 万元。

(2) 鑫瑞公司向 B 外贸公司收取 28.7 万元代购货物的代理费，应缴纳 28.7 万元 × 6% = 1.722 万元的增值税，利润 28.7 万元。

(3) B 外贸公司以 100 万元不含税价格购入货物，同时支付鑫瑞公司 28.7 万元代理费，出口售价 130 万元，利润 1.3 万元，同时购进时应支付 13 万元的进项税，货物出口后能取得 13 万元的出口退税，增值税税负为零。

综上所述，按此方案，A 加工厂和 B 外贸公司的利润及税负不变，而鑫瑞公司利润增至 28.7 万元。

方案二：将销售产品改为销售材料。

将鑫瑞公司从 A 加工厂购进乙产品销往外贸公司的思路反过来用，即改变鑫瑞公司为 A 加工厂的供货商，由鑫瑞公司购入乙产品的原材料加上自己应得的利润后将原材料销售给 A 加工厂，再由 A 加工厂生产出成品后售给 B 外贸公司，同时提供税收缴款书，由 B 外贸公司提供税收缴款书办理出口退税。

具体操作为：

(1) 鑫瑞公司以 80 万元的不含税价格购入材料，取得增值税专用发票，以 108.7 万元的不含税价格销售给 A 加工厂，当期进项税 10.4 万元，销项税 14.131 万元，应交增值税 3.731 万元，利润 28.7 万元。

(2) A 加工厂以 108.7 万元的不含税价购进，以 128.7 万元的不含税价格销售给 B 外贸公司，A 加工厂发生制造费用 10 万元，利润 10 万元，进项税 14.131 万元，销项税 16.731 万元，应交增值税 2.6 万元，税负及利润额未变。

(3) B 外贸公司以 128.7 万元的不含税价购进，出口售价 130 万元，利润 1.3 万元未变，购货时支付的进项税额 16.731 万元在货物出口后可全额退还。增值税税负为零，未发生变化。

综上所述，按此方案，A 加工厂和 B 外贸公司的利润及税负没变，鑫瑞公司利润增至 28.7 万元，增值税税负增加 2.009 万元。

方案三：将经销改为自产自销。

鑫瑞公司现有设备已经满负荷运转，在此条件下能不能扩大生产能力？回答是肯定的，扩大生产能力的办法也有很多，但是投入少、速度快的办法是租赁。鑫瑞公司以 A 加工厂应得利润 10 万元/月的额度整体租赁 A 加工厂生产乙产品的设备（含人工费等），自购材料加工成成品后直接出口，使乙产品变成自产自销。按照此方案，鑫瑞公司出口应享受生产企业的"免、抵、退"税收政策。

由于购进 80 万元的材料相应取得 10.4 万元的进项税，该产品以 130 万元报关出口后可退增值税 13.6 万元，增值税税负是零，其成本是 90 万元（80 万元＋10 万元），售价 130 万元，利润 31.435 万元。

通过以上分析，由于经营方式的改变，解决了一个根本问题，就是整个环节可以办理出口退税了，其中方案三最优，但是实际操作比较繁琐，最后鑫瑞公司根据现行的实际情况选择了方案一。如果销量能够增长，出口离岸价能够提高，那么，鑫瑞公司将选择方案三。

（六）视同销售行为的税收筹划

视同销售行为是增值税和消费税中普遍存在的交易行为，其税收筹划主要表现在三个方面：一是通过对方垫付税款而获得对方所垫付税款的时间价值。比如将货物交付他人代销和销售代销货物这两种视同销售行为，实际上是委托代销业务中委托方和受托方的行为。委托方可以通过选择开票时间和开票方式，让受托方不及时取得增值税抵扣凭证而垫付增值税，从而获得时间价值。二是通过视同销售行为的条件，避免成为视同销售行为而实现税收筹划。比如设有两个以上机构并实行统一核算的纳税人，将货物从一个机构移送到其他机构用于销售，但相关机构设在同一县（市）的除外。这一视同销售行为，可以通过避免其用于销售而避免成为视同销售行为而计征增值税。三是"营改增"之后，有些视同销售服务、无形资产或者不动产的行为，由于存在服务对象的特殊性而例外，因此也可以通过特殊的服务对象而避免成为视同销售行为，实现税收筹划的目的。

二、进项税额的税收筹划

（一）企业选择供应商纳税人身份的税收筹划

1. 一般纳税人对购货对象的选择

(1) 从一般纳税人处购进货物，则有：

假定购货方为一般纳税人，不含税销售额为 S，销售货物的增值税税率为 T，从一般纳税人购进货物的含税购进金额为 P_1，购进货物的增值税税率为 T_1，其他费用为 F，净利

润为 L_1，假定城建税税率为 7%，教育费附加率为 3%。企业所得税税率为 25%。则

L_1 = 不含税销售额 - 不含税购进金额 - 其他费用 - 城建税和教育费附加）×

（1 - 企业所得税税率）

$$= \left[S - \frac{P_1}{1+T} - F - \left(S \times T - \frac{P_1}{1+T_1} \times T_1 \right) \times (7\% + 3\%) \right] \times (1 - 25\%)$$

(2) 从小规模纳税人购进货物，并索取到由主管税务机关代开的 3% 的增值税专用发票，则有：

假定购货方为一般纳税人，不含税销售额为 S，销售货物的增值税税率为 T，从小规模纳税人购进货物的含税购进金额为 P_2，购进货物的增值税税率为 T_2（假定从小规模纳税人购进货物，能索取到由主管税务机关代开的 3% 的增值税专用发票），其他费用为 F，净利润为 L_2，假定城建税税率为 7%，教育费附加率为 3%。企业所得税税率为 25%。则

$$L_2 = \left[S - \frac{P_2}{1+T_2} - F - \left(S \times T - \frac{P_2}{1+T_2} \times T_2 \right) \times (7\% + 3\%) \right] \times (1 - 25\%)$$

(3) 从小规模纳税人购进货物，只能索取到普通发票，则有：

假定购货方为一般纳税人，不含税销售额为 S，销售货物的增值税税率为 T，从一般纳税人购进货物的含税购进金额为 P_3，购进货物的增值税税率为 T_3（假定从小规模纳税人购进货物，只能索取到普通发票，不能索取到由主管税务机关代开的 3% 的增值税专用发票），其他费用为 F，净利润为 L_3，假定城建税税率为 7%，教育费附加率为 3%。企业所得税税率为 25%。则：

L_3 =（不含税销售额 - 不含税购进金额 - 其他费用 - 城建税和教育费附加）×

（1 - 企业所得税税率）

$$= [S - P_3 - F - (S \times T) \times (7\% + 3\%)] \times (1 - 25\%)$$

根据上述三种情况，可得

令 $L_1 = L_2$，得净利润均衡点价格比 $\dfrac{P_1}{P_2} = \dfrac{(1+T_1)(1-0.1T_2)}{(1+T_2)(1-0.1T_1)}$；

令 $L_1 = L_3$，得净利润均衡点价格比 $\dfrac{P_1}{P_3} = \dfrac{1+T_1}{1-0.1T_1}$；

令 $L_2 = L_3$，得净利润均衡点价格比 $\dfrac{P_2}{P_3} = \dfrac{1+T_2}{1-0.1T_2}$。

最终得出不同情况下的净利润均衡点价格比较见表 4-4。

表4-4　净利润均衡点价格比较表

增值税纳税人购进	一般纳税人购进 13% 增值税专用发票	一般纳税人购进 3% 征收率的增值税专用发票
小规模纳税人购进 3% 征收率的增值税普票	$P_1/P_3 = 1.144\ 9$	$P_2/P_3 = 1.033\ 1$
小规模纳税人购进 3% 征收率的增值税专票	$P_1/P_2 = 1.108\ 2$	

筹划原则：

(1) 当实际价格比大于净利润均衡点价格比，应当选择从小规模纳税人处购进货物。

(2) 当实际价格比小于净利润均衡点价格比，应当选择从一般纳税人处购进货物。

【案例 4-13】 甲公司为增值税一般纳税人，适用增值税税率为 13%，购买原材料时，有以下几种方案可供选择：方案一是从一般纳税人 A 公司购买，每吨含税价格为 11 000元，A 公司适用增值税税率为 13%；方案二是从小规模纳税人 B 公司购买，则可取得由税务机关代开的税率为 3% 的专用发票，每吨含税价格为 10 000 元；方案三是从小规模纳税人 C 公司购买，只能取得普通发票，每吨含税价格为 9000 元。甲公司用此原材料生产的产品每吨不含税销售额为 20 000 元，其他相关费用 3000 元。假设甲公司以利润最大化为目标，请对甲公司购货对象选择进行税收筹划。

◆【分析】

$\dfrac{P_1}{P_2} = \dfrac{11\,000}{10\,000} = 1.1 < 1.1082$，因此，方案二与方案一比较，应当选择方案二。

$\dfrac{P_1}{P_3} = \dfrac{11\,000}{9000} = 1.2222 > 1.1449$，因此，方案三与方案一比较，应当选择方案三。

$\dfrac{P_2}{P_3} = \dfrac{10\,000}{9000} = 1.111 > 1.0331$，因此，方案三与方案二比较，应当选择方案三。

综上所述，应当选择方案三。

（二）一般纳税人要求小规模纳税人价格折让补偿水平问题

1. 小规模纳税人对购货对象的选择

(1) 小规模纳税人选择购货对象的类型，同一般纳税人选择购货对象的类型。

(2) 小规模纳税人选择购货对象的税收筹划。对于小规模纳税人来说，无论是从增值税一般纳税人处购进货物，还是从小规模纳税人处购进货物，都不能抵扣进项税额。所以小规模纳税人在选择购货对象时，主要考虑购进货物含税价格的高低，选择价格最低的购货对象即可。

2. 小规模纳税人对弥补损失的价格折让临界点

增值税一般纳税人从小规模纳税人处采购的货物不能进行抵扣，或只能抵扣 3%，为了弥补因不能取得专用发票而产生的损失，必然要求小规模纳税人在价格上给予一定程度的优惠，究竟多大的折让幅度才能弥补损失呢？这里就存在一个价格折让临界点。其推导过程如下：

假设从一般纳税人购进货物金额（含税）为 A，从小规模纳税人处购进货物金额（含税）为 B。则从一般纳税人购进货物的利润为

净利润额 = 销售额 − 购进货物成本 − 城市维护建设税及教育费附加 − 所得税

= (销售额 − 购进货物成本 − 城市维护建设税及教育费附加) × (1 − 所得税税率)

= { 销售额 − A ÷ (1 + 增值税税率) −

[销售额 × 增值税税率 − A ÷ (1 + 增值税税率) × 增值税税率] ×

(城市维护建设税税率 + 教育费附加征收率)} × (1 − 所得税税率)　　　　(1)

从小规模纳税人购进货物的利润为

净利润额 = 销售额 − 购进货物成本 − 城市维护建设税及教育费附加 − 所得税

$\qquad$ = (销售额 − 购进货物成本 − 城市维护建设税及教育费附加) × (1 − 所得税税率)

$\qquad$ = { 销售额 − B ÷ (1 + 征收率) −

$\qquad$ [销售额 × 增值税税率 − B ÷ (1 + 征收率) × 征收率] ×

$\qquad$ (城市维护建设税税率 + 教育费附加征收率) } × (1 − 所得税税率)　　　　(2)

注：销售额为不含税销售额，征收率为税务所代开的发票上注明的征收率。

当两式相等时，则有

{ 销售额 − A ÷ (1 + 增值税税率) − [销售额 × 增值税税率 − A ÷ (1 + 增值税税率) ×

$\quad$ 增值税税率] × (城市维护建设税税率 + 教育费附加征收率) } × (1 − 所得税税率)

= { 销售额 − B ÷ (1 + 征收率) − [销售额 × 增值税税率 − B ÷ (1 + 征收率) × 征收率] ×

$\quad$ (城市维护建设税税率 + 教育费附加征收率) } × (1 − 所得税税率)

即

$\quad$ A ÷ (1 + 增值税税率) + [销售额 × 增值税税率 − A ÷ (1 + 增值税税率) ×

$\qquad$ 增值税税率] × (城市维护建设税税率 + 教育费附加征收率)

= B ÷ (1 + 征收率) + [销售额 × 增值税税率 − B ÷ (1 + 征收率) × 征收率] ×

$\qquad$ (城市维护建设税税率 + 教育费附加征收率)

得

$\quad$ A ÷ (1 + 增值税税率) − A ÷ (1 + 增值税税率) × 增值税税率 ×

$\qquad$ (城市维护建设税税率 + 教育费附加征收率)

= B ÷ (1 + 征收率) − B ÷ (1 + 征收率) × 征收率 ×

$\qquad$ (城市维护建设税税率 + 教育费附加征收率)

则

$$\frac{A}{1+增值税税率} \times [1 − 增值税税率 \times (城市维护建设税税率 + 教育费附加征收率)]$$

$$= \frac{B}{1+征收率} \times [1 − 征收率 \times (城市维护建设税税率 + 教育费附加征收率)]$$

当城市维护建设税税率为7%，教育费附加征收率为3%时，有

$$\frac{A}{1+增值税税率} \times (1 − 增值税税率 \times (7\% + 3\%)) = \frac{B}{1+征收率} \times (1 − 征收率 \times 10\%)$$

$$B = \frac{(1+征收率) \times (1 − 增值税税率 \times (7\% + 3\%))}{(1+增值税税率) \times (1 − 征收率 \times 10\%)} \times A$$

当增值税税率 = 13%，征收率 = 3% 时，有

$$B = \frac{(1+3\%)(1-13\%+10\%)}{(1+13\%)\times(1-3\%\times10\%)}\times A = A\times87.73\%$$

也就是说，当小规模纳税人的价格为一般纳税人的 87.73% 时，即价格折让幅度为 87.73% 时，无论是从一般纳税人处还是从小规模纳税人处采购货物取得的收益相等。同样原理可得出增值税税率为 13%，由税务所代开的发票上注明的征收率为 6% 及取得普通发票时的价格折让临界点。临界点数值见下表 4-3。

表4-3　价格折让临界点表

一般纳税人抵扣率 /%	小规模纳税人抵扣率 /%	价格折让临界点 /%
13	3	86.80
13	0	84.02
9	3	90.24
9	0	87.35

【案例 4-14】　利宁厨具公司 (增值税一般纳税人)，外购原材料——钢材时若从北方钢铁厂 (一般纳税人，增值税税率为 13%) 处购入，则每吨的价格为 50 000 元 (含税)。若从得平钢铁厂 (小规模纳税人) 处购买，则可取得由所得税所代开的征收率为 3% 的专用发票，含税价格为 44 000 元。试作出该企业是否应从小规模纳税人购货的决策。(已知城市维护建设税税率为 7%，教育费附加征收率为 3%)

◆【分析】

由价格折让临界点得知，增值税税率为 13%，小规模纳税人的抵扣率为 3% 时，价格折让临界点为 86.80%，即临界点时的价格为 43 400 元 (50 000×86.80%)，而小规模纳税人的实际价格 44 000 元＞临界点的价格 43 400 元，因此适宜从一般纳税人处采购原材料。

从利润角度来看，从北方钢铁厂购进原材料的净成本为

$$\frac{50\,000}{1+13\%} - \frac{50\,000}{1+13\%}\times13\%\times(7\%+3\%) = 43\,672.57 \text{ 元}$$

注：依进项税额计提的城市维护税和教育费附加可以抵减产品销售税金及附加。

从得平钢铁厂购进原材料的净成本为

$$\frac{44\,000}{1+3\%} - \frac{44\,000}{1+3\%}\times3\%\times(7\%+3\%) = 42\,590.29 \text{ 元}$$

由此可以看出，从得平钢铁厂购进钢材的成本小于从北方钢铁厂购进钢材的成本，因此应选择从得平钢铁厂购入。

若利宁厨具公司只能从得平钢铁厂取得普通发票不能进行任何抵扣，由以上价格临界点得知，只有在得平钢铁厂的含税销售价格低于 42 010 元 (50 000×84.02%)，才可考虑从小规模纳税人处购入。

企业在采购货物时，可根据以上价格临界点值，正确计算出临界点时的价格，从中选择采购方，从而取得较大的税后收益。

（三）运输费用的税收筹划

运输费用的税收筹划点主要是当购销过程中发生的运输业务方式的选择问题，因为增值税对不同方式发生的运输费用抵扣存在差别，所以通过选择不同的运输方式可以实现进项税额抵扣还是计算销项税额等问题。

筹划思路：是自己运输还是请他人运输？当自己运输的时候，有没有必要成立独立核算的运输部门？是销货方负担运费还是购货方负担运费划算？需不需要代垫运输费用？等问题的选择。

"营改增"后，货物与运输的税率仍相差4个百分点，可以说，谁承担运费，谁的税负重。运费承担方通常是由市场竞争决定的。市场竞争决定运费承担方并不一定是最优的，如享受优惠政策，企业就得承担运费而不应由市场决定。购买方承担运费（销售方送货上门），意味着销售方可采用代垫运费。目前，符合两个条件的代垫运费不用缴纳增值税，其政策依据为《增值税暂行条例实施细则》第十二条第二款第二项规定，同时符合以下条件的代垫运费不征收增值税：承运部门的运输费用发票开具给购买方的；纳税人将该项发票转交给购买方的。

不过，采用代垫运费这种方式隐藏着巨大的税务风险，按照《国家税务总局关于加强增值税征收管理若干问题的通知》（国税发〔1995〕192号）第一条第一项第三目规定，纳税人购进货物或应税劳务，支付运输费用，所支付款项的单位，必须与开具抵扣凭证的销货单位、提供劳务的单位一致，才能够申报抵扣进项税额，否则不予抵扣。由于代垫运费的发票是由承运部门开具的，而运费的款项是由销售方收取的，这就出现了支付运输费用的单位与开具运费抵扣凭证的承运单位不一致的情形。可以说代垫运费是一个损人利己的方案。该方案只适用于购买方不需抵扣。

购买方承担运费，销售又能节税，这是双赢的方式，但不符合抵扣条件。随着"营改增"全国试点的开展，纳税人撇开代垫运费方式，在资金结算上进行税收筹划也是可行的。

【案例4-15】 某煤炭公司向享受优惠政策的水泥厂销售煤炭。由于煤炭是笨重物资，运费要占煤炭价格的一半。2020年全年预计购、销煤炭100万吨，煤炭的进价为每吨350元，运费为每吨400元，购买方承担运费时，煤炭的销售价格为每吨400元，销售方承担运费，则销售价格为每吨800元。如用自备汽车运输，则需另外耗用的油料费和修理费的进项税额为3000万元。

方案一：采用代垫运费方案。

根据煤炭公司收取的价外费用不征收增值税的规定，销售收入为40 000万元（100万吨×400元/吨）。

销项税额＝40 000×13%＝5200万元，进项税额为4550万元（350×100×13%），应纳增值税为650万元（5200－4550），税负率＝1.625%（650÷40 000×100%）。尽管税负率只有1.625%，但购买方不能抵扣进项税，一般慎用。

方案二：销售方承担运费。

因购买方不能抵扣进项税，改由销售方承担运费，则运费通过提高销售价格回收，煤炭的销售收入为80 000万元（800×100）。

销项税额为 10 400 万元 (80 000 × 13%)，进项税额为 8150 万元，即煤炭的进项税额 4550 万元 + 运费的进项税额 3600 万元 (400 × 100 × 9%)，应纳增值税 = 10 400 − 8150 = 2250 万元，税负率为 2.812 5%。

方案三：混业经营。

公司经营煤炭并投资购买汽车运输，属混业经营，按照《关于将铁路运输和邮政业纳入营业税改征增值税试点的通知》(财税〔2013〕106 号) 附件 2《营业税改征增值税试点有关事项的规定》第一条第一项规定，试点纳税人兼有不同税率或者征收率的销售货物、提供加工修理修配劳务或者应税服务的，应当分别核算适用不同税率或者征收率的销售额，未分别核算销售额的，按照以下方法适用税率或者征收率：兼有不同税率的销售货物、提供加工修理修配劳务或者应税服务的，从高适用税率。兼有不同征收率的销售货物、提供加工修理修配劳务或者应税服务的，从高适用征收率。兼有不同税率和征收率的销售货物、提供加工修理修配劳务或者应税服务的，从高适用税率。按照上述规定，公司只要分别核算煤炭与运输的销售额，就可以节税。

煤炭的销售额为 40 000 万元 (400 × 100)。

煤炭的销项税额为 5200 万元 (40 000 × 13%)，煤炭的进项税额为 4550 万元，汽车运输的收入为 40 000 万元 (400 × 100)，销项税额为 3600 万元 (40 000 × 9%)，油料及修理的进项税额为 3000 万元,应纳增值税为 1250 万元 (5200 − 4550 + 3600 − 3000),税负率为 1.5625%。

方案四：物流公司结算运费。

煤炭公司成立物流公司，物流公司就是承运部门。煤炭公司销售时就不能采用代垫运费模式。销售时煤炭公司与购买方签订煤炭销售合同，物流公司也与购买方签订运输合同，煤炭货款与运费款项分别由煤炭公司与物流公司结算，这样购买方购进货物或应税劳务，支付运输费用，所支付款项的单位与开具抵扣凭证的销货单位、提供劳务的单位就一致了，能够申报抵扣进项税额。由于物流公司和煤炭公司与煤炭公司混业经营的有关数据是一样的，所以计算的税负率也是相同的。

从上述方案比较来看，方案三、四最优，税负率为 1.5625%；方案二次之，税负率为 2.8125%；方案一尽管税负率只有 1.625%，在所有方案中最低，但它也是最差方案，因为购买方不能抵扣进项税，该方案在购买方不抵扣进项税才可以实行。

（四）分立农业生产部门的税收筹划

一般来说，纳税人直接从农业生产者或小规模纳税人手中购进，取得农产品销售发票或收购发票，进项税额以农产品销售发票或收购发票上注明的农产品买价和 9%(2019 年 4 月 1 日起) 的扣除率计算抵扣进项税额。但是外购免税农产品或者已税农产品连续生产适用 13% 对外销售的，按照 9% 计算抵扣的基础上，加计 1% 计算抵扣，实际上是按照 10% 计算抵扣增值税进项税额。

这一政策可以使纳税人通过在农产品加工过程中合理选择切割分立的方式，实现税收筹划的目的。若一个企业有两个生产环节，这两个环节分别对应两个生产部门，第一个生产部门生产的是免税农产品，而第二个生产部门生产的最终产品是非免税农产品。由于最终产品是非免税农产品，所以连第一个环节也不能享受免税待遇。可以将这两个部门分立成两个独立法人，这样，不仅第一个生产环节可享受免税待遇，第二个环节还可以按买价9%或10%的扣除率计算进项税额抵扣，一举两得。

【案例 4-16】 甲乳品厂采用全程生产模式，内部设有牧场和乳品加工部门两个分部，牧场生产鲜奶（其中鲜奶的市场价格为 30 000 万元），此鲜奶经乳品加工部门加工成花色奶产品后出售，2021 年销售收入达 50 000 万元（不含税）。饲养奶牛所消耗的饲料，包括草料及精饲料，其中草料大部分为向农民收购，共收购草料 5000 万元，另外从生产、经营饲料单位购进精饲料 5000 万元（不含税）。此外，牧场购入辅助生产用品 100 万元（不含税）。请对其进行税收筹划。

◆**【分析】**

方案一：仍然采用全程生产模式。

该厂因其是工业生产企业，不属于农业生产者，其最终产品也是非免税农产品，不能享受农业生产者自产自销的免税待遇。同时，该企业可以抵扣的进项税额主要是饲养奶牛所消耗的饲料，向农民收购的草料经税务机关批准后，可以按照收购金额的 10% 或者 9% 计算抵扣进项税额，而精饲料和辅助生产用品可以按照 13% 抵扣进项税额。

该企业生产的产品花色奶，适用 13% 的基本税率，因此，在该方案下，该企业应纳增值税税额为

应纳增值税 = 50 000 × 13% − 5000 × 10% − 5000 × 13% − 100 × 13% = 5337 万元

方案二：将牧场和乳品加工厂分开独立核算，分别办理工商登记和税务登记，两个之间的生产协作不变，但此时牧场与乳品加工厂之间业务往来按正常企业间购销关系结算。这样筹划后，产生两方面效果：

作为牧场，由于其自产自销未经加工的农产品（鲜牛奶），符合增值税中农业生产者自销农业产品的条件，享受免税待遇而税负为零，自然进项税不能抵扣，销售给乳品加工厂的鲜牛奶价格按正常的成本利润率核定。

作为乳品加工厂，其购进牧场的鲜牛奶，可作为农产品收购处理，可按收购额 10% 计算进项税额抵扣，这部分进项税额已远远大于原来草料收购额的 10%，因此，在该方案下，企业应纳增值税税额为

应纳增值税额 = 50 000 × 13% − 30 000 × 10% = 3500 万元

综上所述，两个方案相比较，方案二比方案一少缴纳增值税 1837 万元，因此仅仅从增值税税负来看，应该选择方案二经营。但最终选择还需要将节省的税额与由于分立而增加的开办费用及其他费用相比较，综合衡量。

总体而言，通过经营业务的事先合理安排，争取尽可能抵扣、争取尽可能多地抵扣、争取尽可能早地抵扣，是进项税额税收筹划的核心。

三、合理利用扣除项目的税收筹划

这主要是"营改增"之后，由于部分差额项目所带来的税收筹划思路。在税率不变的前提下，如果扣除项目多，尽可能地实现提前扣除，那么相应的应纳增值税就减少。由于差额计税项目主要是"营改增"后的服务类项目，所以这类税收筹划主要存在于服务、无

形资产、不动产销售的过程中。

（一）金融商品转让的税收筹划

金融商品转让，是指转让外汇、有价证券、非货物期货和其他金融商品所有权的业务活动。其他金融商品转让包括基金、信托理财产品等各类资产管理产品和各种金融衍生品的转让。金融商品转让，不得开具增值税专用发票，卖出价扣除买入价后的余额为销售额。转让金融商品出现的正负差，将盈亏相抵后的余额作为销售额。若相抵后出现负差，可结转下一纳税期与下期转让金融商品销售额相抵，但年末时仍出现负差的，不得转入下一个会计年度。金融商品的买入价，可以选择按照加权平均法或移动加权平均法进行核算，选择后 36 个月内不得变更。

对于金融商品转让交易频繁的公司，可以按照金融市场的情况，合理规划会计年度内的转让行为，最大程度消化负差，降低计税基础。

【案例 4-17】　某企业为增值税一般纳税人，2021 年 3 月购入股票 10 万股，每股市价 20 元。2021 年 6 月购入股票 10 万股，每股市价 24 元。2021 年 9 月购入股票 20 万股，每股市价 17 元。2022 年该企业计划将股票全部转让，有两个方案可供选择，请选择最优方案。

方案一：2022 年 5 月转让股票 15 万股，每股市价 18 元。2022 年 12 月转让 25 万股，每股市价 22 元。

方案二：2022 年 5 月转让股票 25 万股，每股市价 18 元。2022 年 12 月转让 15 万股，每股市价 22 元。

哪个方案对企业比较有利？

◆【分析】

方案一：2022 年 5 月转让 15 万股，2022 年 12 月转让 25 万股。

股票每股平均买入价 = $(10 \times 20 + 10 \times 24 + 20 \times 17) \div 40 = 19.5$ 元；

2022 年 5 月转让股票销售额 = $(18 - 19.5) \times 15 = -22.5$ 万元；

2022 年 12 月转让股票销售额 = $(22 - 19.5) \times 25 = 62.5$ 万元。

2022 年 5 月企业金融商品转让负差 22.5 万元，不交增值税。12 月应纳增值税为

$$\frac{62.5 - 22.5}{1 + 6\%} \times 6\% = 2.26 \text{ 万元}$$

方案二：2022 年 5 月转让 25 万股，2022 年 12 月转让 15 万股。

股票每股平均买入价 = $\dfrac{10 \times 20 + 10 \times 24 + 20 \times 17}{40} = 19.5$ 元；

2022 年 5 月转让股票销售额 = $(18 - 19.5) \times 25 = -37.5$ 万元；

2022 年 12 月转让股票销售额 = $(22 - 19.5) \times 15 = 37.5$ 万元。

2022 年 5 月企业金融商品转让负差 37.5 万元，不交增值税。12 月金融商品转让正差 37.5 万元，抵减前面的负差后，应纳增值税为 0。

通过上述分析，选择方案二更为有利。

（二）转让不动产的税收筹划

纳税人转让其取得的不动产，包括以直接购买、接受捐赠、接受投资入股、自建以及抵债等各种形式取得的不动产，按照下列规定进行增值税处理，但是房地产开发企业销售自行开发的房地产项目不适用以下规定。

1. 一般纳税人转让其取得的不动产，按照以下规定缴纳增值税

(1) 一般纳税人转让其 2016 年 4 月 30 日前取得 (不含自建) 的不动产，可以选择适用简易计税方法计税，以取得的全部价款和价外费用扣除不动产购置原价或者取得不动产时的作价后的余额为销售额，按照 5% 的征收率计算应纳税额。纳税人应按照上述计税方法向不动产所在地主管地税机关预缴税款，向机构所在地主管国税机关申报纳税。

(2) 一般纳税人转让其 2016 年 4 月 30 日前自建的不动产，可以选择适用简易计税方法计税，以取得的全部价款和价外费用为销售额，按照 5% 的征收率计算应纳税额。纳税人应按照上述计税方法向不动产所在地主管地税机关预缴税款，向机构所在地主管国税机关申报纳税。

(3) 一般纳税人转让其 2016 年 4 月 30 日前取得 (不含自建) 的不动产，选择适用一般计税方法计税的，以取得的全部价款和价外费用为销售额计算应纳税额。纳税人应以取得的全部价款和价外费用扣除不动产购置原价或者取得不动产时的作价后的余额，按照 5% 的预征率向不动产所在地主管地税机关预缴税款，向机构所在地主管国税机关申报纳税。

(4) 一般纳税人转让其 2016 年 4 月 30 日前自建的不动产，选择适用一般计税方法计税的，以取得的全部价款和价外费用为销售额计算应纳税额。纳税人应以取得的全部价款和价外费用，按照 5% 的预征率向不动产所在地主管地税机关预缴税款，向机构所在地主管国税机关申报纳税。

(5) 一般纳税人转让其 2016 年 5 月 1 日后取得 (不含自建) 的不动产，适用一般计税方法，以取得的全部价款和价外费用为销售额计算应纳税额。纳税人应以取得的全部价款和价外费用扣除不动产购置原价或者取得不动产时的作价后的余额，按照 5% 的预征率向不动产所在地主管地税机关预缴税款，向机构所在地主管国税机关申报纳税。

(6) 一般纳税人转让其 2016 年 5 月 1 日后自建的不动产，适用一般计税方法，以取得的全部价款和价外费用为销售额计算应纳税额。纳税人应以取得的全部价款和价外费用，按照 5% 的预征率向不动产所在地主管地税机关预缴税款，向机构所在地主管国税机关申报纳税。

2. 小规模纳税人转让其自建的不动产，以取得的全部价款和价外费用为销售额，按照 5% 的征收率计算应纳税额

除其他个人之外的小规模纳税人，应按照本规定的计税方法向不动产所在地主管地税机关预缴税款，向机构所在地主管国税机关申报纳税；其他个人按照本规定的计税方法向不动产所在地主管地税机关申报纳税。

3. 个人转让其购买的住房，按照以下规定缴纳增值税

(1) 个人转让其购买的住房，按照有关规定全额缴纳增值税的 (见本章第九节的有关规定)，以取得的全部价款和价外费用为销售额，按照 5% 的征收率计算应纳税额。

(2) 个人转让其购买的住房，按照有关规定差额缴纳增值税的 (见本章第九节的有关

规定)，以取得的全部价款和价外费用扣除购买住房价款后的余额为销售额，按照 5% 的征收率计算应纳税额。个体工商户应按照本规定的计税方法向住房所在地主管地税机关预缴税款，向机构所在地主管国税机关申报纳税；其他个人应按照本规定的计税方法向住房所在地主管地税机关申报纳税。

4. 其他个人以外的纳税人转让其取得的不动产，区分以下情形计算应向不动产所在地主管地税机关预缴的税款

(1) 以转让不动产取得的全部价款和价外费用作为预缴税款计算依据的，计算公式为

$$应预缴税款 = \frac{全部价款和价外费用}{1+5\%} \times 5\%$$

(2) 以转让不动产取得的全部价款和价外费用扣除不动产购置原价或者取得不动产时的作价后的余额作为预缴税款计算依据的，计算公式为

$$应预缴税款 = \frac{全部价款和价外费用 - 不动产购置原价或者取得不动产时的作价}{1+5\%} \times 5\%$$

（三）分包服务的税收筹划

该部分主要是对纳税人跨县 (市、区) 提供建筑服务进行税收筹划。纳税人跨县 (市、区) 提供建筑服务，应按照规定的纳税义务发生时间和计税方法，向建筑服务发生地主管税务机关预缴税款，向机构所在地主管税务机关申报纳税。《建筑工程施工许可证》未注明合同开工日期，但建筑工程承包合同注明的开工日期在 2016 年 4 月 30 日前的建筑工程项目，属于增值税法规定的可以选择简易计税方法计税的建筑工程老项目。跨县 (市、区) 提供建筑服务，是指单位和个体工商户 (以下简称纳税人) 在其机构所在地以外的县 (市、区) 提供建筑服务。纳税人在同一地级行政区范围内跨县 (市、区) 提供建筑服务，不适用上述处理办法。对于纳税人在同一直辖市、计划单列市范围内跨县 (市、区) 提供建筑服务的，由直辖市、计划单列市税务局决定是否适用以下规定。但是其他个人跨县 (市、区) 提供建筑服务的，不适用以下规定。

1. 纳税人跨县 (市、区) 提供建筑服务，按照以下规定预缴税款

(1) 一般纳税人跨县 (市、区) 提供建筑服务，适用一般计税方法计税的，以取得的全部价款和价外费用扣除支付的分包款后的余额，按照 2% 的预征率计算应预缴税款。

(2) 一般纳税人跨县 (市、区) 提供建筑服务，选择适用简易计税方法计税的，以取得的全部价款和价外费用扣除支付的分包款后的余额，按照 3% 的征收率计算应预缴税款。

(3) 小规模纳税人跨县 (市、区) 提供建筑服务，以取得的全部价款和价外费用扣除支付的分包款后的余额，按照 3% 的征收率计算应预缴税款 (月销售额未超过 15 万元的，当期无须预缴税款)。

2. 纳税人跨县 (市、区) 提供建筑服务，按照以下公式计算应预缴税款

(1) 适用一般计税方法计税的：

$$应预缴税款 = \frac{全部价款和价外费用 - 支付的分包款}{1+9\%} \times 2\%$$

(2) 适用简易计税方法计税的：

$$应预缴税款 = \frac{全部价款和价外费用 - 支付的分包款}{1 + 3\%} \times 3\%$$

纳税人取得的全部价款和价外费用扣除支付的分包款后的余额为负数的，可在结转下次预缴税款时继续扣除。纳税人应按照工程项目分别计算应预缴税款，分别预缴。

（四）劳务派遣服务的税收筹划

小规模纳税人提供劳务派遣服务，可以以取得的全部价款和价外费用为销售额，按照简易计税方法，依照 3% 的征收率计算缴纳增值税；也可以选择差额纳税，以取得的全部价款和价外费用，扣除代用工单位支付给劳务派遣员工的工资、福利和为其办理社会保险及住房公积金后的余额为销售额，按照简易计税方法，依照 5% 的征收率计算缴纳增值税。

选择差额纳税的纳税人，向用工单位收取用于支付给劳务派遣员工工资、福利和为其办理社会保险及住房公积金的费用，不得开具增值税专用发票，可以开具普通发票。

一般纳税人提供劳务派遣服务，可以选择差额纳税，以取得的全部价款和价外费用，扣除代用工单位支付劳务派遣员工的工资、福利和为其办理社会保险及住房公积金后的余额为销售额，按照简易计税方法，依照 5% 的征收率计算缴纳增值税。

第三节　增值税税率选择的税收筹划

一、增值税税率的基本规定

为贯彻落实党中央、国务院决策部署，推进增值税实质性减税，我国自 2017 年 7 月 1 日起多次下调增值税一般纳税人适用税率，自 2019 年 4 月 1 日起，我国增值税采用 13%、9%、6% 三档税率和零税率形式。

（一）基本税率规定

基本税率，也称标准税率。这是各个国家根据本国生产力发展水平、财政政策的需要、消费者的承受能力并考虑到历史上货物、劳务税税负水平后确定的，适用于绝大多数货物和应税劳务的税率。

我国当前增值税规定，纳税人销售货物、劳务、有形动产租赁服务或者进口货物，适用的基本税率为 13%。

（二）低税率规定

纳税人销售交通运输、邮政、基础电信、建筑、不动产租赁服务，销售不动产，转让土地使用权，销售或者进口农产品等货物适用税率为 9%。

纳税人销售服务、无形资产以及增值电信服务，除另有规定外适用税率为 6%。

（三）零税率

出口货物、劳务或者境内单位和个人跨境销售服务、无形资产、不动产，税率为零。零税率的适用范围具体规定如下。

1. 国际运输服务

国际运输服务，是指：

(1) 在境内载运旅客或者货物出境。

(2) 在境外载运旅客或者货物入境。

(3) 在境外载运旅客或者货物。

2. 航天运输服务

3. 境外消费的服务

向境外单位提供的完全在境外消费的下列服务：

(1) 研发服务。

(2) 合同能源管理服务。

(3) 设计服务。

(4) 广播影视节目 (作品) 的制作和发行服务。

(5) 软件服务。

(6) 电路设计及测试服务。

(7) 信息系统服务。

(8) 业务流程管理服务。

(9) 离岸服务外包业务。离岸服务外包业务，包括信息技术外包服务 (ITO)、技术性业务流程外包服务 (BPO)、技术性知识流程外包服务 (KPO)，其所涉及的具体业务活动，按照《销售服务、无形资产、不动产注释》(财税〔2016〕36 号) 附件 1 中相对应的业务活动执行。

(10) 转让技术。

以上项目均平移国家相关政策，但其前提是完全在境外消费。此处的完全在境外消费，是指：① 服务的实际接受方在境外，且与境内的货物和不动产无关。② 无形资产完全在境外使用，且与境内的货物和不动产无关。③ 财政部和国家税务总局规定的其他情形。

4. 财政部和国家税务总局规定的其他服务

按照国家有关规定应取得相关资质的国际运输服务项目，纳税人取得相关资质的，适用增值税零税率政策，未取得的，适用增值税免税政策。

5. 程租业务零税率的适用

境内的单位或个人提供程租服务，如果租赁的交通工具用于国际运输服务和港澳台地区运输服务，由出租方按规定申请适用增值税零税率。

6. 期租和湿租业务零税率的适用

境内的单位和个人向境内单位或个人提供期租、湿租服务，如果承租方利用租赁的交通工具向其他单位或个人提供国际运输服务和港澳台运输服务，由承租方适用增值税零税率。境内的单位或个人向境外单位或个人提供期租、湿租服务,由出租方适用增值税零税率。

境内单位和个人以无运输工具承运方式提供的国际运输服务,由境内实际承运人适用增值税零税率;无运输工具承运业务的经营者适用增值税免税政策。

7. 中国香港、澳门、台湾地区有关应税行为零税率的适用

境内单位和个人发生的与香港、澳门、台湾有关的应税行为,除另有规定外,适用零税率。

境内的单位和个人销售适用增值税零税率的服务或无形资产的,可以放弃适用增值税零税率,选择免税或按规定缴纳增值税。放弃适用增值税零税率后,36个月内不得再申请适用增值税零税率。

(四)征收率规定

《增值税暂行条例》规定,小规模纳税人发生应税销售行为,实行按照销售额和征收率计算应纳税额的简易办法,生产规定的某些货物的一般纳税人也可按此法计算纳税。目前,我国增值税征收率为3%和5%。此外,还有预征率的形式。

增值税法定征收率为3%,简易计税情形下部分应税销售行为适用5%的征收率,对于一些特定应税销售行为,我国税法规定按上述两种征收率减征,如个人出租住房,应按照5%的征收率减按1.5%计算应纳税额。

(五)一般纳税人适用9%税率的货物范围

1. 农业产品

农业产品是指种植业、养殖业、林业、牧业、水产业生产的各种植物、动物的初级产品。农业产品的征税范围包括植物类和动物类产品。

1) 植物类

植物类包括人工种植和天然生长的各种植物的初级产品。具体征税范围为:

(1) 粮食。粮食的征税范围包括小麦、稻谷、玉米、高粱、谷子和其他杂粮(如大麦、燕麦等),以及经碾磨、脱壳等工艺加工后的粮食(如面粉、米、玉米面、玉米渣等)。切面、饺子皮、馄饨皮、面皮、米粉等粮食复制品,玉米胚芽,也属于本货物的征税范围。

玉米浆、玉米皮、玉米纤维(又称喷浆玉米皮)和玉米蛋白粉不属于初级农产品,也不属于《财政部 国家税务总局关于饲料产品免征增值税问题的通知》(财税〔2001〕121号)中免税饲料的范围,适用13%的增值税税率。

以粮食为原料加工的速冻食品、方便面、副食品和各种熟食品及淀粉,不属于本货物的征税范围。

(2) 蔬菜。蔬菜的征税范围包括各种蔬菜、菌类植物和少数可作副食的木本植物。

经晾晒、冷藏、冷冻、包装、脱水等工序加工的蔬菜、腌菜、咸菜、酱菜和盐渍蔬菜等,也属于本货物的征税范围。各种蔬菜罐头不属于本货物的征税范围。

(3) 烟叶。烟叶的征税范围包括晒烟叶、晾烟叶和初烤烟叶。

(4) 茶叶。茶叶的征税范围包括各种毛茶(如红毛茶、绿毛茶、乌龙毛茶、白毛茶、黑毛茶等)。精制茶、边销茶及掺兑各种药物的茶和茶饮料,不属于本货物的征税范围。

(5) 园艺植物。园艺植物是指可供食用的果实，如水果、果干 (如荔枝干、桂圆干、葡萄干等)、干果、果仁、果用瓜 (如甜瓜、西瓜、哈密瓜等)，以及胡椒、花椒、大料、咖啡豆等。经冷冻、冷藏、包装等工序加工的园艺植物，也属于本货物的征税范围。

各种水果罐头、果脯、蜜饯、炒制的果仁、坚果、碾磨后的园艺植物 (如胡椒粉、花椒粉等)，不属于本货物的征税范围。

(6) 药用植物。药用植物是指作中药原药的各种植物的根、茎、皮、叶、花、果实等。

利用上述药用植物加工制成的片、丝、块、段等中药饮片，也属于本货物的征税范围。中成药不属于本货物的征税范围。

(7) 油料植物。油料植物是指主要用作榨取油脂的各种植物的根、茎、叶、果实、花或者胚芽组织等初级产品，如菜籽 (包括芥菜子)、花生、大豆、葵花子、蓖麻子、芝麻子、胡麻子、茶子、桐子、橄榄仁、棕榈仁、棉籽等。

提取芳香油的芳香油料植物，也属于本货物的征税范围。

(8) 纤维植物。纤维植物是指利用其纤维作纺织、造纸原料或者绳索的植物，如棉 (包括籽棉、皮棉、絮棉)、大麻、黄麻、槿麻、苎麻、苘麻、亚麻、罗布麻、蕉麻、剑麻等。

棉短绒和麻纤维经脱胶后的精干 (洗) 麻，也属于本货物的征税范围。

(9) 糖料植物。糖料植物是指主要用作制糖的各种植物，如甘蔗、甜菜等。

(10) 林业产品。林业产品是指乔木、灌木和竹类植物，以及天然树脂、天然橡胶。林业产品的征税范围包括原木、原竹、天然树脂和其他林业产品。盐水竹笋也属于本货物的征税范围。锯材、竹笋罐头不属于本货物的征税范围。

(11) 其他植物。其他植物是指除上述列举植物以外的其他各种人工种植和野生的植物，如树苗、花卉、植物种子、植物叶子、草、麦秸、豆类、薯类、藻类植物等。

干花、干草、薯干、干制的藻类植物、农业产品的下脚料等，也属于本货物的征税范围。

2) 动物类

动物类包括人工养殖和天然生长的各种动物的初级产品。具体征税范围为：

(1) 水产品。水产品是指人工放养和人工捕捞的鱼、虾、蟹、鳖、贝类、棘皮类、软体类、腔肠类、海兽类动物。本货物的征税范围包括鱼、虾、蟹、鳖、贝类、棘皮类、软体类、腔肠类、海兽类、鱼苗 (卵)、虾苗、蟹苗、贝苗 (秧)，以及经冷冻、冷藏、盐渍等防腐处理和包装的水产品。

干制的鱼、虾、蟹、贝类、棘皮类、软体类、腔肠类，如干鱼、干虾、干虾仁、干贝等，以及未加工成工艺品的贝壳、珍珠，也属于本货物的征税范围。

熟制的水产品和各类水产品的罐头，不属于本货物的征税范围。

(2) 畜牧产品。畜牧产品是指人工饲养、繁殖取得和捕获的各种畜禽。本货物的征税范围包括：

① 兽类、禽类和爬行类动物，如牛、马、猪、羊、鸡、鸭等。

② 兽类、禽类和爬行类动物的肉产品。

各种兽类、禽类和爬行类动物的肉类生制品，如腊肉、腌肉、熏肉等，也属于本货物的征税范围。

各种肉类罐头、肉类熟制品，不属于本货物的征税范围。

③ 蛋类产品，是指各种禽类动物和爬行类动物的卵，包括鲜蛋、冷藏蛋。

经加工的咸蛋、松花蛋、腌制的蛋等，也属于本货物的征税范围。

各种蛋类的罐头，不属于本货物的征税范围。

④ 鲜奶，是指各种哺乳类动物的乳汁和经净化、杀菌等加工工序生产的乳汁。按照《食品安全国家标准——巴氏杀菌乳》(GB 19645—2010) 生产的巴氏杀菌乳和按照《食品安全国家标准——灭菌乳》(GB 25190—2010) 生产的灭菌乳，均属于初级农业产品，可依照鲜奶按 9% 税率征收增值税。

按照《食品安全国家标准——调制乳》(GB 25191—2010) 生产的调制乳，不属于初级农业产品，应按照 13% 的税率征收增值税。

用鲜奶加工的各种奶制品，如酸奶、奶酪、奶油等，不属于本货物的征税范围。

(3) 动物皮张。动物皮张是指从各种动物 (兽类、禽类和爬行类动物) 身上直接剥取的，未经揉制的生皮、生皮张。

将生皮、生皮张用清水、盐水或者防腐药水浸泡、刮里、脱毛、晒干或者熏干，未经揉制的，也属于本货物的征税范围。

(4) 动物毛绒。动物毛绒是指未经洗净的各种动物的毛发、绒毛和羽毛。洗净毛、洗净绒等不属于本货物的征税范围。

(5) 其他动物组织。其他动物组织是指上述列举以外的兽类、禽类、爬行类动物的其他组织，以及昆虫类动物。

① 蚕茧，包括鲜茧和干茧，以及蚕蛹。

② 天然蜂蜜，是指采集的未经加工的天然蜂蜜、鲜蜂王浆等。

③ 动物树脂，如虫胶等。

④ 其他动物组织，如动物骨、动物骨粒、壳、兽角、动物血液、动物分泌物、蚕种、人工合成牛胚胎等。

2. 食用植物油

植物油是从植物根、茎、叶、果实、花或胚芽组织中加工提取的油脂。食用植物油仅指芝麻油、花生油、豆油、菜籽油、米糠油、葵花子油、棉籽油、玉米胚油、茶油、胡麻油以及以上述油为原料生产的混合油。棕榈油、核桃油、橄榄油、花椒油、杏仁油、葡萄籽油、牡丹籽油，也属于本货物的征税范围。

皂脚是碱炼动植物油脂时的副产品，不能食用，主要用作化学工业原料。因此，皂脚不属于食用植物油，应按照 13% 的税率征收增值税。

肉桂油、桉油、香茅油不属于农业产品的范围，适用 13% 的税率。

环氧大豆油、氢化植物油不属于食用植物油的范围，应适用 13% 的税率。

3. 食用盐

食用盐是指符合《食用盐》(GB/T 5461—2016) 和《食用盐卫生标准》(GB 2721—2003) 两项国家标准的食用盐。

4. 自来水

自来水是指自来水公司及工矿企业经抽取、过滤、沉淀、消毒等工序加工后，通过供水系统向用户供应的水。

农业灌溉用水、引水工程输送的水等，不属于本货物的范围。

5. 暖气、热水

暖气、热水是指利用各种燃料 (如煤、石油、其他各种气体或固体、液体燃料) 和电能将水加热，使之生成的气体和热水，以及开发自然热能，如开发地热资源或用太阳能生产的暖气、热气、热水。

利用工业余热生产、回收的暖气、热气和热水也属于本货物的范围。

6. 冷气

冷气是指为了调节室内温度，利用制冷设备生产的，并通过供风系统向用户提供的低温气体。

7. 煤气

煤气是指由煤、焦炭、半焦和重油等经干馏或气化等生产过程所得气体产物的总称。煤气的范围包括：

(1) 焦炉煤气，是指煤在炼焦炉中进行干馏所产生的煤气。

(2) 发生炉煤气，是指用空气 (或氧气) 和少量的蒸气将煤或焦炭、半焦，在煤气发生炉中进行气化所产生的煤气、混合煤气、水煤气、单水煤气、双水煤气等。

(3) 液化煤气，是指压缩成液体的煤气。

8. 石油液化气

石油液化气是指由石油加工过程中所产生的低分子量的烃类炼厂气经压缩而成的液体。主要成分是丙烷、丁烷、丁烯等。

9. 天然气

天然气是蕴藏在地层内的碳氢化合物可燃气体。主要含有甲烷、丁烷、戊烷及其他重质气态烃类。

天然气包括气田天然气、油田天然气、煤矿天然气和其他天然气。

10. 二甲醚

二甲醚是指化学分子式为 CH3OCH3，常温常压下为具有轻微醚香味，易燃、无毒、无腐蚀性的气体。

11. 沼气

沼气，主要成分为甲烷，由植物残体在与空气隔绝的条件下经自然分解而成，沼气主要作燃料。本货物的范围包括天然沼气和人工生产的沼气。

12. 居民用煤炭制品

居民用煤炭制品是指煤球、煤饼、蜂窝煤和引火炭。

13. 图书、报纸、杂志

图书、报纸、杂志是采用印刷工艺，按照文字、图画和线条原稿印刷成的纸制品。本货物的范围包括：

(1) 图书，是指由国家新闻出版署批准的出版单位出版，采用国际标准书号编序的书籍以及图片。

(2) 报纸，是指经国家新闻出版署批准，在各省、自治区、直辖市新闻出版部门登记，具有国内统一刊号 (CN) 的报纸。

(3) 杂志，是指经国家新闻出版署批准，在各省、自治区、直辖市新闻出版管理部门登记，具有国内统一刊号 (CN) 的刊物。

(4) 国内印刷企业承印的经新闻出版主管部门批准印刷且采用国际标准书号编序的境外图书。

(5) 中小学课本配套产品 (包括各种纸制品或图片)。

14. 音像制品

音像制品，是指正式出版的录有内容的录音带、录像带、唱片、激光唱盘和激光视盘。

15. 电子出版物

电子出版物，是指以数字代码方式，使用计算机应用程序，将图文声像等内容信息编辑加工后存储在具有确定的物理形态的磁、光、电等介质上，通过内嵌在计算机、手机、电子阅读设备、电子显示设备、数字音 / 视频播放设备、电子游戏机、导航仪以及其他具有类似功能的设备上读取使用，具有交互功能，用以表达思想、普及知识和积累文化的大众传播媒体。载体形态和格式主要包括只读光盘 (CD 只读光盘 CD-ROM、交互式光盘 CD-I，照片光盘 Photo-CD、高密度只读光盘 DVD-ROM、蓝光只读光盘 HD-DVD ROM 和 BD ROM)、一次写入式光盘 (一次写入 CD 光盘 CD-R、一次写入高密度光盘 DVD-R、一次写入蓝光光盘 HD-DVD/R，BD-R)、可擦写光盘 (可擦写 CD 光盘 CD-RW、可擦写高密度光盘 DVD-RW、可擦写蓝光光盘 HDDVD-RW 和 BD-RW、磁光盘 M0)、软磁盘 (FD)、硬磁盘 (HD)、集成电路卡 (CF 卡、MD 卡、SM 卡、MMC 卡、RS-MMC 卡、MS 卡、SD 卡、XD 卡、T-Flash 卡、记忆棒) 和各种存储芯片。

16. 饲料

饲料是指用于动物饲养的产品或其加工品。本货物的范围包括单一大宗饲料、混合饲料、配合饲料、复合预混料、浓缩饲料。

直接用于动物饲养的粮食、饲料添加剂不属于本货物的范围。骨粉、鱼粉按饲料征收增值税。

豆粕、宠物饲料、饲用鱼油、矿物质微量元素舔砖、饲料级磷酸二氢钙产品按饲料征收增值税。

17. 化肥

化肥是指经化学和机械加工制成的各种化学肥料。化肥的范围包括：

(1) 化学氮肥，主要品种有尿素和硫酸铵、硝酸铵、碳酸氢铵、氯化铵、石灰氮、氨水、氨化硝酸钙等。

(2) 磷肥，主要品种有磷矿粉、过磷酸钙 (包括普通过磷酸钙和重过磷酸钙两种)、钙镁磷肥、钢渣磷肥等。

(3) 钾肥，主要品种有硫酸钾、氯化钾等。

(4) 复合肥料，是用化学方法合成或混配制成含有氮、磷、钾中的两种或两种以上的营养元素的肥料。含有两种的称二元复合肥料，含有三种的称三元复合肥料，也有含三种元素和某些其他元素的叫多元复合肥料。主要产品有硝酸磷肥、磷酸铵、磷酸二氢钾肥、钙镁磷钾肥、磷酸一铵、磷粉二铵、氮磷钾复合肥等。

(5) 微量元素肥，是指含有一种或多种植物生长所必需的，但需要量又极少的营养元素的肥料，如硼肥、锰肥、锌肥、铜肥、钼肥等。

(6) 其他肥，是指上述列举以外的其他化学肥料。

18. 农药

农药是指用于农林业防治病虫害、除草及调节植物生长的药剂。农药包括农药原药和农药制剂。如杀虫剂、杀菌剂、除草剂、植物生长调节剂、植物性农药、微生物农药、卫生用药、其他农药原药、制剂等。

用于人类日常生活的各种类型包装的日用卫生用药 (如卫生杀虫剂、驱虫剂、驱蚊剂、蚊香、消毒剂等)，不属于农药范围。

19. 农膜

农膜是指用于农业生产的各种地膜、大棚膜。

20. 农机

农机是指用于农业生产 (包括林业、牧业、副业、渔业) 的各种机器、机械化和半机械化农具以及小农具。农机的范围包括：

(1) 拖拉机，是以内燃机为驱动牵引机具，从事作业和运载物资的机械。包括轮拖拉机、履带拖拉机、手扶拖拉机、机耕船。

(2) 土壤耕整机械，是对土壤进行耕翻整理的机械。包括机引犁、机引耙、旋耕机、镇压器、联合整地器、合壤器、其他土壤耕整机械。

(3) 农田基本建设机械，是指从事农田基本建设的专用机械，包括开沟筑埂机、开沟铺管机、铲抛机、平地机、其他农田基本建设机械。

(4) 种植机械，是指将农作物种子或秧苗移植到适于作物生长的苗床机械，包括播作机、水稻插秧机、栽植机、地膜覆盖机、复式播种机、秧苗准备机械。

(5) 植物保护和管理机械，是指农作物在生产过程中的管理、施肥、防治病虫害的机械：包括机动喷粉机、喷雾机 (器)、弥雾喷粉机、修剪机、中耕除草机、播种中耕机、培土机具、施肥机。

(6) 收获机械，是指收获各种农作物的机械，包括粮谷、棉花、薯类、甜菜、甘蔗、茶叶、油料等收获机。

(7) 场上作业机械，是指对粮食作物进行脱粒、清选、烘干的机械设备，包括各种脱粒机、清选机、粮谷干燥机、种子精选机。

(8) 排灌机械，是指用于农牧业排水、灌溉的各种机械设备，包括喷灌机、半机械化提水机具、打井机。

(9) 农副产品加工机械，是指对农副产品进行初加工，加工后的产品仍属农副产品的机械，包括茶叶机械、剥壳机械、棉花加工机械 (包括棉花打包机)、食用菌机械 (培养木耳、

蘑菇等)、小型粮谷机械。

以农副产品为原料加工工业产品的机械，不属于本货物的范围。

(10) 农业运输机械，是指农业生产过程中所需的各种运输机械，包括人力车 (不包括三轮运货车)、畜力车和拖拉机挂车。

农用汽车不属于本货物的范围。

(11) 畜牧业机械，是指畜牧业生产中所用的各种机械，包括草原建设机械、牧业收获机械、饲料加工机械、畜禽饲养机械、畜产品采集机械。

(12) 渔业机械，是指捕捞、养殖水产品所用的机械，包括捕捞机械、增氧机、饵料机。机动渔船不属于本货物的范围。

(13) 林业机械，是指用于林业的种植、育林的机械，包括清理机械、育林机械、林苗栽植机械。森林砍伐机械、集材机械不属于本货物的范围。

(14) 小农具，包括畜力犁、畜力耙、锄头和镰刀等农具。农机零部件不属于本货物的征收范围。

(15) 农用挖掘机、养鸡设备系列、养猪设备系列产品。

(16) 动物尸体降解处理机、蔬菜清洗机。

动物尸体降解处理机是指采用生物降解技术将病死畜禽尸体处理成粉状有机肥原料，实现无害化处理的设备。

蔬菜清洗机是指用于农副产品加工生产的采用喷淋清洗、毛刷清洗、气泡清洗、淹没水射流清洗技术对完整或鲜切蔬菜进行清洗，以去除蔬菜表面污物、微生物及农药残留的设备。

(17) 密集型烤房设备、频振式杀虫灯、自动虫情测报灯、黏虫板。

(18) 卷帘机，是指用于农业温室、大棚，以电机驱动，对保温被或草帘进行自动卷放的机械设备，一般由电机、变速箱、联轴器、卷轴、悬臂、控制装置等部分组成。

(19) 不带动力的手扶拖拉机 (也称手扶拖拉机底盘) 和三轮农用运输车 (指以单缸柴油机为动力装置的三个车轮的农用运输车辆) 属于农机的征收范围。

(20) 农用水泵，是指主要用于农业生产的水泵，包括农村水井用泵、农田作业面潜水泵、农用轻便离心泵、与喷灌机配套的喷灌自吸泵。其他水泵不属于农机产品征税范围。

(21) 农用柴油机，是指主要配套于农用拖拉机、田间作业机具、农副产品加工机械及排灌机械，以柴油为燃料的油缸数在 3 缸以下 (含 3 缸) 的往复式内燃动力机械。4 缸以上 (含 4 缸) 柴油机不属于农机产品征税范围。

二、利用增值税税率选择的税收筹划思路

（一）合理选择经营范围降低税率

我国增值税税率是根据货物的类别、服务的性质规定了不同的税率水平，这无形之中给纳税人带来了筹划空间。这种筹划空间，主要是体现在企业设立工商登记时，由企业经营范围所带来的。纳税人可以通过经营范围的选择或者通过经营范围的合理划分，来实现税率的降低。比如汽车的维修经营企业，可以将自己的经营范围定位为汽车服务，从而避免按照修理修配劳务 13% 进行计征增值税。也可以将服务和产品的业务分开，通过企业

会计核算，实现产品销售服务部分销售额降低，而采用低税率的服务收入额增加，相对降低税收负担，实现税收筹划的目的。

（二）合理选择计税方法降低税率

增值税根据一般纳税人和小规模纳税人，分别采用进项税额抵扣的一般计税方法和按照征收率计征增值税的简易计税方法。往往进项抵扣的方式采用税率形式进行计税，而简易计税方式采用征收率的形式计征增值税，但是简易计税方式不允许抵扣进项税额。

一般计税方法下应纳增值税 = 当期销项税额 − 当期进行税额 − 上期留抵税额

简易计税方法下应纳增值税 = 当期计税销售额 × 征收率

在我国，增值税税率水平往往比征收率水平高，这样纳税人可以根据自身经营过程中的销售额和进项额抵扣规模，合理选择计税方法来降低增值税税负。甚至可以通过业务的分开核算，巧设子公司的形式获取进一步的税收筹划空间。比如将货物销售和服务提供分开核算，服务业务设立子公司，通过控制子公司的年销售额不超过 500 万元，实现小规模纳税人身份。这种做法，一方面进一步降低税负水平，另一方面并不影响企业整体的进项税额抵扣。

（三）巧设子公司降低税率

子公司与分公司是现代大公司企业经营组织的重要形式。一家公司为什么安排它的某些附属单位作为子公司，而另一些附属单位又作为分公司？这恐怕最主要要从税收筹划的角度来分析，因为在市场竞争日趋激烈的条件下，一切合法的有利于提高企业经济效益的措施均是企业考虑的重点，而选择有利于纳税优惠的组织形式，正是能达到这一目标的重要途径之一。

财政部、国家税务总局《关于连锁经营企业增值税纳税地点问题的通知》(财税字〔1997〕097 号) 对连锁经营企业实行统一缴纳增值税的有关问题通知如下：对跨地区经营的直营连锁企业，即连锁店的门店均由总部全资或控股开设，在总部领导下统一经营的连锁企业，凡按照国内贸易部《连锁店经营管理规范意见》(内贸政体法字〔1997〕第 24 号) 的要求，采取微机联网，实行统一采购配送商品，统一核算，统一规范化管理和经营，并符合以下条件的，可对总店和分店实行由总店向其所在地主管税务机关统一申报缴纳增值税：

(1) 在直辖市范围内连锁经营的企业，报经直辖市国家税务局会同市财政局审批同意；

(2) 在计划单列市范围内连锁经营的企业，报经计划单列市国家税务局会同市财政局审批同意；

(3) 在省 (自治区) 范围内连锁经营的企业，报经省 (自治区) 国家税务局会同省财政厅审批同意；

(4) 在同一县 (市) 范围内连锁经营的企业，报经县 (市) 国家税务局会同县 (市) 财政局审批同意。

连锁企业实行由总店向总店所在地主管税务机关统一缴纳增值税后，财政部门应研究采取妥善办法，保证分店所在地的财政利益在纳税地点变化后不受影响。涉及省内地、市间利益转移的，由省级财政部门确定；涉及地、市内县 (市) 间利益转移的，由地、市财政部门确定；县 (市) 范围内的利益转移，由县 (市) 财政部门确定。

对自愿连锁企业，即连锁店的门店均为独立法人，各自的资产所有权不变的连锁企业和特许连锁企业，即连锁店的门店同总部签订合同，取得使用总部商标、商号、经营技术及销售总部开发商品的特许权的连锁企业，其纳税地点不变，仍由各独立核算门店分别向所在地主管税务机关申报缴纳增值税。

【案例 4-18】 奥克司 (深圳) 电子有限公司是 1997 年成立的具有进出口经营权的生产型中外合资企业，主要生产甲产品及经销乙产品。2020 年美国客户每月对乙产品的需求量是 100 万件，奥克司 (深圳) 电子有限公司未自行生产，而是从光华电子厂购进后销售给新华外贸公司出口至国外客户。乙产品的制造成本为 90 万元，其中材料成本是 80 万元 (不含税价，且能全部取得 13% 的增值税专用发票)。

光华电子厂以 100 万元的不含税价格销售给奥克司 (深圳) 电子有限公司，其当月利润是 10 万元，进项税额 = 80 × 13% = 10.4 万元。

$$销项税额 = 100 × 13% = 13 万元$$
$$应缴增值税 = 13 - 10.4 = 2.6 万元$$

奥克司 (深圳) 电子有限公司以 100 万元的不含税价格购进，以 110 万元的不含税价格售出，当月进项税额 = 100 × 13% = 13 万元。

当月销项税额 = 110 × 13% = 14.3 万元，应缴增值税 1.3 万元，利润 10 万元。

新华外贸公司以 110 万元不含税价 (含税价 128.7 万元) 购进，因该公司销售非自产货物无法开具税收缴款书，因此，新华外贸公司无法办理出口退税。

购进成本应是含税价 128.7 万元，出口售价 130 万元，利润 1.3 万元，不缴税，不退税。乙产品征税率和退税率均为 17%。

奥克司 (深圳) 电子有限公司在进行税收筹划时，可在以下三个方案中选择一个税收负担最轻的方案。

方案一：改变奥克司 (深圳) 电子有限公司中间经销商的地位，而是由沃尔夫 (珠海) 电子有限公司为新华外贸公司向光华电子厂代购乙产品，按照规范的代购程序由光华电子厂直接卖给新华外贸公司，奥克司 (深圳) 电子有限公司为新华外贸公司代购货物应向其索取代理费。按该方案运作后，由于光华电子厂属生产型企业，其销售给新华外贸公司的自产货物，可开具税收缴款书，新华外贸公司凭该税收缴款书可办理出口退税。

奥克司 (深圳) 电子有限公司具体操作为：

光华电子厂用 80 万元购料加工后，以 100 万元 (不含税价格) 开具增值税专用发票销售给新华外贸公司，同时提供给新华外贸公司税收缴款书，光华电子厂进项税额 10.4 万元，销项税额 13 万元，应缴增值税 2.6 万元。

奥克司 (深圳) 电子有限公司向新华外贸公司收取 28.7 万元代购货物的代理费，应缴纳 1.722 万元 (28.7 × 6%) 的增值税，利润为 26.978 万元。

新华外贸公司以 100 万元 (不含税价格) 购入货物，同时支付奥克司 (深圳) 电子有限公司 28.7 万元代理费，出口售价 130 万元，利润 1.3 万元，同时购货时应支付 13 万元的进项税，货物出口后能取得 13 万元的出口退税，因此，增值税税负为 0。按此方案，光华电子厂和新华外贸公司的利润及税负未变，而奥克司 (深圳) 电子有限公司利润增至 26.978 万元，少缴 1.3 万元的增值税。

方案二：变奥克司 (深圳) 电子有限公司为光华电子厂的供货商，由沃尔夫 (珠海) 电子有限公司购入乙产品的原材料，加上自己应得的利润后将原材料销售给光华电子厂，再由光华电子厂生产出成品后售给新华外贸公司，同时提供税收缴款书，由新华外贸公司办理出口退税。

奥克司 (深圳) 电子有限公司具体操作为：

(1) 以 80 万元的不含税价格购入材料，取得增值税专用发票，以 108.7 万元 (含税价 127.179 万元) 销售给 A 加工厂，当月进项税额 13.6 万元，销项税额 18.479 万元，应缴增值税 4.879 万元，利润 28.7 万元。

(2) 光华电子厂以 108.7 万元 (含税价 127.179 万元) 购进，以 128.7 万元 (含税价 150.579 万元) 销售给新华外贸公司，利润 10 万元，进项税额 14.131 万元。销项税额 16.731 万元，应缴增值税 2.6 万元，税负及利润额未改变。

(3) 新华外贸公司以 128.7 万元 (含税价 150.579 万元) 购进，出口售价 130 万元，利润 1.3 万元未变，购货时支付的进项税额 21.879 万元在货物出口后可全额退税。

因此，增值税税负为 0，未发生变化。按此方案，光华电子厂和新华外贸公司的利润及税负未变，奥克司 (深圳) 电子有限公司利润增至 28.7 万元，增值税税负增加 3.179 万元。

方案三：奥克司 (深圳) 电子有限公司以光华电子厂应得利润 10 万元 / 月的额度整体租赁光华电子厂生产乙产品的设备 (含人工费等)，自购材料加工成成品后直接出口，使乙产品变成自产自销。按此种方式，奥克司 (深圳) 电子有限公司出口应享受生产企业的"免、抵、退"政策。

由于购进 80 万元的材料相应取得 10.4 万元进项税，该产品以 130 万元报关出口后可退增值税 10.4 万元。因此，增值税税负为 0，其成本是 90 万元 (制造成本) + 10 万元 (租赁费)，销售价 130 万元，利润 30 万元。

奥克司 (深圳) 电子有限公司以上三个方案中，由于经营方式的改变，解决了一个根本问题，就是整个环节可以办理出口退税了，其中方案三最优。

第四节　增值税税收优惠政策的税收筹划

一、增值税税收优惠政策规定

（一）增值税法定减免税规定

根据《增值税暂行条例》，下列项目免征增值税：

(1) 农业生产者销售的自产农产品。

① 农业生产者销售的自产农产品免征增值税。农业，是指种植业、养殖业、林业、牧业、水产业。农业生产者，包括从事农业生产的单位和个人。农产品，是指初级农产品，具体范围由财政部、国家税务总局确定。

② 对农民个人按照竹器企业提供样品规格，自产或购买竹、芒、藤、木条等，再通过手工简单编织成竹制或竹芒藤柳混合坯具的，属于自产农业初级产品，应当免征销售环节增值税。

③ 自 2010 年 12 月 1 日起，制种企业在下列生产经营模式下生产销售种子，属于农业生产者销售自产农业产品，免征增值税：

制种企业利用自有土地或承租土地，雇用农户或雇工进行种子繁育，再经烘干、脱粒、风筛等深加工后销售种子。

制种企业提供亲本种子委托农户繁育并从农户手中收回，再经烘干、脱粒、风筛等深加工后销售种子。

④ 自 2013 年 4 月 1 日起，纳税人采取"公司 + 农户"经营模式从事畜禽饲养，纳税人回收再销售畜禽，属于农业生产者销售自产农产品，免征增值税。

"公司 + 农户"经营模式销售畜禽是指纳税人与农户签订委托养殖合同，向农户提供畜禽苗、饲料、兽药及疫苗等 (所有权属于公司)，农户饲养畜禽苗至成品后交付纳税人回收，纳税人将回收的成品畜禽用于销售。

(2) 避孕药品和用具。

(3) 古旧图书，是指向社会收购的古书和旧书。

(4) 直接用于科学研究、科学试验和教学的进口仪器、设备。

(5) 对科学研究机构、技术开发机构、学校等单位进口国内不能生产或者性能不能满足需要的科学研究、科技开发和教学用品，免征进口关税和进口环节增值税、消费税。

(6) 外国政府、国际组织无偿援助的进口物资和设备。

(7) 由残疾人的组织直接进口供残疾人专用的物品。

(8) 销售的自己使用过的物品，自己使用过的物品是指其他个人自己使用过的物品。

除上述规定外，增值税的免税、减税项目由国务院规定，任何地区、部门均不得规定免税、减税项目。

（二）特定免税规定

1. 销售货物

下列销售行为免征增值税：

(1) 对承担粮食收储任务的国有粮食购销企业销售的粮食免征增值税。对其他粮食企业经营粮食，除下列项目免征增值税外，一律征收增值税：

军队用粮，指凭军用粮票和军粮供应证按军供价供应中国人民解放军和中国人民武装警察部队的粮食。

救灾救济粮，指经县 (含) 以上人民政府批准，凭救灾救济粮票 (证) 按规定的销售价格向需要救助的灾民供应的粮食。对粮食部门经营的退耕还林还草补助粮，凡符合国家规定标准的，比照"救灾救济粮"免征增值税。

水库移民口粮，指经县（含）以上人民政府批准，凭水库移民口粮票（证）按规定的销售价格供应给水库移民的粮食。

(2) 自 2014 年 5 月 1 日起，对承担粮食收储任务的国有粮食购销企业销售的粮食增值税免税政策适用范围由粮食扩大到粮食和大豆，并可对免税业务开具增值税专用发票。

(3) 政府储备食用植物油的销售免征增值税。对其他销售食用植物油的业务，一律照章征收增值税。

(4) 销售饲料免征增值税。饲料产品的范围包括：

单一大宗饲料，指以一种动物、植物、微生物或矿物质为来源的产品或其副产品。其范围仅限于糠麸、酒糟、鱼粉、草饲料、饲料级磷酸氢钙及除豆粕以外的菜子粕、棉子粕、向日葵粕、花生粕等粕类产品。饲用鱼油、饲料级磷酸二氢钙也按照"单一大宗饲料"对待。其中，饲用鱼油自 2003 年 1 月 1 日起免征增值税，饲料级磷酸二氢钙自 2007 年 1 月 1 日起免征增值税。

混合饲料，指由两种以上单一大宗饲料、粮食、粮食副产品及饲料添加剂按照一定的比例配制，其中单一大宗饲料、粮食及粮食副产品的掺兑比例不低于 95% 的饲料。

配合饲料，指根据不同的饲养对象，饲养对象的不同生长发育阶段的营养需要，将多种饲料原料按饲料配方经工业生产后，形成的能满足饲养动物全部营养需要（除水分外）的饲料。自 2013 年 9 月 1 日起，精料补充料免征增值税。精料补充料是指补充草食动物的营养，将多种饲料和饲料添加剂按照一定比例配制的饲料。

复合预混料，指能够按照国家有关饲料产品的标准要求量，全面提供动物饲养相应阶段所需微量元素（4 种或以上）、维生素（8 种或以上），由微量元素、维生素、氨基酸和非营养性添加剂中任何两类或两类以上的组分与载体或稀释剂按一定比例配制的均匀混合物。

浓缩饲料，指由蛋白质、复合预混料及矿物质等按一定比例配制的均匀混合物。

宠物饲料不属于免征增值税的饲料。

(5) 蔬菜流通环节免征增值税。

蔬菜是指可作副食的草本、木本植物，包括各种蔬菜、菌类植物和少数可作副食的草本植物。蔬菜的主要品种参照《蔬菜主要品种目录》（财税〔2011〕137 号）执行。

经挑选、清洗、切分、晾晒、包装、脱水、冷藏、冷冻等工序加工的蔬菜，属于《财政部国家税务总局关于免征蔬菜流通环节增值税有关问题的通知》（财税〔2011〕137 号）所述蔬菜的范围。

纳税人既销售蔬菜又销售其他增值税应税货物的，应分别核算蔬菜和其他增值税应税货物的销售额；未分别核算的，不得享受蔬菜增值税免税政策。

(6) 部分鲜活肉蛋产品流通环节免征增值税。

自 2012 年 10 月 1 日起，对从事农产品批发、零售的纳税人销售的部分鲜活肉蛋产品免征增值税。

免征增值税的鲜活肉产品，是指猪、牛、羊、鸡、鸭、鹅及其整块或者分割的鲜肉、冷藏或者冷冻肉，内脏、头、尾、骨、蹄、翅、爪等组织。免征增值税的鲜活蛋产品，是指鸡蛋、鸭蛋、鹅蛋，包括鲜蛋、冷藏蛋以及对其进行破壳分离的蛋液、蛋黄和蛋壳。

上述产品中不包括《中华人民共和国野生动物保护法》所规定的国家珍贵、濒危野生动物及其鲜活肉类、蛋类产品。

从事农产品批发、零售的纳税人既销售规定的部分鲜活肉蛋产品又销售其他增值税应税货物的，应分别核算上述鲜活肉蛋产品和其他增值税应税货物的销售额；未分别核算的，不得享受部分鲜活肉蛋产品增值税免税政策。

(7) 对供热企业向居民个人 (以下称居民) 供热而取得的采暖费收入免征增值税。

向居民供热而取得的采暖费收入，包括供热企业直接向居民收取的、通过其他单位向居民收取的和由单位代居民缴纳的采暖费。免征增值税的采暖费收入，应当按照规定单独核算。通过热力产品经营企业向居民供热的热力产品生产企业，应当根据热力产品经营企业实际从居民取得的采暖费收入占该经营企业采暖费总收入的比例，计算免征的增值税。

(8) 自 2001 年 1 月 1 日起，对铁路系统内部单位为本系统修理货车的业务免征增值税。

2. 销售服务

下列项目免征增值税：

(1) 托儿所、幼儿园提供的保育和教育服务。托儿所、幼儿园，是指经县级以上教育部门审批成立、取得办园许可证的实施 0 ～ 6 岁学前教育的机构，包括公办和民办的托儿所、幼儿园、学前班、幼儿班、保育院、幼儿院。

公办托儿所、幼儿园免征增值税的收入是指在省级财政部门和价格主管部门审核报省级人民政府批准的收费标准以内收取的教育费、保育费。

民办托儿所、幼儿园免征增值税的收入，是指在报经当地有关部门备案并公示的收费标准范围内收取的教育费、保育费。

超过规定收费标准的收费，以开办实验班、特色班和兴趣班等为由另外收取的费用以及与幼儿入园挂钩的赞助费、支教费等超过规定范围的收入，不属于免征增值税的收入。

(2) 养老机构提供的养老服务。养老机构，包括依照《中华人民共和国老年人权益保障法》依法办理登记，并向民政部门备案的为老年人提供集中居住和照料服务的各类养老机构。

(3) 残疾人福利机构提供的育养服务。

(4) 婚姻介绍服务。

(5) 殡葬服务。殡葬服务，是指收费标准由各地价格主管部门会同有关部门核定，或者实行政府指导价管理的遗体接运 (含抬尸、消毒)、遗体整容、遗体防腐、存放 (含冷藏)、火化、骨灰寄存、吊唁设施设备租赁、墓穴租赁及管理等服务。

(6) 残疾人员本人为社会提供的服务。残疾人个人提供的加工、修理修配劳务，免征增值税。

(7) 学生勤工俭学提供的服务。

(8) 农业机耕、排灌、病虫害防治、植物保护、农牧保险以及相关技术培训业务，家禽、牲畜、水生动物的配种和疾病防治。

农业机耕，是指在农业、林业、牧业中使用农业机械进行耕作 (包括耕耘、种植、收割、脱粒、植物保护等)的业务；排灌，是指对农田进行灌溉或者排涝的业务；病虫害防治，是指从事农业、林业、牧业、渔业的病虫害测报和防治的业务；农牧保险，是指为种植业、养殖业、牧业种植和饲养的动植物提供保险的业务；相关技术培训，是指与农业机耕、排灌、病虫害防治、植物保护业务相关以及为使农民获得农牧保险知识的技术培训业务。

家禽、牲畜、水生动物的配种和疾病防治业务的免税范围，包括与该项服务有关的提供 药品和医疗用具的业务。

自2020年1月1日起，动物诊疗机构提供的动物疾病预防、诊断、治疗和动物绝育手术等动物诊疗服务属于家禽、牲畜、水生动物的配种和疾病防治，免征增值税。

(9) 纪念馆、博物馆、文化馆、文物保护单位管理机构、美术馆、展览馆、书画院、图书馆在自己的场所提供文化体育服务取得的第一道门票收入。

(10) 寺院、宫观、清真寺和教堂举办文化、宗教活动的门票收入。

(11) 福利彩票、体育彩票的发行收入。

(12) 社会团体收取的会费，免征增值税。社会团体，是指依照国家有关法律法规设立或登记并取得《社会团体法人登记证书》的非营利法人。会费，是指社会团体在国家法律法规、政策许可的范围内，依照社团章程的规定，收取的个人会员、单位会员和团体会员的会费。

(13) 医疗机构提供的医疗服务。医疗机构，是指依据《医疗机构管理条例》(国务院令第149号) 及《医疗机构管理条例实施细则》(卫生部令第35号) 的规定,经登记取得《医疗机构执业许可证》的机构，以及军队、武警部队各级各类医疗机构。具体包括：各级各类医院、门诊部 (所)、社区卫生服务中心 (站)、急救中心 (站)、城乡卫生院、护理院 (所)、疗养院、临床检验中心，各级政府及有关部门举办的卫生防疫站 (疾病控制中心)、各种专科疾病防治站 (所)，各级政府举办的妇幼保健所 (站)、母婴保健机构、儿童保健机构，各级政府举办的血站 (血液中心) 等医疗机构。

医疗服务，是指医疗机构按照不高于地 (市) 级以上价格主管部门会同同级卫生主管部门及其他相关部门制定的医疗服务指导价格 (包括政府指导价和按照规定由供需双方协商确定的价格等) 为就医者提供《全国医疗服务价格项目规范》所列的各项服务，以及医疗机构向社会提供卫生防疫、卫生检疫的服务。对非营利性医疗机构自产自用的制剂，免征增值税。

自2019年2月1日至2023年12月31日，医疗机构接受其他医疗机构委托，按照不高于地 (市) 级以上价格主管部门会同同级卫生主管部门及其他相关部门制定的医疗服务指导价格 (包括政府指导价和按照规定由供需双方协商确定的价格等)，提供《全国医疗服务价格项目规范》所列的各项服务，免征增值税。

(14) 从事教育的学校提供的教育服务。

① 提供学历教育的学校提供的教育服务收入免征增值税。

境外教育机构与境内从事学历教育的学校开展中外合作办学，提供学历教育服务取得的收入免征增值税。中外合作办学，是指中外教育机构按照《中华人民共和国中外合作办学条例》(国务院令第372号) 的有关规定，合作举办的以中国公民为主要招生对象的教育教学活动。

学历教育，是指受教育者经过国家教育考试或者国家规定的其他入学方式，进入国家有关部门批准的学校或者其他教育机构学习，获得国家承认的学历证书的教育形式。具体包括：

初等教育：普通小学、成人小学；

初级中等教育：普通初中、职业初中、成人初中；

高级中等教育：普通高中、成人高中和中等职业学校（包括普通中专、成人中专、职业高中、技工学校）；

高等教育：普通本专科、成人本专科、网络本专科、研究生（博士、硕士）、高等教育自学考试、高等教育学历文凭考试。

从事学历教育的学校，是指：

经地（市）级以上人民政府或者同级政府的教育行政部门批准成立、国家承认其学员学历的各类学校；

经省级及以上人力资源社会保障行政部门批准成立的技工学校、高级技工学校；

经省级人民政府批准成立的技师学院。

上述学校均包括符合规定的从事学历教育的民办学校，但不包括职业培训机构等国家不承认学历的教育机构。

提供教育服务免征增值税的收入，是指对列入规定招生计划的在籍学生提供学历教育服务取得的收入，具体包括：经有关部门审核批准并按规定标准收取的学费、住宿费、课本费、作业本费、考试报名费收入，以及学校食堂提供餐饮服务取得的伙食费收入。除此之外的收入，包括学校以各种名义收取的赞助费、择校费等，不属于免征增值税的范围。

② 政府举办的从事学历教育的高等、中等和初等学校（不含下属单位），举办进修班、培训班取得的全部归该学校所有的收入。

全部归该学校所有，是指举办进修班、培训班取得的全部收入进入该学校统一账户，并纳入预算全额上缴财政专户管理，同时由该学校对有关票据进行统一管理和开具。开举办进修班、培训班取得的收入进入该学校下属部门自行开设账户的，不予免征增值税。

③ 政府举办的职业学校设立的主要为在校学生提供实习场所、并由学校出资自办、由学校负责经营管理、经营收入归学校所有的企业，从事《销售服务、无形资产、不动产注释》中"现代服务"（不含融资租赁服务、广告服务和其他现代服务）、"生活服务"（不含文化体育服务、其他生活服务和桑拿、氧吧）业务活动取得的收入。

(15) 军队转业干部就业。从事个体经营的军队转业干部，自领取税务登记证之日起，其提供的应税服务 3 年内免征增值税。

为安置自主择业，军队转业干部就业，新开办的企业，凡安置自主择业的军队转业干部占企业总人数 60%（含）以上的，自领取税务登记证之日起，其提供的应税服务 3 年内免征增值税。

享受上述优惠政策的自主择业的军队转业干部必须持有师以上部队颁发的转业证件。

(16) 随军家属就业。为安置随军家属就业而新开办的企业,自领取税务登记证之日起,其提供的应税服务 3 年内免征增值税。

享受税收优惠政策的企业,随军家属必须占企业总人数的 60%(含)以上,并有军(含)以上政治和后勤机关出具的证明。

从事个体经营的随军家属,自办理税务登记事项之日起,其提供的应税服务 3 年内免征增值税。

随军家属必须有师以上政治机关出具的可以表明其身份的证明。

按照上述规定,每一名随军家属可以享受一次免税政策。

(17) 同时符合下列条件的合同能源管理服务。节能服务公司实施合同能源管理项目相关技术,应当符合原国家质量监督检验检疫总局和国家标准化管理委员会发布的《合同能源管理技术通则》(GB/T 24915—2010) 规定的技术要求。

节能服务公司与用能企业签订节能效益分享型合同,其合同格式和内容,符合《中华人民共和国合同法》和《合同能源管理技术通则》(GB/T 24915—2010) 等规定。

(18) 台湾航运公司、航空公司从事海峡两岸海上直航、空中直航业务在大陆取得的运输收入。台湾航运公司,是指取得交通运输部颁发的"台湾海峡两岸间水路运输许可证"且该许可证上注明的公司登记地址在台湾的航运公司。

台湾航空公司,是指取得中国民用航空局颁发的"经营许可"或者依据《海峡两岸空运协议》和《海峡两岸空运补充协议》规定,批准经营两岸旅客、货物和邮件不定期(包机)运输业务,且公司登记地址在台湾的航空公司。

(19) 纳税人提供的直接或者间接国际货物运输代理服务。纳税人提供直接或者间接国际货物运输代理服务,向委托方收取的全部国际货物运输代理服务收入,以及向国际运输承运人支付的国际运输费用,必须通过金融机构进行结算。

纳税人为中国内陆与中国香港、澳门、台湾地区之间的货物运输提供的货物运输代理服务参照国际货物运输代理服务有关规定执行。

委托方索取发票的,纳税人应当就国际货物运输代理服务收入向委托方全额开具增值税普通发票。

3. 销售无形资产

下列项目免征增值税:

(1) 个人转让著作权。

(2) 纳税人提供技术转让、技术开发和与之相关的技术咨询、技术服务。技术转让、技术开发,是指《销售服务、无形资产、不动产注释》中"转让技术"、"研发服务"范围内的业务活动。技术咨询,是指就特定技术项目提供可行性论证、技术预测、专题技术调查、分析评价报告等业务活动。

与技术转让、技术开发相关的技术咨询、技术服务,是指转让方(或者受托方)根据技术转让或者开发合同的规定,为帮助受让方(或者委托方)掌握所转让(或者委托开发)的技术,而提供的技术咨询、技术服务业务,且这部分技术咨询、技术服务的价款与技术转让或者技术开发的价款应当在同一张发票上开具。

4. 销售不动产及不动产租赁服务

下列项目免征或减征增值税：

(1) 个人销售自建自用住房免征增值税。

(2) 涉及家庭财产分割的个人无偿转让不动产、土地使用权免征增值税。家庭财产分割，包括下列情形：离婚财产分割；无偿赠与配偶、父母、子女、祖父母、外祖父母、孙子女、外孙子女、兄弟姐妹；无偿赠与对其承担直接抚养或者赡养义务的抚养人或者赡养人；房屋产权所有人死亡，法定继承人、遗嘱继承人或者受遗赠人依法取得房屋产权。

(3) 个人将购买不足 2 年的住房对外销售的，按照 5% 的征收率全额缴纳增值税；个人将购买 2 年以上 (含 2 年) 的住房对外销售的，免征增值税。本项政策适用于北京市、上海市、广州市和深圳市之外的地区。

个人将购买不足 2 年的住房对外销售的，按照 5% 的征收率全额缴纳增值税；个人将购买 2 年以上 (含 2 年) 的非普通住房对外销售的，以销售收入减去购买住房价款后的差额按照 5% 的征收率缴纳增值税；个人将购买 2 年以上 (含 2 年) 的普通住房对外销售的，免征增值税。本项政策仅适用于北京市、上海市、广州市和深圳市。

(4) 个人出租住房，应按照 5% 的征收率减按 1.5% 计算应纳增值税。

(5) 将土地使用权转让给农业生产者用于农业生产免征增值税。

纳税人采取转包、出租、互换、转让、入股等方式将承包地流转给农业生产者用于农业生产取得的收入，免征增值税。自 2020 年 1 月 20 日起，纳税人将国有农用地出租给农业生产者用于农业生产，免征增值税。

(6) 土地所有者出让土地使用权和土地使用者将土地使用权归还给土地所有者免征增值税。土地所有者依法征收土地，并向土地使用者支付土地及其相关有形动产、不动产补偿费的行为，属于土地使用者将土地使用权归还给土地所有者的情形。

(7) 县级以上地方人民政府或自然资源行政主管部门出让、转让或收回自然资源使用权 (不含土地使用权) 免征增值税。

(8) 军队空余房产租赁收入免征增值税。

5. 金融服务

下列项目免征增值税。

1) 下列利息收入免征增值税

(1) 国家助学贷款。

(2) 国债、地方政府债。

(3) 人民银行对金融机构的贷款。

(4) 住房公积金管理中心用住房公积金在指定的委托银行发放的个人住房贷款。

(5) 外汇管理部门在从事国家外汇储备经营过程中，委托金融机构发放的外汇贷款。

(6) 统借统还业务中，企业集团或企业集团中的核心企业以及集团所属财务公司按不高于支付给金融机构的借款利率水平或者支付的债券票面利率水平，向企业集团或者集团内下属单位收取的利息。

统借方向资金使用单位收取的利息，高于支付给金融机构借款利率水平或者支付的债券票面利率水平的，应全额缴纳增值税。

统借统还业务，是指企业集团或者企业集团中的核心企业向金融机构借款或对外发行债券取得资金后，将所借资金分拨给下属单位 (包括独立核算单位和非独立核算单位，下同)，并向下属单位收取用于归还金融机构或债券购买方本息的业务。

企业集团向金融机构借款或对外发行债券取得资金后，由集团所属财务公司与企业集团或者集团内下属单位签订统借统还贷款合同并分拨资金，并向企业集团或者集团内下属单位收取本息，再转付企业集团，由企业集团统一归还金融机构或债券购买方的业务。

自 2019 年 2 月 1 日至 2023 年 12 月 31 日，对企业集团内单位 (含企业集团) 之间的资金无偿借贷行为，免征增值税。

2) 被撤销金融机构以货物、不动产、无形资产、有价证券、票据等财产清偿债务

被撤销金融机构，是指经人民银行、银监会依法决定撤销的金融机构及其分设于各地的分支机构，包括被依法撤销的商业银行、信托投资公司、财务公司、金融租赁公司、城市信用社和农村信用社。除另有规定外，被撤销金融机构所属、附属企业，不享受被撤销金融机 构增值税免税政策。

3) 保险公司开办的一年期以上人身保险产品取得的保费收入

(1) 一年期以上人身保险，是指保险期间为一年期及以上返还本利的人寿保险、养老年金保险，保险期间为一年期及以上的健康保险和其他年金保险。

人寿保险，是指以人的寿命为保险标的的人身保险。

养老年金保险，是指以养老保障为目的，以被保险人生存为给付保险金条件，并按约定 的时间间隔分期给付生存保险金的人身保险。养老年金保险应当同时符合下列条件：

保险合同约定给付被保险人生存保险金的年龄不得小于国家规定的退休年龄。

相邻两次给付的时间间隔不得超过一年。健康保险，是指以因健康原因导致损失为给付保险金条件的人身保险。其他年金保险是指养老年金以外的年金保险。

自 2019 年 2 月 2 日起，保险公司开办一年期以上返还性人身保险产品，在保险监管部门出具备案回执或批复文件前依法取得的保费收入，免征增值税。

(2) 境内保险公司向境外保险公司提供的完全在境外消费的再保险服务，免征增值税。

(3) 试点纳税人提供再保险服务 (境内保险公司向境外保险公司提供的再保险服务除外)，实行与原保险服务一致的增值税政策。再保险合同对应多个原保险合同的，所有原保险合同均适用免征增值税政策时，该再保险合同适用免征增值税政策。否则，该再保险合同应按规定缴纳增值税。

原保险服务，是指保险分出方与投保人之间直接签订保险合同而建立保险关系的业务活动。

4) 下列金融商品转让收入

(1) 合格境外投资者 (QFII) 委托境内公司在我国从事证券买卖业务。自 2016 年 5 月 1 日起，人民币合格境外投资者 (RQFII) 委托境内公司在我国从事证券买卖业务，以及经人民银行认可的境外机构投资银行间本币市场取得的收入属于金融商品转让收入。银行间本币市场包括货币市场、债券市场以及衍生品市场。

(2) 香港市场投资者 (包括单位和个人) 通过沪港通买卖上海证券交易所上市 A 股。

(3) 对香港市场投资者 (包括单位和个人) 通过基金互认买卖内地基金份额。

(4) 证券投资基金 (封闭式证券投资基金，开放式证券投资基金) 管理人运用基金买卖股票、债券。

(5) 个人从事金融商品转让业务。

5) 金融同业往来利息收入

(1) 金融机构与人民银行所发生的资金往来业务。包括人民银行对一般金融机构贷款，以及人民银行对商业银行的再贴现等。

商业银行购买央行票据、与央行开展货币掉期和货币互存等业务属于金融机构与人民银行所发生的资金往来业务。

(2) 银行联行往来业务。同一银行系统内部不同行、处之间所发生的资金账务往来业务。

自 2016 年 5 月 1 日起，境内银行与其境外的总机构、母公司之间，以及境内银行与其境外的分支机构、全资子公司之间的资金往来业务属于银行联行往来业务。

(3) 金融机构间的资金往来业务。是指经人民银行批准，进入全国银行间同业拆借市场的金融机构之间通过全国统一的同业拆借网络进行的短期 (一年以下含一年) 无担保资金融通行为。

(4) 自 2016 年 5 月 1 日起，金融机构开展下列业务取得的利息收入，属于金融同业往来利息收入：

同业存款。同业存款，是指金融机构之间开展的同业资金存入与存出业务，其中资金存入方仅为具有吸收存款资格的金融机构。

同业借款。同业借款，是指法律法规赋予此项业务范围的金融机构开展的同业资金借出和借入业务。法律法规赋予此项业务范围的金融机构，主要是指农村信用社之间以及在金融机构营业执照列示的业务范围中有反映为向金融机构借款业务的金融机构。

同业代付。同业代付，是指商业银行 (受托方) 接受金融机构 (委托方) 的委托向企业客户付款，委托方在约定还款日偿还代付款项本息的资金融通行为。

买断式买入返售金融商品。买断式买入返售金融商品，是指金融商品持有人 (正回购方) 将债券等金融商品卖给债券购买方 (逆回购方) 的同时，交易双方约定在未来某一日期，正回购方再以约定价格从逆回购方买回相等数量同种债券等金融商品的交易行为。

持有金融债券。金融债券，是指依法在中华人民共和国境内设立的金融机构法人在全国银行间和交易所债券市场发行的、按约定还本付息的有价证券。

同业存单。同业存单，是指银行业存款类金融机构法人在全国银行间市场上发行的记账式定期存款凭证。

质押式买入返售金融商品。质押式买入返售金融商品，是指交易双方进行的以债券等金融商品为权利质押的一种短期资金融通业务。

持有政策性金融债券。政策性金融债券，是指开发性、政策性金融机构发行的债券。

6) 创新企业境内发行存托凭证试点阶段有关税收政策

为支持实施创新驱动发展战略，创新企业境内发行存托凭证 (以下简称创新企业 CDR) 试点阶段涉及的增值税政策如下：

对个人投资者转让创新企业 CDR 取得的差价收入，暂免征收增值税。

对单位投资者转让创新企业 CDR 取得的差价收入，按金融商品转让政策规定征免增值税。

自试点开始之日起，对公募证券投资基金 (封闭式证券投资基金、开放式证券投资基金) 管理人运营基金过程中转让创新企业 CDR 取得的差价收入，3 年内暂免征收增值税。

对合格境外机构投资者 (QFII)、人民币合格境外机构投资者 (RQFII) 委托境内公司转让创新企业 CDR 取得的差价收入，暂免征收增值税。

试点开始之日，是指首只创新企业 CDR 取得国务院证券监督管理机构的发行批文之日。

6. 进口货物

(1) 对中国经济图书进出口公司、中国出版对外贸易总公司为大专院校和科研单位免税进口的图书、报刊等资料，在其销售给上述院校和单位时，免征国内销售环节的增值税。

(2) 对中国教育图书进出口公司、北京中科进出口公司、中国国际图书贸易总公司销售给高等学校、科研单位和北京图书馆的进口图书、报刊资料免征增值税。

(3) 对中国科技资料进出口总公司为科研单位、大专院校进口的用于科研、教学的图书、文献、报刊及其他资料 (包括只读光盘、缩微平片、胶卷、地球资源卫星照片、科技和教学声像制品) 免征国内销售环节增值税。

(4) 对中国图书进出口总公司销售给国务院各部委、各直属机构及各省、自治区、直辖市 所属科研机构和大专院校的进口科研、教学书刊免征增值税

(5) 自 2018 年 5 月 1 日起，对进口抗癌药品，减按 3% 征收进口环节增值税；自 2019 年 3 月 1 日起，对进口罕见病药品，减按 3% 征收进口环节增值税。

7. 海南离岛免税

(1) 海南离岛旅客免税购物政策 (以下简称离岛免税政策) 自 2020 年 7 月 1 日起执行，离岛免税政策免税税种为关税、进口环节增值税和消费税。离岛免税政策是指对乘飞机、火车、轮船离岛 (不包括离境) 旅客实行限值、限量、限品种免进口税购物，在实施离岛免税政策的免税商店内或经批准的网上销售窗口付款，在机场、火车站、港口码头指定区域提货离岛的税收优惠政策。离岛旅客每年每人免税购物额度为 10 万元人民币,不限次数。

(2) 自 2020 年 11 月 1 日起,海南离岛免税店销售离岛免税商品，免征增值税和消费税。离岛免税店销售非离岛免税商品，按现行规定向主管税务机关申报缴纳增值税和消费税。离岛免税店兼营应征增值税、消费税项目的，应分别核算离岛免税商品和应税项目的销售额；未分别核算的，不得免税。

（三）临时减免税项目

下列项目免征或减征增值税。

1. 孵化服务

自 2019 年 1 月 1 日至 2021 年 12 月 31 日，国家级、省级科技企业孵化器、大学科技

园和国家备案众创空间对其向在孵对象提供孵化服务取得的收入，免征增值税。

孵化服务，是指为在孵对象提供的经纪代理经营租赁、研发和技术、信息技术、鉴证咨询服务。在孵对象，是指符合认定和管理办法规定的孵化企业、创业团队和个人。国家级、省级科技企业孵化器、大学科技园和国家备案众创空间应当单独核算孵化服务收入。

为推动创新创业高质量发展，打造"双创"升级版，引导我国科技企业孵化器向更高水平迈进，根据《科技企业孵化器管理办法》(国科发区〔2018〕300 号)，经地方省级科技主管部门评审推荐，科技部审核并公示，确定北大医疗产业园科技有限公司等 197 家单位为国家级科技企业孵化器。

2. 经营公租房

自 2019 年 1 月 1 日至 2023 年 12 月 31 日，对经营公租房所取得的租金收入，免征增值税。公租房经营管理单位应单独核算公租房租金收入，未单独核算的，不得享受免征增值税、房产税优惠政策。

享受税收优惠政策的公租房，是指纳入省、自治区、直辖市、计划单列市人民政府及新疆生产建设兵团批准的公租房发展规划和年度计划，或者市、县人民政府批准建设 (筹集)，并按照《关于加快发展公共租赁住房的指导意见》(建保〔2010〕87 号) 和市、县人民政府制定的具体管理办法进行管理的公租房。

3. 文化企业

(1) 自 2019 年 1 月 1 日至 2023 年 12 月 31 日，对电影主管部门 (包括中央、省、地市及县级) 按照各自职能权限批准从事电影制片、发行、放映的电影集团公司 (含成员企业)、电影制片厂及其他电影企业取得的销售电影拷贝 (含数字拷贝) 收入、转让电影版权 (包括转让和许可使用) 收入、电影发行收入以及在农村取得的电影放映收入，免征增值税。

(2) 自 2019 年 1 月 1 日至 2023 年 12 月 31 日，对广播电视运营服务企业收取的有线数字电视基本收视维护费和农村有线电视基本收视费，免征增值税。

(3) 自 2019 年 1 月 1 日至 2023 年 12 月 31 日，党报、党刊将其发行、印刷业务及相应的经营性资产剥离组建的文化企业，自注册之日起所取得的党报、党刊发行收入和印刷收入免征增值税。

4. 社区家庭服务业

自 2019 年 6 月 1 日至 2025 年 12 月 31 日，下列收入免征增值税：

(1) 提供社区养老、托育、家政服务取得的收入，免征增值税。社区，是指聚居在一定地域范围内的人们所组成的社会生活共同体，包括城市社区和农村社区。

为社区提供养老服务的机构。是指在社区依托固定场所设施，采取全托、日托、上门等方式，为社区居民提供养老服务的企业、事业单位和社会组织。社区养老服务是指为老年人提供的生活照料、康复护理、助餐助行紧急救援、精神慰藉等服务。

为社区提供托育服务的机构，是指在社区依托固定场所设施，采取全日托、半日托、计时托、临时托等方式，为社区居民提供托育服务的企业、事业单位和社会组织。社区托育服务是指为3周岁(含)以下婴幼儿提供的照料、看护、膳食、保育等服务。

为社区提供家政服务的机构，是指以家庭为服务对象，为社区居民提供家政服务的企业、事业单位和社会组织。社区家政服务是指进入家庭成员住所或医疗机构为孕产妇、婴幼儿、老人、病人、残疾人提供的照护服务，以及进入家庭成员住所提供的保洁、烹饪等服务。

(2) 符合下列条件的家政服务企业提供家政服务取得的收入，免征增值税。与家政服务员、接受家政服务的客户就提供家政服务行为签订三方协议；向家政服务员发放劳动报酬，并对家政服务员进行培训管理；通过建立业务管理系统对家政服务员进行登记管理。

5. 边销茶

自2021年1月1日至2023年12月31日，对边销茶生产企业销售自产的边销茶及经销企业销售的边销茶免征增值税。

边销茶，是指以黑毛茶、老青茶、红茶末、绿茶为主要原料，经过发酵、蒸制、加压或者压碎、炒制，专门销往边疆少数民族地区的紧压茶、方包茶(马茶)。

6. 抗病毒药品

自2019年1月1日至2023年12月31日，继续对国产抗艾滋病病毒药品免征生产环节和流通环节增值税。

享受上述免征增值税政策的国产抗艾滋病病毒药品，须为各省(自治区、直辖市)艾滋病药品管理部门按照政府采购有关规定采购的，并向艾滋病病毒感染者和病人免费提供的抗艾滋病病毒药品。药品生产企业和流通企业应将药品供货合同留存，以备税务机关查验。

抗艾滋病病毒药品的生产企业和流通企业应分别核算免税药品和其他货物的销售额；未分别核算的，不得享受增值税免税政策。

之前已征收入库的按上述规定应予免征的增值税税款，可抵减纳税人以后月份应缴纳的增值税税款或者办理税款退库。已向购买方开具增值税专用发票的，应将专用发票追回后方可办理免税。无法追回专用发票的，不予免税。

自2021年1月1日至2030年12月31日，对卫生健康委委托进口的抗艾滋病病毒药物，免征进口关税和进口环节增值税。

7. 农村饮水安全工程

自2019年1月1日至2023年12月31日，对饮水工程运营管理单位向农村居民提供生活用水取得的自来水销售收入，免征增值税。

饮水工程，是指为农村居民提供生活用水而建设的供水工程设施。饮水工程运营管理单位，是指负责饮水工程运营管理的自来水公司、供水公司、供水(总)站(厂、中心)、村集体、农民用水合作组织等单位。

对于既向城镇居民供水，又向农村居民供水的饮水工程运营管理单位，依据向农村居民供水收入占总供水收入的比例免征增值税；依据向农村居民供水量占总供水量的比例免征契税、印花税、房产税和城镇土地使用税。无法提供具体比例或所提供数据不实的，不得享受上述税收优惠政策。

符合上述条件的饮水工程运营管理单位自行申报享受减免税优惠，相关材料留存备查。

8. 科普单位的科普活动

自 2018 年 1 月 1 日至 2023 年 12 月 31 日，对科普单位的门票收入，以及县级及以上党政部门和科协开展科普活动的门票收入免征增值税。

科普单位，是指科技馆、自然博物馆、对公众开放的天文馆 (站、台)、气象台 (站)、地震台 (站)，以及高等院校、科研机构对公众开放的科普基地。

科普活动，是指利用各种传媒以浅显的、让公众易于理解、接受和参与的方式，向普通大众介绍自然科学和社会科学知识，推广科学技术的应用，倡导科学方法，传播科学思想，弘扬科学精神的活动。

有关科普基地、科普活动等的具体认定工作，请参照《科普税收优惠政策实施办法》(国科发政字〔2003〕416 号) 施行。

9. 金融机构发放小额贷款

(1) 自 2017 年 12 月 1 日至 2023 年 12 月 31 日，对金融机构向农户、小型企业、微型企业及个体工商户发放小额贷款取得的利息收入，免征增值税。金融机构应将相关免税证明材料留存备查，单独核算符合免税条件的小额贷款利息收入，按现行规定向主管税务机构办理纳税申报；未单独核算的，不得免征增值税。

农户，是指长期 (一年以上) 居住在乡镇 (不包括城关镇) 行政管理区域内的住户，还包括长期居住在城关镇所辖建制村范围内的住户和户口不在本地而在本地居住一年以上的住户，国有农场的职工和农村个体工商户。位于乡镇 (不包括城关镇) 行政管理区域内和在城关镇所辖建制村范围内的国有经济的机关、团体、学校、企事业单位的集体户；有本地户口，但举家外出谋生一年以上的住户，无论是否保留承包耕地均不属于农户。农户以户为统计单位，既可以从事农业生产经营，也可以从事非农业生产经营。农户贷款的判定应以贷款发放时的承贷主体是否属于农户为准。

小型企业、微型企业，是指符合《中小企业划型标准规定》(工信部联企业〔2011〕300 号) 的小型企业和微型企业。其中，资产总额和从业人员指标均以贷款发放时的实际状态确定，营业收入指标以贷款发放前 12 个自然月的累计数确定，不满 12 个自然月的，按照以下公式计算。

$$营业收入(年) = \frac{企业实际存续期间营业收入}{企业实际存续月数} \times 12$$

小额贷款，是指单户授信小于 100 万元 (含本数) 的农户、小型企业、微型企业或个体工商户贷款；没有授信额度的，是指单户贷款合同金额且贷款余额在 100 万元 (含本数) 以下的贷款。

(2) 根据《财政部 税务总局关于金融机构小微企业贷款利息收入免征增值税政策的通知》(财税〔2018〕91 号) 等文件规定，自 2018 年 9 月 1 日至 2023 年 12 月 31 日，为进一步加大对小微企业的支持力度，推动缓解融资难、融资贵问题，税收优惠政策如下：

对金融机构向小型企业、微型企业和个体工商户发放小额贷款取得的利息收入，免征增值税。

金融机构可以选择以下两种方法之一适用免税：① 对金融机构向小型企业、微型企业和个体工商户发放的，利率水平不高于人民银行同期贷款基准利率 (自 2019 年 8 月 20 日起修改为 "中国人民银行授权全国银行间同业拆借中心公布的贷款市场报价利率"，下同)150%(含本数) 的单笔小额贷款取得的利息收入，免征增值税；高于人民银行同期贷款基准利率 150% 的单笔小额贷款取得的利息收入，按照现行政策规定缴纳增值税。② 对金融机构向小型企业、微型企业和个体工商户发放单笔小额贷款取得的利息收入中，不高于该笔贷款按照人民银行同期贷款基准利率 150%(含本数) 计算的利息收入部分，免征增值税；超过部分按照现行政策规定缴纳增值税。

金融机构可按会计年度在以上两种方法之间选定其一作为该年的免税适用方法，一经选定，该会计年度内不得变更。

金融机构，是指经人民银行、银保监会批准成立的已通过监管部门上一年度 "两增两控" 考核的机构，以及经人民银行、银保监会、证监会批准成立的开发银行及政策性银行、外资银行和非银行业金融机构。"两增两控"，是指单户授信总额 1000 万元以下 (含) 小微企业贷款同比增速不低于各项贷款同比增速，有贷款余额的户数不低于上年同期水平，合理控制小微企业贷款资产质量水平和贷款综合成本 (包括利率和贷款相关的银行服务收费) 水平。金融机构完成 "两增两控" 情况，以银保监会及其派出机构考核结果为准。

小额贷款，是指单户授信小于 1000 万元 (含本数) 的小型企业、微型企业或个体工商户贷款；没有授信额度的，是指单户贷款合同金额且贷款余额在 1000 万元 (含本数) 以下的贷款。对小型企业、微型企业的界定同上述第 1 项规定。

金融机构应将相关免税证明材料留存备查，单独核算符合免税条件的小额贷款利息收入，按现行规定向主管税务机构办理纳税申报；未单独核算的，不得免征增值税。

金融机构应依法依规享受增值税优惠政策，一经发现存在虚报或造假骗取本项税收优惠情形的，停止享受本项有关增值税优惠政策。

金融机构应持续跟踪贷款投向，确保贷款资金真正流向小型企业、微型企业和个体工商户，贷款的实际使用主体与申请主体一致。

(3) 自 2018 年 1 月 1 日至 2023 年 12 月 31 日，纳税人为农户、小型企业、微型企业及个体工商户借款、发行债券提供融资担保取得的担保费收入，以及为上述融资担保 (以下称原担保) 提供再担保取得的再担保费收入，免征增值税。再担保合同对应多个原担保合同的，原担保合同应全部适用免征增值税政策。否则，再担保合同应按规定缴纳增值税。

(4) 自 2019 年 8 月 20 日起，金融机构向小型企业、微型企业和个体工商户发放 1 年期以上 (不含 1 年) 至 5 年期以下 (不含 5 年) 小额贷款取得的利息收入，可选择中国人民银行授权全国银行间同业拆借中心公布的 1 年期贷款市场报价利率或 5 年期以上贷款市场报价利率，适用《财政部税务总局关于金融机构小微企业贷款利息收入免征增值税政策的通知》(财税〔2018〕91 号) 规定的免征增值税政策。

(5) 自 2017 年 1 月 1 日至 2023 年 12 月 31 日，对经省级金融管理部门 (金融办、局等) 批准成立的小额贷款公司取得的农户小额贷款利息收入，免征增值税。对农户的界定同上述第 1 项规定。

小额贷款，是指单笔且该农户贷款余额总额在 10 万元 (含本数) 以下的贷款。

10. 境外机构投资境内债券市场

自 2018 年 11 月 7 日至 2021 年 11 月 6 日，对境外机构投资境内债券市场取得的债券利息收入暂免征收增值税。

11. 货物期货交割

自 2018 年 11 月 30 日至 2023 年 11 月 29 日，对经国务院批准对外开放的货物期货品种保税交割业务，暂免征收增值税。

期货交易中实际交割的货物，如果发生进口或者出口的，统一按照现行货物进出口税收政策执行。非保税货物发生的期货实物交割仍按《国家税务总局关于下发 < 货物期货征收增值税具体办法) 的通知》(国税发〔1994〕244 号) 的规定执行。

12. 扶贫货物捐赠

(1) 自 2019 年 1 月 1 日至 2022 年 12 月 31 日，对单位或者个体工商户将自产、委托加工或购买的货物通过公益性社会组织、县级及以上人民政府及其组成部门和直属机构，或直接无偿捐赠给目标脱贫地区的单位和个人，免征增值税。在政策执行期限内，目标脱贫地区实现脱贫的，可继续适用免征增值税政策。

"目标脱贫地区"包括 832 个国家扶贫开发工作重点县、集中连片特困地区县 (新疆阿克苏地区 6 县 1 市享受片区政策) 和建档立卡贫困村。

(2) 在 2015 年 1 月 1 日至 2018 年 12 月 31 日期间已发生的符合上述条件的扶贫货物捐赠，可追溯执行上述增值税政策。

(3) 之前已征收入库的按上述规定应予免征的增值税税款，可抵减纳税人以后月份应缴纳的增值税税款或者办理税款退库。已向购买方开具增值税专用发票的，应将专用发票追回后方可办理免税。无法追回专用发票的，不予免税。

13. 北京 2022 年冬奥会和冬残奥会

(1) 根据财政部、税务总局、海关总署发布的《关于北京 2022 年冬奥会和冬残奥会税收政策的通知》(财税〔2017〕60 号)，自 2017 年 7 月 12 日起，有关增值税优惠政策如下：

① 对北京 2022 年冬奥会和冬残奥会组织委员会 (以下简称北京冬奥组委) 实行以下税收政策：

a. 对北京冬奥组委取得的电视转播权销售分成收入、国际奥委会全球合作伙伴计划分成收入 (实物和资金)，免征应缴纳的增值税。

b. 对北京冬奥组委市场开发计划取得的国内外赞助收入、转让无形资产 (如标志) 特许权收入和销售门票收入，免征应缴纳的增值税。

c. 对北京冬奥组委取得的与中国集邮总公司合作发行纪念邮票收入、与中国人民银行合作发行纪念币收入，免征应缴纳的增值税。

d. 对北京冬奥组委取得的来源于广播、互联网、电视等媒体收入，免征应缴纳的增值税。

e. 对外国政府和国际组织无偿捐赠用于北京 2022 年冬奥会的进口物资，免征进口关税和进口环节增值税。

f. 对以一般贸易方式进口，用于北京 2022 年冬奥会的体育场馆建设所需设备中与体育场馆设施固定不可分离的设备以及直接用于北京 2022 年冬奥会比赛用的消耗品，免征关税和进口环节增值税。

g. 对北京冬奥组委再销售所获捐赠物品和赛后出让资产取得收入，免征应缴纳的增值税、消费税和土地增值税。免征北京冬奥组委向分支机构划拨所获赞助物资应缴纳的增值税，北京冬奥组委向主管税务机关提供分支机构范围的证明文件，办理减免税备案。

h. 对国际奥委会、国际单项体育组织和其他社会团体等从国外邮寄进口且不流入国内市场的、与北京 2022 年冬奥会有关的文件、书籍、音像、光盘，在合理数量范围内免征关税和进口环节增值税。对奥运会场馆建设所需进口的模型、图纸、图板、电子文件光盘、设计说明及缩印本等规划设计方案，免征关税和进口环节增值税。

i. 对北京冬奥组委取得的餐饮服务、住宿、租赁、介绍服务和收费卡收入，免征应缴纳的增值税。

② 对国际奥委会、中国奥委会、国际残疾人奥林匹克委员会、中国残奥委员会、北京冬奥会测试赛赛事组委会实行以下税收政策：

a. 对国际奥委会取得的与北京 2022 年冬奥会有关的收入免征增值税、消费税、企业所得税。

b. 对国际奥委会取得的国际性广播电视组织转来的中国境内电视台购买北京 2022 年冬奥会转播权款项，免征应缴纳的增值税。

c. 对按中国奥委会、主办城市签订的《联合市场开发计划协议》和中国奥委会、主办城市国际奥委会签订的《主办城市合同》规定，中国奥委会取得的由北京冬奥组委分期支付的收入、按比例支付的盈余分成收入免征增值税、消费税和企业所得税。

d. 对国际残奥委会取得的与北京 2022 年冬残奥会有关的收入免征增值税、消费税、企业所得税和印花税。

e. 对中国残奥委会根据《联合市场开发计划协议》取得的由北京冬奥组委分期支付的收入免征增值税、消费税、企业所得税和印花税。

f. 北京冬奥会测试赛赛事组委会取得的收入及发生的涉税支出比照执行北京冬奥组委的税收政策。

③ 对北京 2022 年冬奥会、冬残奥会、测试赛参与者实行以下税收政策：

a. 企业根据赞助协议向北京冬奥组委免费提供的与北京 2022 年冬奥会、冬残奥会、测试赛有关的服务，免征增值税。

b. 对受北京冬奥组委邀请的，在北京 2022 年冬奥会、冬残奥会、测试赛期间临时来华，从事奥运相关工作的外籍顾问以及裁判员等外籍技术官员取得的由北京冬奥组委、测试赛赛事组委会支付的劳务报酬免征增值税和个人所得税。

c. 对在北京 2022 年冬奥会、冬残奥会、测试赛期间裁判员等中方技术官员取得的由北京冬奥组委、测试赛赛事组委会支付的劳务报酬，免征应缴纳的增值税。

d. 免征北京 2022 年冬奥会、冬残奥会、测试赛参与者向北京冬奥组委无偿提供服务和无偿转让无形资产的增值税。

(2) 根据财政部、税务总局、海关总署发布的《关于北京 2020 年冬奥会和冬残奥会税收优惠政策的公告》(财政部公告 2019 年第 92 号)，为支持筹办北京 2022 年冬奥会和冬残奥会及其测试赛 (以下简称北京冬奥会)，有关增值税优惠政策如下：

① 自 2019 年 11 月 11 日起，对奥林匹克转播服务公司、奥林匹克频道服务公司、国际奥委会电视与市场开发服务公司、奥林匹克文化与遗产基金、官方计时公司取得的与北京冬奥会有关的收入，免征增值税。

② 自 2019 年 11 月 11 日起，对国际赞助计划、全球供应计划、全球特许计划的赞助商、供应商、特许商及其分包商根据协议向北京 2022 年冬奥会和冬残奥会组织委员会 (以下简称北京冬奥组委) 提供指定货物或服务，免征增值税、消费税。

③ 自 2019 年 11 月 11 日起国际奥委会及其相关实体的境内机构因赞助、捐赠北京冬奥会以及根据协议出售的货物或服务免征增值税的，对应的进项税额可用于抵扣本企业其他应税项目所对应的销项税额，对在 2022 年 12 月 31 日仍无法抵扣的留抵税额可予以退还。

④ 国际奥委会及其相关实体在 2019 年 6 月 1 日至 2022 年 12 月 31 日期间，因从事与北京冬奥会相关的工作而在中国境内发生的指定清单内的货物或服务采购支出，对应的增值税进项税额可由国际奥委会及其相关实体凭发票及北京冬奥组委开具的证明文件，按照发票上注明的税额，向国家税务总局指定的部门申请退还，具体退税流程由国家税务总局制定。

⑤ 自 2019 年 11 月 11 日起，国际奥委会及其相关实体或其境内机构按暂时进口货物方式进口的奥运物资，未在规定时间内复运出境的，须补缴进口关税和进口环节海关代征税 (进口汽车以不低于新车 90% 的价格估价征税)，但以下情形除外：直接用于北京冬奥会，包括但不限于奥运会转播、报道和展览，且在赛事期间消耗完毕的消耗品，并能提供北京冬奥组委证明文件的；货物发生损毁不能复运出境，且能提交北京冬奥组委证明文件的；无偿捐赠给县级及以上人民政府或政府机构、冬奥会场馆法人实体、特定体育组织和公益组织等机构 (受赠机构名单由北京冬奥组委负责确定)，且能提交北京冬奥组委证明文件的。

⑥ 对国际奥委会及其相关实体的外籍雇员、官员、教练员、训练员以及其他代表在 2019 年 6 月 1 日至 2022 年 12 月 31 日期间临时来华，从事与北京冬奥会相关的工作，取得由北京冬奥组委支付或认定的收入，免征增值税和个人所得税。该类人员的身份及收入由北京冬奥组委出具证明文件，北京冬奥组委定期将该类人员名单及免税收入相关信息报送税务部门。

⑦ 国际奥委会及其相关实体采购货物或服务的指定清单包括：餐饮服务、住宿服务；广告服务；电力；通信服务；不动产经营租赁服务；办公室建造、装修、修缮服务；办公室设备及相关修理修配劳务、有形动产经营租赁服务；奥林匹克转播服务公司和特权转播商购买或接受的与转播活动相关的货物和服务，包括五项：赛事转播设施建设、装卸所需的货物和服务；转播设备 (包括摄像机、线缆和转播车辆等)；用于转播、通信设备和车辆的租赁服务和相关修理修配劳务；与转播有关的咨询、运输和安保服务；其他涉及赛事转播的相关货物和服务。

14. 杭州 2022 年亚运会和亚残运会

根据财政部、税务总局、海关总署发布的《关于杭州 2022 年亚运会和亚残运会税收政策的公告》(财政部公告 2020 年第 18 号),为支持筹办杭州 2022 年亚运会和亚残运会及其测试赛(以下统称杭州亚运会)自 2020 年 4 月 9 日起,实施以下税收政策:

(1) 对杭州亚运会组委会(以下简称组委会)取得的电视转播权销售分成收入赞助计划分成收入(货物和资金),免征增值税。

(2) 对组委会市场开发计划取得的国内外赞助收入、转让无形资产(如标志)特许权收入、宣传推广费收入销售门票收入及所发收费卡收入,免征增值税。

(3) 对组委会取得的与中国集邮总公司合作发行纪念邮票收入、与中国人民银行合作发行纪念币收入,免征增值税。

(4) 对组委会取得的来源于广播、因特网、电视等媒体收入,免征增值税。

(5) 对组委会按亚洲奥林匹克理事会、亚洲残疾人奥林匹克委员会(以下统称亚奥委会)核定价格收取的运动员食宿费及提供有关服务取得的收入,免征增值税。

(6) 对组委会赛后出让资产取得的收入,免征增值税和土地增值税。

(7) 对企业根据赞助协议向组委会免费提供的与杭州亚运会有关的服务,免征增值税。免税清单由组委会报财政部、国家税务总局确定。

(8) 对组委会为举办运动会进口的亚奥委会或国际单项体育组织指定的,国内不能生产或性能不能满足需要的直接用于运动会比赛的消耗品,免征关税、进口环节增值税和消费税。享受免税政策的进口比赛用消耗品的范围、数量清单,由组委会汇总后报财政部会同国家税务总局、海关总署审核确定。

15. 新型冠状病毒感染的肺炎疫情防控

(1) 为进一步做好新型冠状病毒感染的肺炎疫情防控工作,支持相关企业发展,自 2020 年 1 月 4 日至 2021 年 3 月 1 日实施下列政策:

① 疫情防控重点保障物资生产企业可以按月向主管税务机关申请全额退还增值税增量留抵税额。增量留抵税额,是指与 2019 年 12 月底相比新增加的期末留抵税额。

② 对纳税人运输疫情防控重点保障物资取得的收入,免征增值税。

③ 对纳税人提供公共交通运输服务、生活服务,以及为居民提供必需生活物资快递收派服务取得的收入,免征增值税。

公共交通运输服务、生活服务、快递收派服务的具体范围,按照《关于全面推开营业税改征增值税试点的通知》(财税〔2016〕36 号)的附件《营业税改征增值税试点有关事项的规定》和《销售服务、无形资产、不动产注释》执行。

④ 单位和个体工商户将自产、委托加工或购买的货物,通过公益性社会组织和县级以上人民政府及其部门等国家机关,或者直接向承担疫情防治任务的医院,无偿捐赠用于应对新型冠状病毒感染的肺炎疫情的,免征增值税、消费税城市维护建设税、教育费附加、地方教育附加。

(2) 境外捐赠人无偿向受赠人捐赠的用于防控新型冠状病毒感染的肺炎疫情进口物资可免征进口税收。为进一步支持疫情防控工作,自 2020 年 1 月 1 日至 3 月 31 日,适度扩大《慈善捐赠物资免征进口税收暂行办法》(财政部 海关总署 国家税务总局公告 2015 年第 102 号)规定的免税进口范围，对捐赠用于疫情防控的进口物资，免征进口关税和进口环节增值税、消费税。

① 进口物资增加试剂消毒物品，防护用品，救护车、防疫车、消毒用车、应急指挥车。

② 免税范围增加国内有关政府部门、企事业单位、社会团体、个人以及来华或在华的外国公民从境外或海关特殊监管区域进口并直接捐赠；境内加工贸易企业捐赠。捐赠物资应直接用于防控疫情且符合第 (1) 项规定或《慈善捐赠物资免征进口税收暂行办法》规定。

③ 受赠人增加省级民政部门或其指定的单位。省级民政部门将指定的单位名单函告所在地直属海关及省级税务部门。

④ 无明确受赠人的捐赠进口物资，由中国红十字会总会、中华全国妇女联合会、中国残疾人联合会、中华慈善总会、中国初级卫生保健基金会、中国宋庆龄基金会或中国癌症基金会作为受赠人接收。

$$销售额 = \frac{含税销售额}{1+1\%}$$

16. 二手车经销企业销售旧车

自 2020 年 5 月 1 日至 2023 年 12 月 31 日，从事二手车经销的纳税人销售其收购的二手车，由原按照简易办法依 3% 征收率减按 2% 征收增值税，改为减按 0.5% 征收增值税。

17. 中国 (上海) 自由贸易试验区

自 2021 年 1 月 1 日至 2024 年 12 月 31 日，对注册在洋山特殊综合保税区内的企业，在洋山特殊综合保税区内提供交通运输服务、装卸搬运服务和仓储服务取得的收入，免征增值税。

18. 粤港澳大湾区建设

自 2020 年 10 月 1 日至 2023 年 12 月 31 日，对注册在广州市的保险企业向注册在南沙自贸片区的企业提供国际航运保险业务取得的收入，免征增值税。

(四) 增值税即征即退

纳税人享受增值税即征即退政策，需要符合纳税信用级别条件的，以纳税人申请退税税款所属期的纳税信用级别确定。申请退税税款所属期内纳税信用级别发生变化的，以变化后的纳税信用级别确定。

1. 资源综合利用产品和劳务

为进一步推动资源综合利用和节能减排，规范和优化增值税政策，自 2015 年 7 月 1 日起，国家对资源综合利用产品和劳务增值税优惠政策进行了整合和调整。

(1) 税收优惠的内容。

纳税人销售自产的资源综合利用产品和提供资源综合利用劳务 (以下简称销售综合利

用产品和劳务)，可享受增值税即征即退政策。

具体综合利用的资源名称、综合利用产品和劳务名称、技术标准和相关条件、退税比例等按照《资源综合利用产品和劳务增值税优惠目录》(财税〔2015〕78 号附件，以下简称《目录》) 的相关规定执行。

自 2019 年 9 月 1 日起，纳税人销售自产磷石膏资源综合利用产品，可享受增值税即征即退政策，退税比例为 70%。

(2) 享受资源综合利用产品和劳务增值税优惠的条件。

纳税人从事资源综合利用项目，其申请享受增值税即征即退政策时，应同时符合下列条件：

① 属于增值税一般纳税人。

② 销售综合利用产品和劳务，不属于国家发展改革委《产业结构调整指导目录》中的淘汰类、限制类项目。

③ 销售综合利用产品和劳务，不属于原环境保护部《环境保护综合名录》中的"高污染、高环境风险"产品或者重污染工艺。

④ 综合利用的资源，属于原环境保护部《国家危险废物名录》列明的危险废物的，应当取得省级及以上环境保护部门颁发的《危险废物经营许可证》，且许可经营范围包括该危险废物的利用。

⑤ 纳税信用等级不属于税务机关评定的 C 级或 D 级。

纳税人在办理退税事宜时，应向主管税务机关提供其符合上述条件以及《目录》规定的技术标准和相关条件的书面声明材料，未提供书面声明材料或者出具虚假材料的，税务机关不得给予退税。《目录》如表 4-5 所示。

表4-5　资源综合利用产品和劳务增值税优惠目录(节选)

类别	序号	综合利用的资源名称	综合利用产品和劳务名称	技术标准和相关条件	退税比例/%
一、共、伴生矿产资源	1.1	油母页岩	页岩油	产品原料 95% 以上来自所列资源	70
	1.2	煤炭开采过程中产生的煤层气 (煤矿瓦斯)	电力	产品燃料 95% 以上来自所列资源	100
二、废渣、废水 (液)、废气	2.1	废渣	砖瓦 (不含烧结普通砖)、砌块、陶粒、墙板、管材 (管桩)、混凝土、砂浆、道路井盖、道路护栏、防火材料、耐火材料 (镁铬砖除外)、保温材料、矿 (岩) 棉、微晶玻璃、U型玻璃	产品原料 70% 以上来自所列资源	70
	2.2	废渣	水泥、水泥熟料	1. 42.5 及以上等级水泥的原料 20% 以上来自所列资源，其他水泥、水泥熟料的原料 40% 以上来自所列资源；2. 纳税人符合《水泥工业大气污染物排放标准 (GB 49I5— 2013) 规定的技术要求	70

续表

类别	序号	综合利用的资源名称	综合利用产品和劳务名称	技术标准和相关条件	退税比例/%
三、再生资源	3.1	废旧电池及其拆解物	金属及镍钴锰氢氧化物、镍钴锰酸锂、氯化钴	1. 产品原料中 95% 以上利用所列资源； 2. 镍钴锰氢氧化物符合《镍、钴、锰三元素复合氢氧化物》(GB/T 26300—2010) 规定的技术要求	30
	3.2	废显（定）影液、废胶片、废相纸、废感光剂等废感光材料	银	1. 产品原料 95% 以上来自所列资源； 2. 纳税人必须通过 ISO 9000、ISO 14000 认证	30
四、农林剩余物及其他	4.1	餐厨垃圾、畜禽粪便、稻壳、花生壳、玉米芯、油茶壳、棉籽壳、三剩物、次小薪材、农作物秸秆、蔗渣，以及利用上述资源发酵产生的沼气	生物质压块、沼气等燃料，电力、热力	1. 产品原料或者燃料 80% 以上来自所列资源； 2. 纳税人符合《锅炉大气污染物排放标准》(GB 13271—2014)、《火电厂大气污染物排放标准》(GB 13223—2011) 或《生活垃圾焚烧污染控制标准》(GB 18485—2001) 规定的技术要求	100
	4.2	三剩物、次小薪材、农作物秸秆、沙柳	纤维板、刨花板，细木工板、生物炭、活性炭、栲胶、水解酒精、纤维素、木质素、木糖、阿拉伯糖、糠醛、箱板纸	产品原料 95% 以上来自所列资源	70
五、资源综合利用劳务	5.1	垃圾处理、污泥处理处置劳务			70
	5.2	污水处理劳务		污水经加工处理后符合《城镇污水处理厂污染物排放标准》(GB 18918—2002) 规定的技术要求或达到相应的国家或地方水污染物排放标准中的直接排放限值	70

(3) 综合利用的资源比例计算方式。

① 综合利用的资源占生产原料或者燃料的比重，以重量比例计算。其中，水泥、水泥熟料原料中掺兑废渣的比重，按以下方法计算：

a. 对经生料烧制和熟料研磨阶段生产的水泥，其掺兑废渣比例计算公式为

掺兑废渣比例 =（生料烧制阶段掺兑废渣数量 + 熟料研磨阶段掺兑废渣数量）÷
（除废渣以外的生料法数量 + 生料烧制和熟料研磨阶段掺兑废渣数量 +
其他材料数量）× 100%

b. 对外购水泥熟料采用研磨工艺生产的水泥，其掺兑废渣比例计算公式为

掺兑废渣比例 = 熟料研磨阶段掺兑废渣数量 ÷（熟料数量 +
熟料研磨阶段掺兑废渣数量 + 其他材料数量）× 100%

c. 对生料烧制的水泥熟料，其掺兑废渣比例计算公式为

掺兑废渣比例 = 生料烧制阶段掺兑废渣数量 ÷（除废渣以外的生料数量 +
生料烧制阶段掺兑废渣数量 + 其他材料数量）× 100%

② 综合利用的资源为余热、余压的，按其占生产电力、热力消耗的能源比例计算。

(4) 已享受增值税即征即退政策的纳税人，自不符合规定的技术标准和相关条件的次月起，不再享受增值税即征即退政策。已享受增值税即征即退政策的纳税人，因违反税收、环境保护的法律法规受到处罚（警告或单次 1 万元以下罚款除外）的，自处罚决定下达的次月起 36 个月内，不得享受增值税即征即退政策。

(5) 纳税人应当单独核算适用增值税即征即退政策的综合利用产品和劳务的销售额和应纳税额。未单独核算的，不得享受增值税即征即退政策。

2. 修理修配劳务

对飞机维修劳务增值税实际税负超过 6% 的部分即征即退。

3. 软件产品

软件产品执行以下增值税政策：

(1) 增值税一般纳税人销售其自行开发生产的软件产品，按 13% 的税率征收增值税后，对其增值税实际税负超过 3% 的部分实行即征即退政策。软件产品，是指信息处理程序及相关文档和数据，包括计算机软件产品、信息系统和嵌入式软件产品。

(2) 增值税一般纳税人将进口软件产品进行本地化改造后对外销售，其销售的软件产品可享受第 1 项软件产品增值税即征即退政策。

本地化改造，是指对进口软件产品进行重新设计、改进、转换等，单纯对进口软件产品进行汉字化处理不包括在内。

(3) 满足下列条件的软件产品，经主管税务机关审核批准，可以享受增值税即征即退政策：取得软件产业主管部门颁发的《软件产品登记证书》或著作权行政管理部门颁发的《计算机软件著作权登记证书》。

(4) 软件产品增值税即征即退税额的计算：

① 软件产品（含嵌入式软件产品）增值税即征即退税额的计算方法：

即征即退税额 = 当期软件产品增值税应纳税额 − 当期软件产品销售额 × 3%

当期软件产品增值税应纳税额 = 当期软件产品销项税额 − 当期软件产品可抵扣进项税额

当期软件产品销项税额 = 当期软件产品销售额 × 适用税率

② 当期嵌入式软件产品销售额的计算公式：

当期嵌入式软件销售额 = 当期嵌入式软件产品与计算机硬件、机器设备销售额合计 − 当期计算机硬件、机器销售额

计算机硬件、机器设备销售额按照下列顺序确定：

a. 按纳税人最近同期同类货物的平均销售价格计算确定；

b. 按其他纳税人最近同期同类货物的平均销售价格计算确定；

c. 按计算机硬件、机器设备组成计税价格计算确定。

计算机硬件、机器设备组成计税价格 = 计算机硬件、机器设备成本 × (1 + 10%)

按照上述办法计算，即征即退税额大于零时，税务机关应按规定及时办理退税手续。

增值税一般纳税人在销售软件产品的同时销售其他货物或者应税劳务的，对于无法划分的进项税额，应按照实际成本或销售收入比例确定软件产品应分摊的进项税额；对专用于软件产品开发生产设备及工具的进项税额，不得进行分摊。纳税人应将选定的分摊方式报主管税务机关备案，并自备案之日起一年内不得变更。

专用于软件产品开发生产的设备及工具，包括但不限于用于软件设计的计算机设备、读写打印器具设备、工具软件、软件平台和测试设备。

对增值税一般纳税人随同计算机硬件、机器设备一并销售的嵌入式软件产品，如果适用上述规定按照组成计税价格计算确定计算机硬件、机器设备销售额，应分别核算嵌入式软件产品与计算机硬件、机器设备部分的成本。未分别核算或者核算不清的，不得享受即征即退政策。

4. 动漫产业

自 2018 年 1 月 1 日至 2023 年 12 月 31 日，对动漫企业增值税一般纳税人销售其自主开发生产的动漫软件，按照适用税率征收增值税后，对其增值税实际税负超过 3% 的部分，实行即征即退政策。动漫软件出口免征增值税。

动漫软件，按照《财政部 国家税务总局关于软件产品增值税政策的通知》(财税〔2011〕100 号) 中软件产品相关规定执行。

动漫企业和自主开发、生产动漫产品的认定标准和认定程序，按照《文化部 财政部 国家税务总局关于印发〈动漫企业认定管理办法 (试行)〉的通知》(文市发〔2008〕51 号) 的规定执行。

5. 安置残疾人

(1) 对安置残疾人的单位和个体工商户，由税务机关按纳税人安置残疾人的人数，限额即征即退增值税。

安置的每位残疾人每月可退还的增值税具体限额，由县级以上税务机关根据纳税人所在区县 (含县级市、旗，下同) 适用的经省 (含自治区、直辖市、计划单列市) 人民政府批准的月最低工资标准的 4 倍确定。

① 享受税收优惠政策的条件：

a. 纳税人 (除盲人按摩机构外) 月安置的残疾人占在职职工人数的比例不低于 25%(含 25%)，并且安置的残疾人人数不少于 10 人 (含 10 人)。

盲人按摩机构月安置的残疾人占在职职工人数的比例不低于 25%(含 25%)，并且安置的残疾人人数不少于 5 人 (含 5 人)。

b. 依法与安置的每位残疾人签订了 1 年以上 (含 1 年) 的劳动合同或服务协议。

c. 为安置的每位残疾人按月足额缴纳了基本养老保险、基本医疗保险、失业保险、工伤保险和生育保险等社会保险。

d. 通过银行等金融机构向安置的每位残疾人，按月支付了不低于纳税人所在区县适用的经省人民政府批准的月最低工资标准的工资。

② 有关定义。

残疾人，是指法定劳动年龄内，持有《中华人民共和国残疾人证》或者《中华人民共

和国残疾军人证 (1 至 8 级)》的自然人，包括具有劳动条件和劳动意愿的精神残疾人。

在职职工人数，是指与纳税人建立劳动关系并依法签订劳动合同或者服务协议的雇员人数。

(2) 特殊教育学校举办的企业，只要符合享受税收优惠政策的条件中的第一项第一款，即可享受上述安置残疾人增值税即征即退优惠政策。特殊教育学校举办的企业，是指特殊教育学校主要为在校学生提供实习场所、并由学校出资自办、由学校负责经营管理、经营收入全部归学校所有的企业。

这类企业在计算残疾人人数时可将在企业上岗工作的特殊教育学校的全日制在校学生计算在内，在计算企业在职职工人数时也要将上述学生计算在内。

(3) 纳税人中纳税信用等级为税务机关评定的 C 级或 D 级的，不得享受增值税即征即退政策。

(4) 纳税人本期应退增值税额按以下公式计算：

本期应退增值税额 = 本期所含月份每月应退增值税额之和

月应退增值税额 = 纳税人本月安置残疾人员人数 × 本月最低工资标准的 4 倍

月最低工资标准，是指纳税人所在区县 (含县级市、旗) 适用的经省 (含自治区、直辖市、计划单列市) 人民政府批准的月最低工资标准。

纳税人本期已缴增值税额小于本期应退税额不足退还的，可在本年度内以前纳税期已缴增值税额扣除已退增值税额的余额中退还，仍不足退还的可结转本年度内以后纳税期退还。年度已缴增值税额小于或等于年度应退税额的，退税额为年度已缴增值税额；年度已缴增值税额大于年度应退税额的，退税额为年度应退税额。年度已缴增值税额不足退还的，不得结转以后年度退还。

纳税人新安置的残疾人从签订劳动合同并缴纳社会保险的次月起计算，其他职工从录用的次月起计算；安置的残疾人和其他职工减少的，从减少当月计算。

安置残疾人享受增值税即征即退优惠政策仅适用于生产销售货物，提供加工、修理修配劳务，以及提供现代服务和生活服务税目 (不含文化体育服务和娱乐服务) 范围的服务取得的收入之和，占其增值税收入的比例达到 50% 的纳税人，但不适用于上述纳税人直接销售外购货物 (包括商品批发和零售) 以及销售委托加工的货物取得的收入。

纳税人应当分别核算上述享受税收优惠政策和不得享受税收优惠政策业务的销售额，不能分别核算的，不得享受规定的优惠政策。

如果纳税人既适用促进残疾人就业增值税优惠政策，又适用重点群体、退役士兵、随军家属、军转干部等支持就业的增值税优惠政策的，纳税人可自行选择适用的优惠政策，但不能累加执行。一经选定，36 个月内不得变更。

6. 黄金期货交易

上海期货交易所会员和客户通过上海期货交易所销售标准黄金 (持上海期货交易所开具的《黄金结算专用发票》)，发生实物交割但未出库的，免征增值税；发生实物交割并已出库的，由税务机关按照实际交割价格代开增值税专用发票，并实行增值税即征即退的政策，同时免征城市维护建设税和教育费附加。增值税专用发票中的单价、金额和税额的计算公式分别如下：

$$单价 = \frac{实际交割单价}{1 + 增值税税率}$$

$$金额 = 数量 \times 单价$$

$$税额 = 金额 \times 税率$$

实际交割单价是指不含上海期货交易所收取的手续费的单位价格。

标准黄金是指：成色为 AU9999、AU9995、AU999、AU995；规格为 50 克、100 克、1 公斤、3 公斤、12.5 公斤的黄金。

7. 铂金交易

铂金及铂金制品的税收政策明确如下：

(1) 对进口铂金免征进口环节增值税。

(2) 对中博世金科贸有限责任公司通过上海黄金交易所销售的进口铂金，以上海黄金交易所开具的《上海黄金交易所发票》（结算联）为依据，实行增值税即征即退政策。采取按照进口铂金价格计算退税的办法，具体如下：

① 即征即退税额 = 金额 × 13%；

② 金额 = 销售数量 $\times \dfrac{进口铂金平均单价}{1 + 13\%}$；

③ 进口铂金平均单价 = [∑(当月进口铂金报关单价 × 当月进口铂金数量) + 上月末库存进口铂金总价值] ÷ (当月进口铂金数量 + 上月末库存进口铂金数量)。

(3) 中博世金科贸有限责任公司进口的铂金没有通过上海黄金交易所销售的，不得享受增值税即征即退政策。

(4) 国内铂金生产企业自产自销的铂金也实行增值税即征即退政策。

8. 管道运输服务

一般纳税人提供管道运输服务，对其增值税实际税负超过 3% 的部分实行增值税即征即退政策。

9. 有形动产融资租赁和售后回租服务

经人民银行、银监会或者商务部批准从事融资租赁业务的试点纳税人中的一般纳税人，提供有形动产融资租赁服务和有形动产融资性售后回租服务，对其增值税实际税负超过 3% 的部分实行增值税即征即退政策。

10. 风力发电

自 2015 年 7 月 1 日起，对纳税人销售自产的利用风力生产的电力产品，实行增值税即征即退 50% 的政策。

（五）增值税先证后退

自 2018 年 1 月 1 日至 2023 年 12 月 31 日，执行下列增值税先征后退政策。

1. 对下列出版物在出版环节执行增值税 100% 先征后退的政策

(1) 中国共产党和各民主党派的各级组织的机关报纸和机关期刊，各级人大、政协、政府、工会、共青团、妇联、残联、科协的机关报纸和机关期刊，新华社的机关报纸和机关期刊，军事部门的机关报纸和机关期刊。

上述各级组织不含其所属部门。机关报纸和机关期刊增值税先征后退范围掌握在个单位一份报纸和一份期刊以内。

(2) 专为少年儿童出版发行的报纸和期刊，中小学的学生教科书。

(3) 专为老年人出版发行的报纸和期刊。

(4) 少数民族文字出版物。

(5) 盲文图书和盲文期刊。

(6) 经批准在内蒙古、广西、西藏、宁夏、新疆五个自治区内注册的出版单位出版的出版物。

(7) 列入《适用增值税 100% 先征后退政策的特定图书、报纸和期刊名单》的图书、报纸和期刊。

2. 对下列出版物在出版环节执行增值税 50% 先征后退的政策

(1) 各类图书、期刊、音像制品、电子出版物，但规定执行增值税 100% 先征后退的出版物除外。

(2) 列入《适用增值税 50% 先征后退政策的报纸名单》的报纸。

3. 对下列印刷、制作业务执行增值税 100% 先征后退的政策

(1) 对少数民族文字出版物的印刷或制作业务。

(2) 列入《适用增值税 100% 先征后退政策的新疆维吾尔自治区印刷企业名单》的新疆维吾尔自治区印刷企业的印刷业务。

4. 享受增值税先征后退政策的纳税人范围

(1) 享受上述第 1 项、第 2 项规定的增值税先征后退政策的纳税人，必须是具有相关出版物出版许可证的出版单位 (含以"租型"方式取得专有出版权进行出版物印刷发行的出版单位)。承担省级及以上出版行政主管部门指定出版、发行任务的单位，因进行重组改制等原因尚未办理出版、发行许可证变更的单位，经财政部各地监察局商省级出版行政主管部门核准，可以享受相应的增值税先征后退政策。

(2) 纳税人应将享受这三项税收优惠政策的出版物在财务上实行单独核算，不进行单独核算的不得享受上述优惠政策。违规出版物、多次出现违规的出版单位及图书批发零售单位不得享受上述优惠政策。已按软件产品享受增值税退税政策的电子出版物不得再申请增值税先征后退政策。

二、利用税收优惠政策进行税收筹划

（一）通过合并方式享受税收优惠政策

根据部分经营项目属于增值税税收优惠政策中所规定的项目，对于此类的税收优

税收筹划理论与实务 ●●●● ●

惠的企业能够采用合并的方式来进行合理地节税。根据增值税的进项税不可抵扣的项目规定中提及到"用于免征增值税项目的购进货物、劳务、服务、无形资产和不动产的进项税额不得从销项税中扣除"。因此，一家企业的经营业务属于税收优惠的企业能够通过纵向一体化的合并方式来对其整个业务的产销进行整合，从而减少上下游之间的流通环节。

【案例 4-19】 A 公司的主要经营业务是销售饲料，其饲料中的微量元素主要从 B 公司购进，2020 年 A 公司的销售额为 109 万元，其从 B 公司购进的微量元素为 67.8 万元。

在此业务中，A 公司的销售额属于特定免税项目，其所涉及的增值税为 0 万元。但 B 公司涉及的销项税为 $\frac{67.8}{1+13\%}×13\% = 7.8$ 万元。如果 A 公司与 B 公司进行公司合并，使 B 公司为集团内部 A 公司的饲料生产提供微量元素，那么两个公司涉及微量元素的流通环节减少，从而减少了 B 公司的销项税，使总体的税收负担减少。

（二）利用分拆业务享受优惠政策

分拆业务的税收筹划方式主要适用于企业内有多种经营业务存在，并且有些业务属于税收优惠的政策范围内时，可以将此业务分解出来，使企业能够在税收负担上有所减轻。

【案例 4-20】 凡士公司的经营业务主要是销售木盒制品，其涉及的整个经营流程就是购进原木，从而销售木盒。木盒适用的税率为 13%，其原本适用于税收优惠政策中的法定免税项目中的"农业生产者销售的自产农产品"。假如凡士公司有一笔销售额为 113 万元的业务，其购进的原木买价为 50 万元。(假设不考虑企业所得税)

情景一：凡士公司没有涉及销售原木的业务和公司，那么其销项税额 = $\frac{113}{1+13\%}×13\%$ = 13 万元，进项税额 = 50 × 10% = 5 万元，其应交增值税 = 13 - 5 = 8 万元，其利润 = 113 - 50 - 8 = 55 万元。

情景二：凡士公司将原木生意分拆出来，成立一个原木公司，同样销售给凡士公司 50 万元，假设购进的土地、农药、肥料等生产要素的成本为 30 万，凡士公司销售木盒的销售额同样为 113 万元。凡士公司同样的利润 = 113 - 50 - 8 = 55 万元，原木公司的销售原木属于免税项目，购进要素的进项税用于免税项目不能用于抵扣，因此其利润 = 50 - 30 = 20 万元，那么总的利润为 55 + 20 = 75 万元。因此可以将业务扩张并分拆为独立的公司。

（三）利用资源综合利用政策进行税收筹划

随着经济的发展，发展过程中产生了不少负面问题，例如生态环境的问题，近年来，随着生态保护相关政策的完善以及生态保护意识的逐渐增强，国家在税收方面也实施了一些政策，比如资源综合利用政策，许多高污染废弃物在企业中综合利用，进行再循环利用，政府会在税收上给予一定的优惠，明细在《资源综合利用产品和劳务增值税优惠目录》中。(假设不考虑企业所得税)

【案例 4-21】 A 公司主要是生产销售水泥，原料主要来源于 B 公司的石灰石、黏土，假设 2021 年 A 公司的销售额为 113 万元，从 B 公司购进的石灰石为 56.5 万元，则 A 公

— 142 —

司应交增值税为 $\left(\dfrac{113}{1+13\%}-\dfrac{56.5}{1+13\%}\right)\times13\%=6.5$ 万元，A 公司所得利润为 $113-56.5-6.5=50$ 万元。但如果 A 公司采用回收废渣、废水等资源进行再利用，其回收价格按照相同于 B 公司的石灰石和黏土的购进价格为 56.5 万元，其销售额也是 113 万元，A 公司的应交增值税为 $6.5\times70\%=4.55$ 万元，从而在同等购销金额上，A 企业还得到了 4.55 万元的税收优惠，并且回收废渣等的价格还可能低于石灰石及黏土等，并且资源综合利用的生产设备可能属于企业所得税中的相关优惠政策规定的设备，即按照《财政部　国家税务总局关于执行环境保护专用设备等企业所得税优惠目录的通知》（财税〔2008〕48 号）的规定，以设备投资额的 10% 抵免当年企业所得税应纳税额，因此，采用资源综合利用生产能够大大减轻自身的税收负担。

（四）通过调整业务流程进行税收筹划

一般来说企业的经营业务流程主要从输入、运转、输出三个方面进行循环，从税收角度来说，对不同规模的企业进行经营业务的流程调整可以达到节约现金流的效果。假如一家企业的销售量很稳定，周转速度也快，那么这家企业的业务模式从产到销没有问题，因为从增值税的角度来说，其业务流程涉及最大的问题就是进项税抵扣，销售必然发生，但进项抵扣及不及时决定着企业的现金流。如果一家企业的销量不稳定，还是采用从产到销的业务模式，那么来不及发生销售，其购进材料的成本已经支付了，这样一来，利润未产生，现金流却是短缺的，那么进项抵扣的节税效果没有发挥至最大。

三、起征点的税收筹划

（一）起征点的规定

起征点，一般是指某一税种中，对其计算应该缴纳的税款的依据（即计税依据）规定的一个数值节点。纳税人达到该节点的，必须按照全部数额进行计算，缴纳税款；没有达到该数值节点的，纳税人就不用缴纳税款，享受免税。

税法对有关增值税起征点的规定为：凡办理了税务登记或临时税务登记的小规模纳税人，实行按期纳税，从 2021 年 4 月 1 日至 2022 年 12 月 31 日，月销售额未超过 15 万元（按季纳税的小规模纳税人，为季度销售额未超过 45 万元）的，可以按规定享受增值税免税政策。未办理税务登记或临时税务登记的小规模纳税人，除特殊规定外，实行按次纳税，每次销售额未达到 300～500 元的免征增值税，达到 300～500 元的则需要正常征税。

该优惠政策必须注意以下几点：

(1) 适用范围必须是增值税小规模纳税人。这里的小规模纳税人不限于增值税条例中所规定的适用起征点政策的个体工商户和其他个人，也包括其他符合小规模纳税人标准的企业（包含个人独资企业、合伙企业）以及非企业的各类单位（包含农民专业合作社、社会服务机构、行政单位、事业单位、军事单位、社会团体及其他单位等）。

(2) 增值税起征点所称的销售额不包括其应纳税额，采用销售额和应纳税额合并定价方法的，按照下列公式计算销售额：

$$销售额 = \frac{含税销售额}{1+征收率}$$

(3) 纳税人以所有增值税应税销售行为 (包括销售货物劳务服务、无形资产和不动产) 合并计算销售额，判断是否达到免税标准。但是，小规模纳税人当期若发生销售不动产业务，以扣除不动产销售额后的当期销售额来判断是否超过 15 万元 (按季 45 万元) 标准。适用增值税差额征税政策的小规模纳税人，以差额后的当期销售额来判断是否超过 15 万元 (按季 45 万元) 标准。

(4) 建筑业纳税人在同一预缴地主管税务机关辖区内有多个项目的，按照所有项目当月总销售额判断是否超过 15 万元标准。

(5) 以预收款形式收取租金和到期一次性收取租金都属于采取一次性收取租金形式出租不动产取得的租金收入，可在对应的租赁期内平均分摊，分摊后的月租金收入未超过 15 万元的，免征增值税。

(二)利用起征点进行税收筹划的思路

起征点的税收优惠政策的内容重点是当纳税人的销售额 (不含税) 达到一定的额度，那么超过这个额度的话，所有的销售额都要进行征税。

对于利用起征点进行税收筹划，可以用收款方式来进行实施，如果一笔业务的销售额使得当期的销售额达到起征点，那么可以将该业务进行分拆收款，或者用不同的收款方式使此笔销售业务发生于下一期，从而从额度上达到节税的效果。

总之利用起征点进行税收筹划主要要抓住两个重点，销售额度与款项所属期，必须要注意款项所属的节点，然后对销售额进行调整。

四、销售自己使用过固定资产的税收筹划

(一)销售自己使用过固定资产的增值税处理规定

具体规定如表 4-6 所示。

表4-6　销售固定资产以及旧货的相关增值税处理

销售标的物	纳税人	税 务 处 理
除固定资产以外的货物	小规模	增值税 = 售价 ÷ (1 + 3%) × 3%
	一般	按适用 13%、9% 等税率征增值税
固定资产	小规模	增值税 = 售价 ÷ (1 + 3%) × 2%
	一般	销售使用过的、已抵扣进项税额的固定资产，适用 17% 税率
		销售使用过的、不得抵扣且未抵扣进项税额的固定资产，增值税 = 售价 ÷ (1 + 3%) × 2%
旧货	纳税人	增值税 = 售价 ÷ (1 + 3%) × 2%
物品	其他个人	免税

（二）销售自己使用过固定资产的税收筹划过程

能够按照上述规定执行的是除同时符合下列三个条件以外的固定资产，同时符合下列三个条件的自己使用过的固定资产暂免征增值税：

(1) 属于企业固定资产目录所列货物；

(2) 企业按固定资产管理，并确已使用过的货物；

(3) 销售价格不超过其原值的货物。

销售自己使用过固定资产的税收筹划思路如下：

(1) 尽可能地降低适用税率；

(2) 尽可能地享受免税政策；

(3) 假定固定资产原价为 x，含税转让价格为 y，城建税税率为 7%，教育费附加征收率为 3%，则有 $\frac{y}{1+3\%} \times 2\% \times (1+7\%+3\%) \leqslant y-x$，解得 $y \geqslant \frac{x}{0.9773}$。

当转让价格大于该值时，对企业是划算的；低于该值时，对企业是不利的。

【案例 4-22】　某工业企业销售自己使用过的固定资产一台。已知该机床原值为 20 万元，已提折旧 10 万元。请作出销售价格的筹划方案。

◆【分析】

在制定转让价格时，当转让价高于固定资产原值时，按规定缴纳的各项税费（增值税、城市维护建设税、教育费附加及所得税）必须小于或等于转让价高于固定资产原值的部分。即

转让价（含税）÷(1+3%)×2%×(1+城市维护建设税税率+教育费附加征收率)+

[转让价（含税）÷(1+3%)-转让价（含税）÷(1+3%)×2%×

(城市维护建设税税率+教育费附加征收率)-原值]×所得税税率

≤转让价（含税）-原值

设城市维护建设税税率为 7%，教育费附加征收率为 3%，所得税税率为 25%，则有

转让价（含税）÷(1+3%)×2%×(1+7%+3%)+[转让价（含税）÷(1+3%)-

转让价（含税）÷(1+3%)×2%×(1+7%+3%)-原值]×25%

=转让价（含税）-原值

即

$$转让价（含税）\geqslant 1.0022 \times 原值$$

综上所述，本案例中只有当转让价 ≥ 200 440.00 元（200 000 × 1.0022）时，对企业才是合算的。如果转让价低于 200 440.00 元，对企业是不利的。对于转让价低于原价时，企业可以本着从高定价的原则自行确定。

第五节　增值税出口退税的税收筹划

一、增值税出口退税政策概述

（一）增值税出口退税的企业范围

《关于出口货物劳务增值税和消费税的通知》（以下简称通知）所称出口企业，是指依法办理工商登记、税务登记、对外贸易经营者备案登记，自营或委托出口货物的单位或个体工商户，以及依法办理工商登记、税务登记但未办理对外贸易经营者备案登记，委托出口货物的生产企业。

《通知》所称出口货物，是指向海关报关后实际离境并销售给境外单位或个人的货物，分为自营出口货物和委托出口货物两类。

《通知》所称生产企业，是指具有生产能力（包括加工修理修配能力）的单位或个体工商户。

（二）增值税出口退税的商品服务范围

我国对出口货物采取了出口退税与免税相结合的政策，但对某些国家紧缺的货物不予退税，如面对由于大量出口给国内粮食供应带来的压力，从2007年12月20日起取消小麦、稻谷、大米、玉米、大豆等原粮及其制粉的出口退税，以减弱相关粮食品种的出口积极性，增加国内市场的供应，从而达到缓解CPI增长过快的目的。根据出口企业的不同形式和出口货物的不同种类，我国的出口货物税收政策分为三种形式。

1. 免税又退税的出口货物

出口货物免税是指货物在出口环节不征增值税、消费税；出口退税是指退还出口货物从原材料到产成品销售各个环节已缴纳的增值税。

2. 免税但不予退税的出口货物

根据税法规定，下列出口货物免征增值税，但不办理退税：

(1) 增值税小规模纳税人出口的货物。

(2) 避孕药品和用具，古旧图书。

(3) 软件产品。

(4) 含黄金、铂金成分的货物，钻石及其饰品。

(5) 国家计划内出口的卷烟。

(6) 已使用过的设备。具体是指购进时未取得增值税专用发票、海关进口增值税专用缴款书但其他相关单证齐全的已使用过的设备。

(7) 非出口企业委托出口的货物。

(8) 非列名生产企业出口的非视同自产货物。

(9) 农业生产者自产农产品。

(10) 油画、花生果仁、黑大豆等财政部和国家税务总局规定的出口免税的货物。

(11) 外贸企业取得普通发票、废旧物资收购凭证、农产品收购发票、政府非税收入票据的货物。

(12) 来料加工复出口的货物。

(13) 特殊区域内的企业出口的特殊区域内的货物。

(14) 以人民币现金作为结算方式的边境地区出口企业从所在省 (自治区) 的边境口岸出口到接壤国家的一般贸易和边境小额贸易出口货物。

(15) 以旅游购物贸易方式报关出口的货物。

3. 不免税也不退税的出口货物劳务

(1) 出口企业出口或视同出口财政部和国家税务总局根据国务院决定明确取消出口退 (免) 税的货物 (不包括来料加工复出口货物、中标机电产品、列名原材料、输入特殊区域的水电气、海洋工程结构物)。

(2) 出口企业或其他单位销售给特殊区域内的生活消费用品和交通运输工具。

(3) 出口企业或其他单位因骗取出口退税被税务机关停止办理增值税退 (免) 税期间出口的货物。

(4) 出口企业或其他单位提供虚假备案单证的货物。

(5) 出口企业或其他单位增值税退 (免) 税凭证有伪造或内容不实的货物。

(6) 出口企业或其他单位未在国家税务总局规定期限内申报免税核销以及经主管税务机关审核不予免税核销的出口卷烟。

(7) 出口企业或其他单位具有以下情形之一的出口货物劳务:

① 将空白的出口货物报关单、出口收汇核销单等退 (免) 税凭证交由除签有委托合同的货代公司、报关行,或由境外进口方指定的货代公司 (提供合同约定或者其他相关证明) 以外的其他单位或个人使用的。

② 以自营名义出口,其出口业务实质上是由本企业及其投资的企业以外的单位或个人借该出口企业名义操作完成的。

③ 以自营名义出口,其出口的同一批货物既签订购货合同,又签订代理出口合同 (或协议) 的。

④ 出口货物在海关验放后,自己或委托货代承运人对该笔货物的海运提单或其他运输单据等上的品名、规格等进行修改,造成出口货物报关单与海运提单或其他运输单据有关内容不符的。

⑤ 以自营名义出口,但不承担出口货物的质量、收款或退税风险之一的,即出口货物发生质量问题不承担购买方的索赔责任 (合同中有约定质量责任承担者除外);不承担未按期收款导致不能核销的责任 (合同中有约定收款责任承担者除外);不承担因申报出口退 (免) 税的资料、单证等出现问题造成不退税责任的。

⑥ 未实质参与出口经营活动、接受并从事由中间人介绍的其他出口业务,但仍以自营名义出口的。

出口退税是建立在征税基础上的,因为只有对出口的货物实现了征税,才可能在其出口后办理退税。因此，出口货物退税税务筹划应以依法纳税为原则，任何税务筹划手段和方法若违反了这一原则，都将是违法、违章的。

（三）增值税出口退税的方法

1. 免抵退税办法

生产企业出口自产货物和视同自产货物及对外提供加工修理修配劳务，以及列名生产企业出口非自产货物，免征增值税，相应的进项税额抵减应纳增值税额（不包括适用增值税即征即退、先征后退政策的应纳增值税额），未抵减完的部分予以退还。

2. 免退税办法

不具有生产能力的出口企业（以下称外贸企业）或其他单位出口货物劳务，免征增值税相应的进项税额予以退还。

出口企业既有适用增值税免抵退项目，又有增值税即征即退、先征后退项目的，增值税即征即退和先征后退项目不参与出口项目免抵退税计算。出口企业应分别核算增值税免抵退项目和增值税即征即退、先征后退项目，并分别申请享受增值税即征即退，先征后退和免抵退税政策。

用于增值税即征即退或者先征后退项目的进项税额无法划分的，按照下列公式计算：

无法划分进项税额中用于增值税即征即退或者先征后退项目的部分

$$=当月无法划分的全部进项税额 \times \frac{当月增值税即征即退或者先征后退项目销售额}{当月全部销售额合计}$$

（四）增值税出口退税率

(1) 除财政部和国家税务总局根据国务院决定而明确规定的增值税出口退税率（以下简称退税率）外，出口货物的退税率为其适用税率。

服务和无形资产的退税率为其按照《增值税暂行条例》规定适用的增值税税率。

根据《关于深化增值税改革有关政策的公告》规定，原适用 16% 税率且出口退税率为 16% 的出口货物劳务，出口退税率调整为 13%。原适用 10% 税率且出口退税率为 10% 的出口货物、跨境应税行为，出口退税率调整为 9%。

2019 年 6 月 30 日前（含 2019 年 4 月 1 日前）纳税人出口前款所涉货物劳务、发生前款所涉跨境应税行为，适用增值税免退税办法的，购进时已按调整前税率征收增值税的，执行调整前的出口退税率，购进时已按调整后税率征收增值税的，执行调整后的出口退税率；适用增值税免抵退税办法的，执行调整前的出口退税率，在计算免抵退税时，适用税率低于出口退税率的，适用税率与出口退税率之差视为零参与免抵退税计算。

(2) 退税率的特殊规定：

① 外贸企业购进按简易办法征税的出口货物、从小规模纳税人购进的出口货物，其退税率分别为简易办法实际执行的征收率、小规模纳税人征收率。上述出口货物取得增值税专用发票的，退税率按照增值税专用发票上的税率和出口货物退税率孰低的原则确定。

② 出口企业委托加工修理修配货物，其加工修理修配费用的退税率，为出口货物的

退税率。

③ 中标机电产品、出口企业向海关报关进入特殊区域销售给特殊区域内生产企业生产耗用的列名原材料、输入特殊区域的水电气，其退税率为适用税率。如果国家调整列名原材料的退税率，列名原材料应当自调整之日起按调整后的退税率执行。

(3) 适用不同退税率的货物、劳务及跨境应税行为，应分开报关、核算并申报退（免）税，未分开报关、核算或划分不清的，从低适用退税率。

二、增值税出口退税的税收筹划

（一）进料加工复出口的税收筹划

在进料加工贸易方式下，生产企业在选择出口方式时，必须权衡来自国外的进口料件价格、生产企业将产品出售给关联外贸企业的不含税价格，出口产品离岸价三者之间的关系，从而选择最有利的出口方式。同时，生产企业选择自营或通过外贸企业出口方式时，可通过调整国内料件与进口料件投入比例进行税务筹划，从而获得更多的税收利益。当国外进口料件价格与生产企业把出口产品销售给关联外贸企业的不含税价格的合计数小于本期出口产品总售价时，生产企业通过外贸企业进行出口有利于减轻增值税税负，同时生产企业可利用销售价格进行税收筹划，从而获取更多税收利益。当国外进口料件价格与生产企业把出口产品销售给关联外贸企业的不含税价格的合计数大于本期出口产品总售价时，生产企业自营出口有利于减轻增值税税负。进一步研究可发现，在当期投入料件价格为定量时，生产企业可通过调整国内采购料件与国外进口料件的比例，进行税务筹划，并且进口料件所占比例越大，生产企业获得税收好处越多。

【案例 4-23】　某外资企业 A 计划出口价值 1053 万元的自产产品，当期投入进口料件到岸价 600 万元，国内采购料件不含税价格 200 万元，增值税税率为 13%，出口退税率为 9%，无上期留抵税额。A 企业可采用以下不同方式办理出口退税：① 采取自营出口方式，出口退税采用"免，抵，退"办法。② 通过外贸公司 B 出口，A 企业按 1000 万元的价格将产品卖给 B 公司，B 公司按 1053 万元的价格出口销售，由 B 公司报关出口并申请退税，B 公司采用"免退税"办法办理退税。

方案一：A 企业采用自营出口方式，出口退税计算如下：

应纳税额 = 0 − [200 × 13% − (1053 − 600) × (13% − 9%)] = −7.88 万元

免抵退税额 = (1053 − 600) × 9% = 40.77 万元

所以应退税额为 7.88 万元。

方案二：A 企业通过外贸公司 B 出口，A 企业以 1000 万元的价格销售给 B 公司，B 公司再以 1053 万元出口，则 A、B 企业增值税计算如下：

A 企业应纳增值税 = 1000 × 13% − 200 × 13% = 104 万元

B 公司应退增值税 = 1053 × 9% = 94.77 万元

A、B 公司合计增值税税负 = 104 − 94.77 = 9.23 万元

可见，同样的外销收入，却产生了不同的结果。从 A、B 两个企业来看，自营出口实际应纳增值税为 −7.88 万元，而通过外贸企业出口实际应纳的增值税是 9.23 万元。显然 A

企业自营出口有利于减轻增值税税负。

（二）合理选择产品出口方式的税收筹划

目前我国企业出口商品主要有生产企业自营出口和通过外贸企业出口两种方式。自营出口由生产企业自己办理出口业务，出口商品定价和与出口业务有关的一切国内外费用以及佣金支出、索赔、理赔等，均由生产企业负担。生产企业按照免抵退税办法计算应退增值税。通过外贸企业出口是指生产企业把货物卖给外贸企业，由外贸企业办理货物出口和出口退税。外贸企业出口货物按照免退税办法计算应退增值税。生产企业自营出口与通过外贸企业出口采取不同的退税方式，会对企业的税负产生不同影响。

当征税率＝退税率时，自营出口与通过关联外贸企业出口，企业所负担的增值税税负相同。

当征税率＞退税率时，自营出口与通过关联外贸企业出口，企业所负担的增值税税负存在差异。

如果生产企业当期投入料件全部来自国内采购，当产品出口价格大于外贸企业的收购价格时，企业通过关联外贸企业出口产品有利于减轻增值税税负。并且，在产品出口价格确定的情况下，利用外贸企业出口可为生产企业进行税务筹划提供更广阔的空间，因为生产企业在将产品销售给关联外贸企业时，可以通过压低销售价格进行税务筹划，从而获得更多的税收利益。

【案例 4-24】 甲公司采购国内原材料生产工业品并全部用于出口，出口产品销售额 8000 万元，本月可抵扣进项税额为 416 万元，增值税率为 13%，产品出口退税率为 9%，无上期留抵税额。甲公司可采用以下不同方式办理出口退税：

(1) 甲公司采取自营出口方式，出口退税采用"免、抵、退"办法。

(2) 设立关联方外贸公司乙，按 8000 万元价格将出口商品卖给乙公司，乙公司按同样的价格出口销售，由乙公司报关出口并申请退税，乙公司采用"免退税"办法办理退税。

(3) 设立关联方外贸公司乙，按 8000 万元价格将出口商品卖给乙公司，乙公司按 8200 万元的价格出口销售，由乙公司报关出口并申请退税，乙公司采用"免退税"办法办理退税。

(4) 设立关联方外贸公司乙，按 6000 万元价格将出口商品卖给乙公司，乙公司按 8000 万元的价格出售，由乙公司报关出口并申请退税，乙公司采用"免退税"办法办理退税。

分析甲公司采用哪种方式出口商品最有利？

方案一：甲公司采用自营出口方式，出口退税计算如下：

应纳税额 ＝ 0 － [416 － 8000 × (13% － 9%)] ＝ －96 万元

免抵退税额 ＝ 8000 × 9% ＝ 720 万元

所以应退税额为 96 万元。

方案二：甲公司通过关联外贸企业乙公司出口，甲公司把产品以 8000 万元的价格销售给乙公司，开具增值税专用发票并计算缴纳增值税。乙公司再以 8000 万元的价格出口销售。甲、乙公司增值税计算如下：

甲公司应纳增值税 ＝ 8000 × 13% － 416 ＝ 624 万元

乙公司应退增值税 = 8000 × 9% = 720 万元

甲、乙公司合计增值税税负 = 624 − 720 = −96 万元

从计算结果看，方案二的税负与方案一相同。但是，如果采用方案二，甲公司缴纳 624 万元增值税的同时，还要按应纳增值税的 7% 和 3% 缴纳城建税和教育费附加，而这一部分并不退税，实际上增加了甲公司的税负。

方案三：甲公司通过关联外贸企业乙公司出口，甲公司把产品以 8000 万元的价格销售给乙公司，开具增值税专用发票并计算缴纳增值税。乙公司再以 8200 万元的价格出口销售甲、乙公司增值税计算如下：

甲公司应纳增值税 = 8000 × 13% − 416 = 624 万元

乙公司应退增值税 = 8200 × 9% = 738 万元

甲、乙公司合计增值税税负 = 624 − 738 = −114 万元

从计算结果看，和方案一比较，方案三能够得到更多的退税，可以降低增值税税负。

方案四：甲公司通过关联外贸企业乙公司出口，甲公司利用转让定价，把产品以 6000 万元的价格销售给乙公司，开具增值税专用发票并计算缴纳增值税。乙公司再以 8000 万元的价格出口销售。甲、乙公司增值税计算如下：

甲公司应纳增值税 = 6000 × 13% − 416 = 364 万元

乙公司应退增值税 = 8000 × 9% = 720 万元

甲、乙公司合计增值税税负 = 364 − 720 = −356 万元

所以，甲公司利用转让定价，可以进一步降低企业增值税税负。但需要注意的是所得税相关法律明确规定，企业与其关联方之间的业务往来，不符合独立交易原则而减少企业或者其关联方应纳税收入或者所得额的，税务机关有权按照合理方法调整。

（三）合理选择经营方式的税收筹划

现行的出口退税政策对不同的经营方式规定了不同的出口退税政策，纳税人可以利用政策之间的税收差异，选择合理的经营方式，降低自己的税负。生产企业出口货物的主要方式有两种：

(1) 自营出口（含进料加工）适用"免、抵、退"办法。

(2) 来料加工适用"不征不退"的免税办法。

【案例 4-25】　某出口型生产企业采用进料加工方式为国外 A 公司加工化工产品一批，进口保税料件价值 1000 万元，加工完成后返销 A 公司售价 1800 万元，为加工该批产品耗用辅料、备品备件、动能费等的进项税额为 20 万元，该化工产品征税率为 17%，退税率为 13%。

当期应纳税额

= 当期销项税额 − (当期进项税额 − 当期不得免征和抵扣税额)

= [(出口货物离岸价 − 当期免税购进进口料件价格) × (征税率 − 退税率)]

注：当期免税原材料购进价格包括当期国内购进的无进项税额且不计提进项税额免税原材料的价格和当期进料加工保税进口料件的价格。其中保税进口料件的价格为进料加工出口货物耗用的保税进口料件金额，公式如下：

进料加工出口货物耗用的保税进口料件金额 = 进料加工出口货物离岸价 × 进料加工计划分配率

$$计划分配率 = \frac{计划进口总值}{计划出口总值} \times 100\%$$

所以

当期应纳税额 = 0 - [20 - (1800 - 1000) × (17% - 13%)] = 12 万元

出口货物"免抵退"税额 = (1800 - 1000) × 13% = 104 万元

企业应纳税额为正数，故当期应退税额为零。该企业应缴纳增值税 12 万元。如果该企业改为来料加工方式，由于来料加工方式实行免税 (不征税不退税) 政策，则比进料加工方式少纳税 12 万元。

若上例中的出口销售价格改为 1200 万元，其他条件不变，则应纳税额的计算如下：

进料加工方式下：

当期应纳税额 = 0 - [20 - (1200 - 1000) × (17% - 13%)] = -12 万元

出口货物"免抵退"税额 = (1800 - 1000) × 13% = 104 万元

当期免抵税额 = 104 - 12 = 92 万元

因此，该企业的应收出口退税为 12 万元。

也就是说，采用进料加工方式可获退税 12 万元，比来料加工方式的不征不退方式更优惠，应选用进料加工方式。

若上例中的出口退税率提高为 15%，其他条件不变，应纳税额的计算如下：

进料加工方式下：

当期应纳税额 = 0 - [20 - (1800 - 1000) × (17% - 15%)] = -4 万元

出口货物"免抵退"税额 = (1800 - 1000) × 13% = 104 万元

因此，该企业的应收出口退税为 4 万元。

也就是说，采用进料加工方式可获退税 4 万元，比来料加工方式的不征不退方式更优惠，应选用进料加工方式。

若上例中消耗的国产料件的进项税额为 40 万元，其他条件不变，应纳税额的计算如下：

进料加工方式下：

当期应纳税额 = 0 - [40 - (1800 - 1000) × (17% - 13%)] = -8 万元

出口货物"免抵退"税额 = (1800 - 1000) × 13% = 104 万元

因此，该企业的应收出口退税为 8 万元。

也就是说，采用进料加工方式可获退税 8 万元，比来料加工方式的不征不退方式更优惠，应选用进料加工方式。

通过以上案例可以看出，对于利润率较低、出口退税率较高及耗用的国产辅助材料较多 (进项税额较大) 的货物出口宜采用进料加工方式，对于利润率较高的货物出口宜采用来料加工方式。

目前在大幅提高出口退税率的情况下，选用"免、抵、退"方法还是"不征退"的免税方法的基本思路就是如果出口产品不得抵扣的进项税额小于为生产该出口产品而取得的全部进项税额，则应采用"免、抵、退"办法，否则应采用"不征不退"的免税办法。

对于退税率等于征税率的产品，无论其利润率高低，采用"免、抵、退"的自营出口方式均比采用来料加工等"不征不退"免税方式更优惠，因为两种方式出口货物均不征税，但采用"免、抵、退"方式可以退还全部的进项税额，而免税方式则要把该进项税额计入成本。

（四）利用扩大出口税收政策的税收筹划

【案例 4-26】　某中外合资企业以采购国内原材料生产产品全部用于出口，2021 年自营出口产品的价格为 100 万元，当年可抵扣的进项税额为 10 万元，增值税税率为 13%，无上期留抵税额。

(1) 当该企业的出口退税率为 13% 时，

第一，企业自营出口。

$$免抵退税额 = 出口货物离岸价 \times 外汇人民币牌价 \times 出口货物退税率 -$$
$$免抵退税额抵减额$$
$$= 100 \times 13\%$$
$$= 13 \ 万元$$

$$当期期末应纳税额 = 当期内销货物的销项税额 - (进项税额 -$$
$$免抵退税不得免征和抵扣税额)$$
$$= 0 - (10 - 0)$$
$$= -10 \ 万元$$

由于当期期末应纳税额为负数，即为当期期末留抵税额。

若当期期末留抵税额 ≤ 当期免抵退税额时，当期应退税额 = 当期期末留抵税额。

因此，该企业的应收出口退税为 10 万元。

第二，该合资企业通过关联企业某外贸企业出口，合资企业将产品以同样的价格 100 万元（含税）出售给外贸企业，外贸企业再以同样的价格出口。应纳税额的计算如下：

合资企业应纳增值税额：

$$\frac{100}{1+13\%} \times 13\% - 10 = 11.50 - 10 = 1.50 \ 万元$$

外贸企业应收出口退税额：

$$\frac{100}{1+13\%} \times 13\% = 11.50 \ 万元$$

两企业合计获得退税 11.50 - 1.50 = 10 万元。

由此可以看出，在退税率与征税率相等的情况下，企业选择自营出口还是委托外贸企业代理出口，两者税负相等。

(2) 当该企业的出口退税率为 11% 时，

第一，企业自营出口。

$$免抵退税额 = 出口货物离岸价 \times 外汇人民币牌价 \times 出口货物退税率 - 免抵退税额抵减额$$
$$= 100 \times 11\% - 0$$
$$= 11(万元)$$

$$免抵退税不得免征和抵扣税额 = 当期出口货物离岸价 \times$$
$$外汇人民币牌价 \times (出口货物征税率 - 出口货物退税率) -$$

免抵退税不得免征和抵扣税额抵减额 = 100 × (13% − 11%) − 0
$$= 2(万元)$$

当期期末应纳税额 = 当期内销货物的销项税额 −

(进项税额 − 免抵退税不得免征和抵扣税额)

$$= 0 − (10 − 2)$$

$$= −8(万元)$$

由于当期期末应纳税额为负数，即为当期期末留抵税额。

若当期期末留抵税额 ≤ 当期免抵退税额时，当期应退税额 = 当期期末留抵税额。

因此，该企业的应收出口退税为 8 万元。

第二，该合资企业通过关联企业某外贸企业出口，合资企业将产品以同样的价格 100 万元 (含税) 出售给外贸企业，外贸企业再以同样的价格出口。应纳税额的计算如下：

合资企业应纳增值税额为

$$\frac{100}{1+13\%} × 13\% − 10 = 11.50 − 10 = 1.50 \ 万元$$

外贸企业应收出口退税额为

$$\frac{100}{1+13\%} × 11\% = 9.73 \ 万元$$

两企业合计获得退税 9.73 − 1.50 = 8.23 万元。

由此可以看出，在退税率与征税率不等的情况下，企业选择自营出口还是委托外贸企业代理出口，两者税负是不同的，即选择自营出口收到的出口退税数额小于委托外贸企业代理出口应获的出口退税数额，选择外贸企业出口有利于减轻增值税税负。

思 考 题

1. 阐述增值税纳税人增值率判别法和抵扣率判别法的筹划思路。

2. 如何利用增值税税率差异进行税收筹划？

3. 利用增值税税收优惠政策进行税收筹划的途径有哪些？

4. 如何利用增值税纳税义务发生时间实现税收递延？

5. 如何进行增值税混合销售行为和兼营行为的税收筹划？

6. 如何选择合理经营方式实现出口退税的税收筹划？

第5章 消费税的税收筹划

本章学习要求

1. 熟悉并掌握消费税纳税人的税收筹划；
2. 掌握消费税计税依据、税率的税收筹划思路和操作；
3. 掌握消费税自产自用、委托加工业务的税收筹划。

第一节　消费税纳税人的税收筹划

一、消费税纳税人、税目规定

（一）纳税人的基本规定

(1) 在中华人民共和国境内生产、委托加工和进口《中华人民共和国消费税暂行条例》（以下简称《消费税暂行条例》）规定的消费品的单位和个人为消费税的纳税人。

(2) 国务院确定的销售《消费税暂行条例》规定的消费品的其他单位和个人为消费税的纳税人。

（二）消费税税目规定

确定消费税征税范围的总原则是：立足于我国经济发展水平，国家消费政策和产业政策，考虑人们生活水平、消费水平、消费结构，保障国家财政收入稳定增长，适当借鉴国外成功经验和国际通行做法。具体消费税征税税目如下。

1. 烟

烟包括卷烟、雪茄烟和烟丝三个子目，其中卷烟的分类如表 5-1 所示。

表 5-1　卷烟的分类

类别	标　准	税率
甲类卷烟	每标准条 (200 支) 不含增值税调拨价格 ≥ 70 元	56% + 0.003 元/支
乙类卷烟	每标准条 (200 支) 不含增值税调拨价格 < 70 元	36% + 0.003 元/支

【特别提示】

1 标准条 = 200 支。

1 标准箱 = 250 标准条。

生产销售环节从量计税相当于 0.6 元 / 条；150 元 / 箱。批发环节从量计税相当于 1 元 / 条；250 元 / 箱。

2. 酒

酒包括白酒、黄酒、啤酒和其他酒。啤酒的分类见表 5-2。

表 5-2　啤 酒 的 分 类

类 别	标 准	税率
甲类啤酒	每吨不含增值税出厂价格（含包装物及包装物押金）≥ 3000 元	250 元 / 吨
乙类啤酒	每吨不含增值税出厂价格（含包装物及包装物押金）＜ 3000 元	220 元 / 吨
包装物押金不包括重复使用的塑料周转箱的押金		

对饮食业、商业、娱乐业举办的啤酒屋（啤酒坊）利用啤酒生产设备生产的啤酒应当征收消费税；果啤属于啤酒，按啤酒征收消费税。葡萄酒按"其他酒"征收消费税。

配制酒的规定见表 5-3。

表 5-3　配制酒征收消费税的规定

类 别	规 定
(1) 以蒸馏酒或食用酒精为酒基，具有国家相关部门批准的国食健字或卫食健字文号并且酒精度≤ 38 度的配制酒	按"其他酒"10% 适用税率征收消费税
(2) 以发酵酒为酒基，酒精度≤ 20 度的配制酒	
(3) 其他配制酒	按白酒适用税率20% 加 0.5 元 /500 克（或者 500 毫升）征收消费税

3. 高档化妆品

高档化妆品包括高档美容、修饰类化妆品、高档护肤类化妆品和成套化妆品——生产（进口）环节不含增值税销售（完税）价格≥ 10 元 / 毫升（克）或 15 元 / 片（张）。

普通化妆品（普通护肤护发品），舞台、戏剧、影视演员化妆用的上妆油、卸妆油、油彩都不属于本税目的征收范围。

4. 贵重首饰及珠宝玉石

贵重首饰及珠宝玉石包括以金、银、白金、宝石、珍珠、钻石、翡翠、珊瑚、玛瑙等高贵稀有物质以及其他金属、人造宝石等制作的各种纯金银首饰及镶嵌首饰和经采掘、打磨、加工的各种珠宝玉石。

对出国人员免税商店销售的金银首饰征收消费税。

5. 鞭炮、焰火

体育上用的发令纸、鞭炮药引线，不按本税目征收。

6. 成品油

成品油包括汽油、柴油、石脑油、溶剂油、航空煤油、润滑油、燃料油七个子目。航空煤油暂缓征收。

(1) 原油不征收消费税，但是征收资源税。

(2) 汽油统一按照无铅汽油税率征收消费税。

(3) 以汽油、汽油组分调和生产的甲醇汽油、乙醇汽油属于本税目征收范围。

(4) 以柴油、柴油组分调和生产的生物柴油属于本税目征收范围。

(5) 经国务院批准，从 2009 年 1 月 1 日起，对同时符合下列条件的纯生物柴油免征消费税：

① 生产原料中废弃的动物油和植物油用量所占比重不低于 70%。

② 生产的纯生物柴油符合国家《柴油机燃料调合生物柴油 (BD100)》标准。

(6) 石脑油。石脑油又叫化工轻油，是以原油或其他原料加工生产的用于化工原料的轻质油。石脑油的征收范围包括除汽油、柴油、航空煤油、溶剂油以外的各种轻质油。非标汽油、重整生成油、拔头油、戊烷原料油、轻裂解料 (减压柴油 VGO 和常压柴油 AGO)、重裂解料、加氢裂化尾油、芳烃抽余油均属轻质油，属于石脑油征收范围。

(7) 溶剂油。溶剂油是用原油或其他原料加工生产的用于涂料、油漆、食用油、印刷油墨、皮革、农药、橡胶、化妆品生产和机械清洗、胶粘行业的轻质油。橡胶填充油、溶剂油原料都属于溶剂油征收范围。

(8) 润滑油。润滑油是用原油或其他原料加工生产的用于内燃机、机械加工过程的润滑产品，分为矿物性润滑油、植物性润滑油、动物性润滑油和化工原料合成润滑油。

润滑油的征收范围包括矿物性润滑油、矿物性润滑油基础油、植物性润滑油、动物性润滑油和化工原料合成润滑油。

以植物性、动物性和矿物性基础油 (或矿物性润滑油) 混合掺配而成的"混合性"润滑油，不论矿物性基础油 (或矿物性润滑油) 所占比例高低，均属润滑油的征收范围。另外，用原油或其他原料加工生产的用于内燃机、机械加工过程的润滑产品均属于润滑油征税范围。润滑脂应当征收消费税。

变压器油、导热类油等绝缘油类产品不属于润滑油，不征收消费税。

(9) 燃料油。燃料油也称重油、渣油，是用原油或其他原料加工生产的，主要用作电厂发电燃料、锅炉用燃料、加热炉燃料、冶金和其他工业炉燃料。

蜡油、船用重油、常压重油、减压重油、180CTS 燃料油、7 号燃料油、糠醛油、工业燃料、4～6 号燃料油等油品的主要用途是作为燃料燃烧，属于燃料油征收范围。

纳税人利用废矿物油为原料生产的润滑油基础油、汽油、柴油等工业油料，符合条件的，免征消费税。

7. 小汽车

小汽车是指由动力驱动，具有 4 个或 4 个以上车轮的非轨道承载的车辆。小汽车消费税征收分类见表 5-4。

表 5-4　小汽车消费税征收分类

是否包括	汽　车　类　别
包括	(1) 乘用车：最多不超过 9 座 (含) (2) 中轻型商用客车：10 ～ 23 座 (含) (3) 超豪华小汽车：每辆零售价格 130 万元 (不含增值税) 及以上的乘用车和中轻型商用客车
不包括	(1) 电动汽车 (2) 车身长度 ≥ 7 米，并且座位在 10 ～ 23 座 (含) 以下的商用客车 (3) 沙滩车、雪地车、卡丁车、高尔夫车 (4) 大货车、大卡车

8. 摩托车

摩托车包括轻便摩托车和摩托车两种。对气缸容量 250 毫升 (不含) 以下的小排量摩托车不征收消费税。

9. 高尔夫球及球具

高尔夫球及球具包括高尔夫球、高尔夫球杆及高尔夫球包 (袋) 等。高尔夫球杆的杆头、杆身和握把属于本税目的征收范围。

10. 高档手表

高档手表是指每只不含增值税销售价格 ≥ 10 000 元的各类手表。

11. 游艇 (机动艇)

这里的游艇 (机动艇) 是满足 8 米 ≤ 艇身长度 ≤ 90 米条件的游艇 (机动艇)。

12. 木制一次性筷子

木制一次性筷子含未经打磨、倒角的木制一次性筷子。

13. 实木地板

实木地板以木材为原料，包括各类规格的实木地板、实木指接地板、实木复合地板以及用于装饰墙壁、天棚的侧端面为榫、槽的实木装饰板。未经涂饰的素板也属于本税目征税范围。

14. 电池

这里说的电池包括原电池、蓄电池、燃料电池、太阳能电池和其他电池。自 2015 年 2 月 1 日起对电池 (铅蓄电池除外) 征收消费税。

对无汞原电池、金属氢化物镍蓄电池 (又称氢镍蓄电池或镍氢蓄电池)、锂原电池、锂离子蓄电池、太阳能电池、燃料电池和全钒液流电池免征消费税。

2015 年 12 月 31 日前对铅蓄电池缓征消费税；自 2016 年 1 月 1 日起，对铅蓄电池按 4% 税率征收消费税。

15. 涂料

涂料是指涂于物体表面能形成具有保护、装饰或特殊性能的固态涂膜的一类液体或固体材料之总称。

自 2015 年 2 月 1 日起对涂料征收消费税，对施工状态下挥发性有机物 (VOC) 含量低于 420 克 / 升 (含) 的涂料免征消费税。

（三）消费税税目税率表

消费税税目税率表见表 5-5。

表 5-5　消费税税目税率表

税　　目	税率 (额)
一、烟	
1. 卷烟	
(1) 甲类卷烟 (生产或进口环节)	56% 加 0.003 元 / 支
(2) 乙类卷烟 (生产或进口环节)	36% 加 0.003 元 / 支
(3) 批发环节	11% 加 0.005 元 / 支
2. 雪茄烟	36%
3. 烟丝	30%
二、酒	
1. 白酒	20% 加 0.5 元 /500 克 (或者 500 毫升)
2. 黄酒	240 元 / 吨
3. 啤酒	
(1) 甲类啤酒	250 元 / 吨
(2) 乙类啤酒	220 元 / 吨
4. 其他酒	10%
三、高档化妆品	15%
四、贵重首饰及珠宝玉石	
1. 金银首饰、铂金首饰和钻石及钻石饰品	5%
2. 其他贵重首饰和珠宝玉石	10%
五、鞭炮、焰火	15%
六、成品油	
1. 汽油	1.52 元 / 升
2. 柴油	1.2 元 / 升
3. 航空煤油	1.2 元 / 升
4. 石脑油	1.52 元 / 升
5. 溶剂油	1.52 元 / 升
6. 润滑油	1.52 元 / 升
7. 燃料油	1.2 元 / 升
七、小汽车	

续表

税　目	税率（额）
1.乘用车	
(1)气缸容量（排气量，下同）在1.0升（含1.0升）以下的	1%
(2)气缸容量在1.0升以上至1.5升（含1.5升）的	3%
(3)气缸容量在1.5升以上至2.0升（含2.0升）的	5%
(4)气缸容量在2.0升以上至2.5升（含2.5升）的	9%
(5)气缸容量在2.5升以上至3.0升（含3.0升）的	12%
(6)气缸容量在3.0升以上至4.0升（含4.0升）的	25%
(7)气缸容量在4.0升以上的	40%
2.中轻型商用客车	5%
3.超豪华小汽车（零售环节）	10%
八、摩托车	
1.气缸容量为250毫升的	3%
2.气缸容量为250毫升（不含）以上的	10%
九、高尔夫球及球具	10%
十、高档手表	20%
十一、游艇	10%
十二、木制一次性筷子	5%
十三、实木地板	5%
十四、电池	4%
十五、涂料	4%

二、消费税纳税人的税收筹划

（一）避免成为消费税纳税人的税收筹划

如果企业想从源头上节税，不妨在投资决策时就避开应当缴纳消费税的消费品，而选择其他符合国家产业政策、在流转税及所得税等方面有优惠政策的产品进行投资，如高档摄像机、高档组合音响、移动电话等。在市场前景看好的情况下，企业选择这类项目投资，也可以达到减轻消费税税负的目的。

【案例5-1】　某公司准备投产粮食白酒或者果汁饮料，两种投资方案的基本情况如下。

方案一：投产粮食白酒，总投资额1000万元，年销售额200万元，增值税税负约6%。

方案二：投产果汁饮料，总投资额1000万元，年销售额200万元，增值税税负约6%。

从节税的角度出发，该公司应当选择哪套方案？（假设该公司为增值税一般纳税人，以上销售额为不含增值税销售额，不考虑白酒的从量消费税。）

◆【分析】

方案一：根据现行消费税政策，粮食白酒的消费税为销售额的 20%。在该方案下，该公司的纳税情况如下：

应纳增值税额 = 200 × 13% = 26 万元；

应纳消费税额 = 200 × 20% = 40 万元；

应纳增值税、消费税、城建税及教育费附加总额 = (26 + 40) × (1 + 7% + 3%) = 72.6 万元。

方案二：根据现行消费税政策，果汁饮料不需要缴纳消费税。在该方案下，该公司的纳税情况如下：

应纳增值税额 = 200 × 13% = 26 万元；

应纳增值税、城建税及教育费附加总额 = 26 × (1 + 7% + 3%) = 28.6 万元。

比方案一节税额 44 万元 (72.6 − 28.6)。

因此，该公司应当选择方案二。方案二由于生产不需要缴纳消费税的产品，从而达到了节税的效果。

（二）通过企业合并或兼并方式递延纳税

由于消费税是针对特定的纳税人和特定的环节征税，所以可以通过企业的合并递延纳税。

(1) 合并会使原来企业间的购销环节转变为企业内部的原材料继续加工环节，从而递延部分消费税税款。如果两个合并企业之间存在着原材料供应的关系，则在合并前，这笔原材料的转让关系为购销关系，应该按照正常的购销价格缴纳消费税款。而在合并后，企业之间的原材料供应关系转变为企业内部的原材料继续加工关系，因此这一环节不用缴纳消费税，而是递延到销售环节再征收。

(2) 如果后一环节的消费税税率较前一环节的低，则可直接减轻企业的消费税税负。这是因为前一环节应该征收的税款延迟到后面环节再征收，如果后面环节税率较低，则合并前企业间的销售额，在合并后适用了较低的税率而减轻税负。

【案例 5-2】　某地区有两家大型酒厂甲和乙，它们都是独立核算的法人企业。甲企业主要经营粮食类白酒，以当地生产的玉米为原料进行酿造，粮食白酒的税率为 20%，定额税率为 0.5 元 / 斤。乙企业以甲企业生产的粮食酒为原料生产系列药酒，假定药酒的销售额为 2.5 亿元，适用 10% 的税率。甲企业每年要向乙企业提供价值 1.5 亿元，计 5000 万公斤的粮食白酒。经营过程中，乙企业由于缺乏资金和技术，无法经营下去，准备破产。此时，乙企业欠甲企业货款 5000 万元。经评估，乙企业的资产恰好为 5000 万元。请问甲乙企业合并能否减轻税收负担，可以少缴纳的税款是多少？

◆【分析】

(1) 合并前甲、乙企业应纳消费税款如下：

甲企业应纳消费税 = 15 000 × 20% + 5000 × 2 × 0.5 = 8000 万元

乙企业应纳消费税 = 25 000 × 10% = 2500 万元

合计应纳税款 = 8000 + 2500 = 10 500 万元

(2) 甲企业领导人经过研究，决定对乙企业进行并购，其决策的主要依据如下：

① 两家企业之间的行为属于产权交易行为，按税法规定，不用缴纳增值税。

② 并购可以递延部分税款。并购前，甲企业向乙企业提供的粮食酒，每年应缴纳消费税和增值税情况如下：

每年应该缴纳消费税 = 15 000 × 20% + 5000 × 2 × 0.5 = 8000 万元

增值税销项税额 = 15 000 × 13% = 1950 万元

而这笔税款可以递延到药酒销售环节缴纳，获得递延纳税好处。

③ 乙企业生产的药酒市场前景很好，企业合并后可以将经营的主要方向转向药酒生产，这样做就能减少粮食白酒这一中间纳税环节，并且药酒的消费税税率低于粮食白酒，企业应缴纳的消费税税款将减少。假定药酒的销售额为 2.5 亿元，销售数量为 5000 万公斤。

合并后应缴纳消费税款 = 25 000 × 10% = 2500 万元

合并后少缴纳消费税款 = 10 500 − 2500 = 8000 万元

实际上，甲、乙企业合并后少缴纳的消费税款，即为甲企业所生产的粮食白酒应缴纳的消费税款。

第二节　消费税计税依据的税收筹划

一、消费税计税依据的确定

（一）从价计征应税消费品计税依据的确定

1. 基本规定

销售额为纳税人销售应税消费品向购买方收取的全部价款和价外费用，含消费税（价内税），但不含增值税（价外税）。价外费用的内容与增值税规定相同。

【特别提示】

(1) 增值税是价外税，消费税是价内税，计算增值税和消费税的应税销售额应当是不含增值税但含消费税的销售额。

(2) 通常所说的不含税价格指的是不含增值税的价格，但有可能含有消费税，这取决于是否为应税消费品。

2. 包装物的规定

(1) 应税消费品连同包装物销售的，包装物价款应并入应税消费品的销售额中征收消费税。

(2) 包装物不作价随同产品销售，而是收取押金，且单独核算的，分情况确定是否计入销售额。对销售啤酒、黄酒外的其他酒类产品而收取的包装物押金，无论是否返还以及会计上如何核算，均应并入当期销售额征税，包装物押金的增值税与消费税见表5-6。

表 5-6　包装物押金的增值税及消费税

包装物押金	增 值 税		消 费 税	
	取得时	逾期时	取得时	逾期时
酒及成品油以外的应税消费品	不缴纳	缴纳	不缴纳	缴纳
啤酒、黄酒、成品油			不缴纳	
其他酒类产品（如白酒、红酒）	缴纳	不缴纳	缴纳	不缴纳

3. 品牌使用费的规定

白酒生产企业向商业销售单位收取的品牌使用费应并入白酒的销售额中缴纳消费税。

4. 含增值税销售额的换算

$$应税消费品的销售额 = \frac{含增值税的销售额}{1 + 增值税税率或征收率}$$

(1) 销售方采用一般计税方法计税，换算时用增值税税率。

(2) 销售方采用简易计税方法计税，换算时用增值税征收率。

（二）从量计征应税消费品计税依据的确定

从量计征应税消费品计税依据具体规定见表 5-7。

表 5-7　从量计征应税消费品计税依据

情　形	计 税 依 据
销售应税消费品的	应税消费品的销售数量
自产自用应税消费品的	应税消费品的移送使用数量
委托加工应税消费品的	纳税人收回的应税消费品数量
进口应税消费品的	海关核定的应税消费品进口征税数量

实行从量定额计税的，消费税的计算与销售价格无关，不存在通过组成计税价格计算消费税的问题。

（三）复合计税应税消费税计税依据的确定

现行消费税的征税范围中，只有卷烟、白酒采用复合计征方法，其消费税应纳税额计算具体见表 5-8。

表 5-8　消费税应纳税额计算

计税方式	计 税 公 式
从价计征	销售额（或组成计税价格）×比例税率
从量计征（黄酒、啤酒、成品油）	销售数量×单位税额
从价从量复合计征（白酒、卷烟）	销售额（或组成计税价格）×比例税率 + 销售数量×单位税额

二、消费税计税依据的税收筹划思路

（一）利用转让定价的方式进行税收筹划

转让定价是指在经济活动中，有经济联系的企业各方为均摊利润或转移利润而在产品交换或买卖过程中，不依照市场买卖规则和市场价格进行交易，而是根据他们之间的共同利益或为了最大限度地维护他们之间的收入而进行的产品或非产品转让。

在这种转让中，产品的转让价格根据双方的意愿，可高于或低于市场上由供求关系决定的价格，以达到少纳税甚至不纳税的目的。这也就是说，在经济生活中，凡发生业务关系、财务关系或行政关系的纳税个人和企业，为了躲避市场价格交易所承担的税收负担，可实行某种类似经济组织内部核算的价格方式转让相互间的产品，以达到转让利润、减少纳税的目的。

以减轻集团公司整体税负为目标的转让定价的基本做法是，在关联公司之间进行的货物、劳务、技术和资金等交易中，当卖方处于高税区而买方处于低税区时，其交易就以低于市场价格的内部价格进行；而当卖方处于低税区买方处于高税区时，其交易就以高于市场价格的内部价格进行。

【案例 5-3】 某烟草集团下属的香山卷烟厂生产的乙类卷烟，市场售价为每箱 500 元（不含增值税），该厂以每箱 400 元（不含增值税）的价格销售给其独立核算的销售部门 100 箱。

◆【分析】

卷烟厂转移定价前：

$$应纳消费税税额 = 500 \times 100 \times 40\% = 20\,000 元$$

卷烟厂转移定价后：

$$应纳消费税税额 = 400 \times 100 \times 40\% = 16\,000 元$$

转移定价前后的差异如下：

$$20\,000 - 16\,000 = 4000 元$$

转移价格使卷烟厂减少了 4000 元税负。

（二）通过改变业务性质进行税收筹划

通过改变业务性质进行税收筹划，主要是指以应税消费品换取生产资料和消费资料、抵偿债务、投资入股的税收筹划。

税法规定，纳税人自产的应税消费品用于换取生产资料和消费资料、投资入股或抵偿债务等方面，应当把纳税人同类应税消费品的最高销售价格作为计税依据。在实际操作中，当纳税人用应税消费品换取货物或者投资入股时，一般是按照双方的协议价或评估价确定的，而协议价往往是市场的平均价。如果把同类应税消费品的最高销售价作为计税依据，显然会加重纳税人的负担。由此，企业可以采取先销售后入股（换货、抵债）的方式，从而达到减轻税负的目的。

【案例 5-4】　某摩托车生产企业，当月对外销售同型号的摩托车时共有三种价格：以 4000 元的单价销售 80 辆，以 4500 元的单价销售 16 辆，以 4800 元的单价销售 8 辆。该企业当月以 32 辆同型号的摩托车与甲企业换取原材料。双方按当月的加权平均销售价格确定摩托车的价格，摩托车消费税税率为 10%。

◆【分析】

$$该企业应纳消费税税额 = 4800 \times 32 \times 10\% = 15\,360\ 元$$

纳税人经过筹划，将这 32 辆摩托车按照当月的加权平均价销售后，再购买原材料，则

$$应纳消费税税额 = (4000 \times 80 + 4500 \times 16 + 4800 \times 8) \div [(80 + 16 + 8) \times 32 \times 10\%]$$
$$= 1293.27\ 元$$

这样，企业可减轻税负 14 066.73 元 (15 360 - 1293.27)。

（三）销售定价进行税收筹划

消费税税目税率中，对于不同价格水平的消费税，其适用消费税的税率水平不一样。这样，对于纳税人来说，可以通过适当的定价水平，在不影响盈利水平的前提下，实现税负的降低。

【案例 5-5】　某卷烟厂每标准条卷烟对外调拨价为 68 元，现销售一标准箱，其成本为 8500 元。

◆【分析】

企业所得税税率为 25%，城建税和教育费附加忽略不计，则此时企业应缴纳的消费税为

$$150 + 68 \times 250 \times 36\% = 6270\ 元$$

企业税后利润为

$$(68 \times 250 - 8500 - 6270) \times (1 - 25\%) = 1672.5\ 元$$

若产品供不应求，厂家决定将每标准条卷烟价格提高至 76 元，其他均不变，则此时企业应缴纳的消费税为

$$150 + 76 \times 250 \times 56\% = 10\,790\ 元$$

企业税后利润为

$$(76 \times 250 - 8500 - 10\,790) \times (1 - 25\%) = -217.5\ 元$$

在此例中，每标准条卷烟的价格从 68 元提高至 76 元后，从表面上看销售收入增加了 2000 元 (76 × 250 - 68 × 250)，但由于提升后的价格超过了临界点 70 元，计算消费税时的税率也随着计税依据的提高而相应的提高，从而增加了消费税 10 790 - 6270 = 4520 元，使得卷烟整体税后利润不仅没有上升，反而下降，以致达到了负值。

（四）选择合理的纳税义务发生时间进行税收筹划

消费税纳税义务发生的时间，以货款结算方式或行为发生时间分别确定。

(1) 纳税人销售的应税消费品，其纳税义务的发生时间为：

① 纳税人采取赊销和分期收款结算方式的，为书面合同约定的收款日期的当天，书面合同没有约定收款日期或者无书面合同的，为发出应税消费品的当天。

② 纳税人采取预收货款结算方式的，为发出应税消费品的当天。

③ 纳税人采取托收承付和委托银行收款方式销售的应税消费品，为发出应税消费品并办妥托收手续的当天。

④ 纳税人采取其他结算方式的，为收讫销售款或者取得销售款凭据的当天。

(2) 纳税人自产自用的应税消费品，其纳税义务的发生时间，为移送使用的当天。

(3) 纳税人委托加工的应税消费品，其纳税义务的发生时间，为纳税人提货的当天。

(4) 纳税人进口的应税消费品，其纳税义务的发生时间，为报关进口的当天。

【案例 5-6】 某地区有两家制酒企业 A 和 B，两者均为独立核算的法人企业。企业 A 主要经营粮食类白酒，以当地生产的玉米和高粱为原料进行酿造，按照现行消费税法规定，粮食白酒的消费税税率为比例税率 20% 加定额税率 0.5 元 /500 克。企业 B 以企业 A 生产的粮食白酒为原料，生产系列药酒，按照现行消费税税法规定，药酒的比例税率为 10%，无定额税率。企业 A 每年要向企业 B 提供价值 2 亿元，计 5000 万千克的粮食白酒。企业 B 在经营过程中，由于缺乏资金和人才，无法正常经营下去，准备进行破产清算。此时企业 B 欠企业 A 共计 5000 万元货款。经评估，企业 B 的资产价值恰好也为 5000 万元。企业 A 领导人经过研究，决定对企业 B 进行收购，计算分析其决策的税收筹划因素是什么？

◆【分析】

(1) 这次收购支出费用较小。由于合并前企业 B 的资产和负债均为 5000 万元，净资产为零。按照现行税法规定，该购并行为属于以承担被兼并企业全部债务方式实现吸收合并，不视为被兼并企业按公允价值转让、处置全部资产，不计算资产转让所得，不用缴纳企业所得税。

(2) 合并可以递延部分税款。原 A 企业向 B 企业提供的粮食白酒不用缴纳消费税。合并前，企业 A 向企业 B 提供的粮食白酒，每年应该缴纳的税款为

应纳消费税税额 = 20 000 × 20% + 5000 × 2 × 0.5 = 9000 万元

应纳增值税税额 = 20 000 × 13% = 2600 万元

而合并后这笔税款一部分可以递延到药酒销售环节缴纳 (消费税从价计征部分和增值税)，获得递延纳税好处；另一部分税款 (从量计征的消费税税款) 则免于缴纳。

(3) 由于企业 B 生产的药酒市场前景很好，企业合并后可以将经营的主要方向转向药酒生产，转向后企业应缴的消费税税款将减少。由于粮食白酒的消费税税率为比例税率 20% 加定额税率 0.5 元 /500 克，而药酒的消费税税率为比例税率 10%，无定额税率，如果企业转产为药酒生产企业，则消费税税负将会大大减轻。

假定药酒的销售额为 2.5 亿元，销售数量为 5000 万千克。

合并前应纳消费税税款为

A 企业应纳消费税税额 = 20 000 × 20% + 5000 × 2 × 0.5 = 9000 万元

B 企业应纳消费税税额 = 25 000 × 10% = 2500 万元

合计应纳消费税税额 = 9000 + 2500 = 11 500 万元

合并后应纳消费税税额 = 25 000 × 10% = 2500 万元

合并后节约消费税税额 = 11 500 − 2500 = 9000 万元

第三节　消费税税率的税收筹划

一、消费税税率的规定

(一)酒消费税税率的规定

根据《消费税暂行条例》的消费税税目税率表,关于酒类的消费税税率规定如下:

(1) 包括白酒、黄酒、啤酒和其他酒。

(2) 对饮食业、商业、娱乐业举办的啤酒屋(啤酒坊)利用啤酒生产设备生产的啤酒应当征收消费税;果啤属于啤酒,按啤酒征收消费税。

(3) 葡萄酒按其他酒征收消费税。

(4) 啤酒的分类详见表 5-9。

表 5-9　啤酒的分类

类别	标　准	税率
甲类啤酒	每吨不含增值税出厂价格(含包装物及包装物押金)≥ 3000 元	250 元 / 吨
乙类啤酒	每吨不含增值税出厂价格(含包装物及包装物押金)< 3000 元	220 元 / 吨
包装物押金不包括重复使用的塑料周转箱的押金		

(5) 配制酒的规定详见表 5-10。

表 5-10　配制酒的规定

类　别	税　率
(1) 以蒸馏酒或食用酒精为酒基,具有国家相关部门批准的国食健字或卫食健字文号并且酒精度≤ 38 度的配制酒	按其他酒 10% 适用税率征收消费税
(2) 以发酵酒为酒基,酒精度≤ 20 度的配制酒	
(3) 其他配制酒	按白酒适用税率 20% 加 0.5 元 /500 克(毫升)征收消费税

(二)卷烟消费税税率规定

根据《消费税暂行条例》的消费税税目税率表,卷烟类的消费税税率规定如下:

(1) 包括卷烟、雪茄烟和烟丝三个子目。

(2) 卷烟的分类详见表 5-11。

表 5-11　卷 烟 的 分 类

类别	标　准	税率
甲类卷烟	每标准条 (200 支) 不含增值税调拨价格≥ 70 元	56% + 0.003 元 / 支
乙类卷烟	每标准条 (200 支) 不含增值税调拨价格< 70 元	36% + 0.003 元 / 支

【特别提示】

1 标准条 = 200 支。

1 标准箱 = 250 标准条。

生产销售环节从量计税相当于 0.6 元 / 条；150 元 / 箱。批发环节从量计税相当于 1 元 / 条；250 元 / 箱。

（三）适用消费税高税率规定

应税消费品用于换取生产资料和消费资料、投资入股和抵偿债务的计税规定如下：

(1) 纳税人用于换取生产资料和消费资料、投资入股和抵偿债务等方面的应税消费品，应当以纳税人同类应税消费品的最高销售价格作为计税依据计算消费税。

(2) 纳税人用于换取生产资料和消费资料、投资入股和抵偿债务等方面的应税消费品，应当以纳税人同类应税消费品的平均销售价格（没有平均销售价格的，按照组成计税价格）作为计税依据计算增值税。

二、消费税税率的税收筹划思路

（一）兼营多种不同消费税税率的应税消费品税收筹划

由于应税消费品所适用的税率是固定的，只有在出现兼营不同税率应税消费品的情况下，纳税人才可以选择合适的销售方式和核算方式，达到适用较低消费品税率的目的，从而降低税负。

消费税的兼营行为，主要是指消费税纳税人同时经营两种以上税率的应税消费品的行为。对于这种兼营行为，税法明确规定：纳税人兼营多种不同税率的应税消费税产品的，应当分别核算不同税率应税消费品的销售额、销售数量；未分别核算销售额、销售数量，或者将不同税率的应税消费品组成成套消费品销售的，应从高适用税率。这一规定要求企业在会计核算的过程中做到账目清楚，以免蒙受不必要的损失；在消费品销售过程中，要认真分析有无必要组成成套消费品销售，避免给企业造成不必要的税收负担。

【案例 5-7】 某酒厂既生产税率为 25% 的粮食白酒，又生产税率为 10% 的药酒，还生产上述两类酒的小瓶装礼品套装。某年 8 月份，该厂对外销售 12 000 瓶粮食白酒，单价 28 元 / 瓶；销售 8000 瓶药酒，单价 58 元 / 瓶；销售 700 套套装酒，单价 120 元 / 套，其中白酒 3 瓶、药酒 3 瓶，均为半斤装。如何做好该酒厂的税收筹划？

◆【分析】（均不考虑从量计税）

(1) 如果三类酒单独核算，应纳消费税税额为

白酒：28 × 12 000 × 25% = 84 000 元；

药酒：58 × 8000 × 10% = 46 400 元；

套装酒：120 × 700 × 25% = 21 000 元。

合计应纳消费税额为

$$84\,000 + 46\,400 + 21\,000 = 151\,400 \text{ 元}$$

(2) 如果三类酒未单独核算，则应采用税率从高的原则，应纳消费税税额为

$$(28 \times 12\,000 + 58 \times 8000 + 120 \times 700) \times 25\% = 221\,000 \text{ 元}$$

由此可见，如果企业将三种酒单独核算，可节税

$$221\,000 - 151\,400 = 69\,600 \text{ 元}$$

另外，如果该企业不将两类酒组成套装酒销售还可节税：

$$120 \times 700 \times 25\% - (14 \times 3 \times 700 \times 25\% + 29 \times 3 \times 700 \times 10\%)$$
$$= 21\,000 - (7350 + 6090)$$
$$= 7560 \text{ 元}$$

因此，企业兼营不同税率应税消费品时，能单独核算的，最好单独核算；没有必要成套销售的，最好单独销售，尽量降低企业的税收负担。

（二）通过合理定价避免适用高税率

消费税税目税率中，对于不同价格水平的消费税，其适用消费税的税率水平不一样。这样，对于纳税人来说，可以通过适当的定价水平，在不影响盈利水平的前提下，实现税负的降低。

【案例 5-8】　甲啤酒厂位于市区，2021 年生产销售某品牌啤酒，每吨出厂价格为 3010 元（不含税），与此相关的成本费用为 2500 元。请对其进行定价税收筹划。

◆【分析】

方案一：将啤酒的价格仍然定为 3010 元，则：

每吨啤酒应纳消费税 = 250 元；

应纳城建税及教育费附加 = 250 × (7% + 3%) = 25 元；

每吨啤酒的利润 = 3010 − 2500 − 250 − 25 = 235 元。

方案二：将啤酒的价格降至 2990 元，则：

每吨啤酒应纳消费税 = 220 元；

应纳城建税及教育费附加 = 220 × (7% + 3%) = 22 元；

每吨啤酒的利润 = 2990 − 2500 − 220 − 22 = 248 元。

综上所述，方案二比方案一每吨啤酒少缴纳消费税 30 元，少缴纳城建税及教育费附加 3 元，多获得利润 13 元。同时降低价格可以增加产品的竞争力，增加产品销量，一举两得。

【案例 5-9】　甲企业是一家中高档手表生产企业，2021 年生产并销售某款中高档手表，每只手表的不含税出厂价格为 10 100 元，与此相关的成本费用为 5000 元。请对其进行定价税收筹划。

◆【分析】

方案一：将每只手表的出厂价格定为 10 100 元，税法认定为高档手表，则：

每只高档手表应纳消费税 = 10 100 × 20% = 2020 元；

应纳城建税及教育费附加 = 2020 × (7% + 3%) = 202 元；

每只高档手表的利润 = 10 100 − 5000 − 2020 − 202 = 2878 元。

方案二：将每只高档手表的出厂价格降至 9900 元，税法不认定其为高档手表，则：

每只手表应纳消费税 = 0 元；

应纳城建税及教育费附加 = 0 元；

每只手表的利润 = 9900 - 5000 - 0 - 0 = 4900 元。

综上所述，方案二比方案一多获利润 2022 元，少缴纳消费税 2020 元，少缴城建税及教育费附加 202 元。因此应当选择方案二。

总结：类似于上述这种不同等级的应税消费品，纳税人可以通过制定合理的价格，适用较低的税率，达到减轻税负的目的。以啤酒为例：

价格的选择可以通过无差别价格临界点（即每吨价格高于 3000 元时的税后利润与每吨价格等于 2999.99 元时的税后利润相等时的价格）进行判别。其计算过程如下：

设临界点的价格为 X（由于其高于 3000 元，故适用 250 元的税率），销售数量为 Y，即应纳消费税为 $250 \times Y$；

应纳增值税：$XY \times 13\% -$ 进项税额；

应纳城建税及教育费附加：$[250 \times Y + (X \times 13\% -$ 进项税额$)] \times (7\% + 3\%)$；

应纳所得税：$\{XY -$ 成本 $- 250 \times Y - [250 \times Y + (XY \times 17\% -$ 进项税额$)] \times (7\% + 3\%)\} \times$ 所得税税率。

税后利润：

$$\{XY - 成本 - 250 \times Y - [250 \times Y + (XY \times 17\% - 进项税额)] \times (7\% + 3\%)\} \times$$
$$(1 - 所得税税率) \cdots\cdots ①$$

每吨价格等于 2999.99 元时税后利润为

$$\{2999.99Y - 成本 - 220 \times Y - [220 \times Y + (2999.99Y \times 17\%) - 进项税额]\} \times$$
$$(7\% + 3\%)\} \times (1 - 所得税税率) \cdots\cdots ②$$

当①式 = ②式时，则

$$X = 2999.99 + 27.47 = 3027.46 \text{ 元}$$

即临界点的价格为 3027.46 时，两者的税后利润相同。当销售价格 > 3027.46 时，纳税人才能获得节税利益。当销售价格 < 3027.46 时，纳税人取得的税后利润反而低于每吨价格为 2999.99 元时的税后利润。

同理，可解得卷烟临界点时价格。其计算过程如下：

按照税收政策的规定，卷烟消费税采取了复合计税的办法，即先从量每大箱征收 150 元，再从价对单条（200 支，下同）调拨价为 70 元（含 70 元，不含增值税，甲类卷烟）以上的按 56% 的税率征收，对单条调拨价为 70 元以下的按 36% 的税率征收。因此企业如何定价对企业税负及利润的影响非常关键。

根据税收政策，从价定率征收消费税有个临界点，即单条调拨价在 70 元时税率发生变化，消费税税率由 36% 上升到 56%，税负必然加重。而企业的财务目标为追求企业税后利润最大化，因此应根据税收政策的变化，筹划产品的价格定位。设临界点的价格为 X，可得：

$X -$ 成本 $- X \times 56\% -$ 从量税 $- [X \times 56\% +$ 从量税 $+ (X \times 13\% -$ 进项税额$)] \times (7\% + 3\%)$

$= 69.99 -$ 成本 $- 69.99 \times 36\% -$ 从量税 $-$

$[69.99 \times 36\% +$ 从量税 $+ (69.99 \times 13\% -$ 进项税额$)] \times (7\% + 3\%)$

解得 $X = 111.49$ 元。

第四节　消费税自产自用业务的税收筹划

一、消费税自产自用业务的基本规定

（一）自产应税消费品用于连续生产应税消费品的规定

纳税人自产自用的应税消费品用于连续生产应税消费品的，不缴纳消费税。那么当两个或两个以上纳税人生产某项最终消费品，但生产不同环节的应税消费税产品时，可以考虑组成一个企业，通过降低消费税纳税环节来减轻自己的消费税负担；一个企业内部也可以将自用产品负担的间接费用少留一部分，更多地分配给其他产品，从而降低组成计税价格，使自用产品负担的消费税相应地减少。

（二）自产应税消费品用于其他方面的规定

纳税人自产自用的应税消费品用于其他方面的，征收消费税，但有不同的计价方式。虽然税法对不同计价方式的选择有着严格的界定，但企业可以灵活应对，选择税负最轻的纳税方式。

【案例 5-10】　某企业自产自用甲产品成本为 100 000 元，成本利润率为 10%，消费税税率为 20%。假设企业能够降低产品成本，请计算企业通过降低成本能少缴纳多少消费税？（假设将成本降低为 80 000 元。）

◆【分析】

(1) 成本不变时，组成计税价格和应纳消费税额计算如下：

$$组成计税价格 = \frac{100\ 000 + 100\ 000 \times 10\%}{1 - 20\%} = 137\ 500\ 元$$

$$应纳消费税税额 = 137\ 500 \times 20\% = 27\ 500\ 元$$

(2) 假设将成本降低为 80 000 元，其组成计税价格和应纳消费税额计算如下：

$$组成计税价格 = \frac{80\ 000 + 80\ 000 \times 10\%}{1 - 20\%} = 110\ 000\ 元$$

$$应纳消费税税额 = 110\ 000 \times 20\% = 22\ 000\ 元$$

$$企业少纳消费税税额 = 27\ 500 - 22\ 000 = 5500\ 元$$

同样，企业也降低了增值税、城建税和教育费附加的税收负担，对所得税也有影响。

（三）外购已税消费品用于连续生产应税消费品的规定

用外购已税消费品连续生产应税消费品销售时，按当期生产领用数量计算准予扣除外购已税消费品已纳的消费税税款，准予扣除的项目如下：

(1) 外购已税烟丝生产的卷烟;

(2) 外购已税高档化妆品生产的高档化妆品;

(3) 外购已税珠宝玉石生产的贵重首饰及珠宝玉石;

(4) 外购已税鞭炮、焰火生产的鞭炮、焰火;

(5) 对外购已税汽油、柴油、石脑油、燃料油、润滑油用于连续生产应税成品油;

(6) 外购已税杆头、杆身和握把生产的高尔夫球杆;

(7) 外购已税木制一次性筷子生产的木制一次性筷子;

(8) 外购已税实木地板生产的实木地板;

(9) 外购葡萄酒连续生产应税葡萄酒;

(10) 啤酒生产集团内部企业间用啤酒液连续灌装生产的啤酒。

从范围上看,允许抵扣税额的税目从大类上不包括酒类(葡萄酒、啤酒除外)、小汽车、高档手表、游艇、电池、涂料、摩托车。

允许扣税的只涉及同一大税目中的购入应税消费品的连续加工,不能跨税目抵扣。

要求所购入消费品与连续生产消费品的纳税环节相同,如在零售环节纳税的金银、铂金首饰、钻石、钻石饰品不得抵扣外购珠宝玉石的已纳税款,批发环节销售的卷烟也不得抵扣外购卷烟的已纳税款。

贴标视为生产,单位和个人外购润滑油大包装经简单加工成小包装或者外购润滑油不经加工只贴商标的行为,视同应税消费品的生产行为,准予扣除外购润滑油已纳的消费税税款。

二、消费税自产自用业务的税收筹划思路

(一)自产自用应税消费品的税收筹划思路

1. 连续生产应税消费品不纳税的筹划

纳税人自产自用的应税消费品用于连续生产应税消费品的,不缴纳消费税。那么,当两个或两个以上纳税人生产某项最终消费品的不同环节产品时,可以考虑组成一个企业,减轻自己的消费税负担;一个企业内部可以将自用产品负担的间接费用少留一部分,更多地分配给其他产品,从而降低组成计税价格,使自用产品负担的消费税相应地减少。

2. 用于其他方面纳税时不同计价方式的筹划

纳税人自产自用的应税消费品用于其他方面的,征收消费税,但有不同的计价方式。虽然税法对不同计价方式的选择有着严格的界定,但企业可以灵活应对,选择税负最轻的纳税方式。

(二)外购应税消费品连续生产应税消费品的筹划思路

纳税人决定外购应税消费品用于连续生产时,应选择生产厂家,而不应是商家。因为

允许扣除已纳消费税的外购消费品仅限于直接从生产企业购进的，一般不包括从商品流通企业购进的应税消费品。另一方面，同品种的消费品在同时期，商家的价格往往高于生产厂家。由此可见，生产厂家是纳税人外购应税消费品的首选渠道，除非厂家的价格扣除已纳消费税款后的余额比商家的价格还高。

【案例 5-11】某化妆品厂 A 计划购进一批化妆品继续生产化妆品后再对外销售。可以选择的供货途径是：从化妆品厂 C 或化妆品厂 C 所设独立核算的销售公司 B 处购进，价格都是 200 000 元，该厂加工成另外一种化妆品后以 400 000 元的价格出售。另外我们还知道，C 厂生产该批化妆品所需原材料价格为 100 000 元，所需加工成本 30 000 元。请针对该情况提出税收筹划方案 (假设以上金额均不含增值税)。

◆【分析】

对以下三种方案进行比较，并择优选择一种。

方案一：从销售公司 B 处购进，化妆品厂 A 应纳消费税税额为 120 000 元 (400 000 × 30%)。假设不考虑其他因素，A 厂的利润为 80 000 元 (400 000 - 120 000 - 200 000)，C 厂和其销售公司 B 的利润为 10 000 元 (200 000 - 100 000 - 30 000 - 200 000 × 30%)。

方案二：从化妆品厂 C 处购进，化妆品厂 A 应纳消费税税额为 60 000 元 (400 000 × 30% - 200 000 × 30%)。假设不考虑其他因素，A 厂的利润为 140 000 元 (400 000 - 60 000 - 200 000)，C 厂的利润为 10 000 元 (200 000 - 100 000 - 30 000 - 200 000 × 30%)。

方案三：A 厂与 C 厂签订委托加工合同，由 A 厂花费 100 000 元购进原材料并委托 C 厂加工，支付其加工费 20 000 元，消费税 60 000 元，然后自己加工成最终产品对外出售。则化妆品厂 A 应纳消费税税额为 60 000 元 (400 000 × 30% - 60 000)。假设不考虑其他因素，A 厂的利润为 220 000 元 (400 000 - 60 000 - 100 000 - 20 000)，C 厂的利润为 20 000 元。

由此可见，采用方案三，A 厂与 C 厂的利润均有所提高，对于双方都有好处。其实质在于将 A 厂已缴纳的 60 000 元的消费税予以抵扣，从而使得 A 厂与 C 厂的联合利润增加了 60 000 元。至于这些利润如何在两个企业之间进行分配，则是两个企业内部的问题，一般来讲，抵扣消费税的利益主要由最终生产厂家获得。

第五节　消费税委托加工业务的税收筹划

一、消费税委托加工业务的基本规定

（一）委托加工应税消费品的确定

委托加工应税消费品是指委托方提供原料和主要材料，受托方只收取加工费和代垫部分辅助材料加工的应税消费品。以下不属于委托加工的情形：

(1) 由受托方提供原材料生产的消费品；

(2) 受托方先将原材料卖给委托方，再接受加工消费品；

(3) 由受托方以委托方名义购进原材料生产的消费品。

（二）委托加工应税消费品的消费税处理规定

1. 基本规定

(1) 委托加工应税消费品，委托方为消费税纳税人，受托方是代收代缴义务人。

(2) 委托加工的应税消费品，除受托方为个人外，由受托方在向委托方交货时代收代缴消费税。

(3) 纳税人委托个人 (含个体经营者) 加工应税消费品，于委托方收回后在委托方所在地缴纳消费税。

2. 非正常情况

(1) 受托方未代收代缴消费税，则委托方要补税。

(2) 对委托方补征税款的计税依据如下：

① 如果收回的应税消费品已直接销售，按销售额计税补征；

② 如果收回的应税消费品尚未销售或用于连续生产等，按组成计税价格计税补征。

3. 委托方收回应税消费品后销售

委托方业务消费税的税务处理详见表 5-12。

表 5-12　委托方业务消费税的税务处理

销售方式	含　义	税务处理
直接出售	委托方以不高于受托方的计税价格出售	不再缴纳消费税
加价出售	委托方以高于受托方的计税价格出售	(1) 需按照规定申报缴纳消费税，在计税时准予扣除受托方已代收代缴的消费税 (2) 受托方的计税价格在考试中一般需要自行计算 (顺序组价)

（三）委托加工应税消费品计税依据规定

受托方代收代缴消费税的计税依据是顺序组价。

1. 受托方有同类消费品销售价格的

按照受托方的同类消费品的销售价格计算纳税，如果当月同类消费品各期销售价格高低不同，应按销售数量加权平均计算。计算公式如下：

应代收代缴税额 = 同类消费品销售额 × 比例税率 (从价计税)

应代收代缴税额 = 同类消费品销售额 × 比例税率 + 委托加工数量 × 定额税率 (复合计税)

2. 受托方没有同类消费品销售价格的

受托方没有同类消费品销售价格的，按组成计税价格计税，详见表 5-13。

表 5-13　受托方没有同类消费品销售价格的消费税处理

计税方法	组 价 公 式
从价定率	(材料成本* + 加工费*) ÷ (1 - 消费税比例税率)
复合计税	(材料成本 + 加工费 + 委托加工数量 × 定额税率) ÷ (1 - 消费税比例税率)

注：材料成本是指委托方所提供加工材料的实际成本。如果委托方提供的原材料是免税农产品，材料成本 = 买价 × (1 - 扣除率)。如果加工合同上未如实注明材料成本的，受托方所在地主管税务机关有权核定其材料成本。

加工费是指受托方加工应税消费品向委托方所收取的全部费用 (包括代垫辅助材料的实际成本)，但不包括随加工费收取的销项税，这样组成的价格才是不含增值税但含消费税的价格。

二、通过选择合理的加工方式进行税收筹划

由受托方提供原材料生产的应税消费品，或者受托方先将原材料卖给委托方，然后再接受加工的应税消费品，以及由受托方以委托方名义购进原材料生产的应税消费品，不论纳税人在财务上是否作销售处理，都不得作为委托加工应税消费品，而应当按照销售自制应税消费品缴纳消费税。

按照消费税条例的规定，委托加工的应税消费品，由受托方在向委托方交货时代收代缴税款。这样，受托方就是法定的代收代缴义务人。纳税人委托个体经营者加工应税消费品的，一律于委托方收回后在委托方所在地缴纳消费税。

委托加工的消费品在提货时已经缴纳消费税的，委托方收回后如以不高于受托方计税价格直接出售的，不再征收消费税；委托方以高于受托方计税价格出售的，不属于直接出售，需按规定申报缴纳消费税，在计税时准予扣除已代收代缴的消费税；如用于继续生产应税消费品的，其所缴税款可按规定扣除。

委托加工的应税消费品，按照受托方的同类消费品的销售价格计算纳税，没有同类消费品销售价格的，按照组成计税价格计算纳税。组成计税价格的计算公式如下：

$$组成计税价格 = \frac{材料成本 + 加工费}{1 - 消费税税率}$$

用委托加工收回的应税消费品连续生产应税消费品，其已纳税款准予按照规定从连续生产的应税消费品应纳消费税税额中抵扣。

下列连续生产的应税消费品准予从应纳消费税税额中按当期生产领用数量计算扣除委托加工收回的应税消费品已纳消费税税款：

(1) 以委托加工收回的已税烟丝为原料生产的卷烟；

(2) 以委托加工收回的已税化妆品为原料生产的化妆品；

(3) 以委托加工收回的已税珠宝玉石为原料生产的贵重首饰及珠宝玉石；

(4) 以委托加工收回的已税鞭炮焰火为原料生产的鞭炮焰火；

(5) 以委托加工收回的已税摩托车连续生产的摩托车；

(6) 以委托加工收回的已税杆头、杆身和握把为原料生产的高尔夫球杆；

(7) 以委托加工收回的已税木制一次性筷子为原料生产的木制一次性筷子；

(8) 以委托加工收回的已税实木地板为原料生产的实木地板；

(9) 以委托加工收回的已税石脑油为原料生产的应税消费品；

(10) 以委托加工收回的已税润滑油为原料生产的润滑油。

【案例 5-13】 甲公司委托乙公司将一批价值 200 万元的原料加工成半成品 A，协议规定加工费 150 万元；半成品 A 被运回甲公司后，甲公司将其继续加工成产成品 B，加工成本、分摊费用共计 200 万元，该批产成品售价 1500 万元。假设半成品 A 消费税税率为 30%，产成品消费税税率为 50%。请针对甲公司的情况进行税收筹划，使其税负最低。

◆【分析】

(1) 委托加工的消费品收回后继续加工，然后对外销售。在计算消费税的同时，还应计算增值税 (作为价外税，它与加工方式无关，这里不涉及)。

① 甲公司向乙公司支付加工费的同时，向受托方 (乙公司) 支付其代收代缴的消费税。计算公式如下：

$$消费税组成计税价格 = \frac{200+150}{1-30\%} = 500 \text{万元}$$

$$应缴消费税 = 500 \times 30\% = 150 \text{万元}$$

② 甲公司销售产品后，应缴消费税为

$$1500 \times 50\% - 150 = 600 \text{万元}$$

甲公司的税后利润为 (设所得税税率为 25%)

$$(1500 - 200 - 150 - 200 - 150 - 600) \times (1 - 25\%) = 150 \text{万元}$$

(2) 委托加工的消费品收回后，直接对外销售。

如果委托加工收回的应税消费品运回后，委托方不再继续加工，而是直接对外销售，则仍按上例进行说明。甲公司委托乙公司将原料加工成产成品 B，原料成本不变，加工费用为 320 万元，加工完毕并运回甲公司后，甲公司对外售价仍为 1500 万元。

① 甲公司向乙公司支付加工费的同时，向其支付代收代缴的消费税为

$$\frac{200+320}{1-50\%} \times 50\% = 1040 \times 50\% = 520 \text{万元}$$

② 由于委托加工应税消费品直接对外销售，甲公司在销售时，因销售价格高于乙公司计税价格，不属于直接出售，需按照规定申报缴纳消费税，准予扣除受托方已代收代缴的消费税为

$$1500 \times 50\% - 520 = 230 \text{万元}$$

其税后利润计算如下：

$$(1500 - 200 - 320 - 520 - 230) \times (1 - 25\%) = 172.5 \text{万元}$$

两种方案相比较，在被加工原料成本相同、最终售价相同的情况下，后者显然比前者对企业更有利，税后利润多 22.5 万元 (172.5 - 150)。即使是后种情况，甲公司向乙公司支付的加工费等于前者之和 350 万元 (150 + 200)，后者也比前者税后利润多。

(3) 仍按上例，甲公司将购入的价值 200 万元的原料自行加工成产成品 B，加工成本

与分摊费用共计 450 万元，售价 1500 万元。有关计算如下：

$$应缴消费税 = 1500 \times 50\% = 750 \ 万元$$

$$税后利润 = (1500 - 200 - 450 - 750) \times (1 - 25\%) = 100 \times 75\% = 75 \ 万元$$

从上述分析可以看出，在各相关因素相同的情况下，自行加工方式的税后利润最低，其税负最重；而彻底的委托加工方式 (收回后不再加工直接销售) 又比委托加工后再自行加工后销售税负要低。

思 考 题

1. 消费税计税依据税收筹划的途径有哪些？
2. 如何利用征税范围进行消费税税收筹划？
3. 如何进行消费税自产自用业务的税收筹划？
4. 如何进行消费税委托加工业务的税收筹划？
5. 如何进行成套消费品销售业务的消费税税收筹划？

第6章　企业所得税的税收筹划

本章学习要求

1. 熟悉企业所得税税收政策内容；
2. 掌握企业所得税纳税人、计税依据以及税率的税收筹划思路与操作；
3. 掌握利用税收优惠政策进行企业所得税税收筹划的思路与操作；
4. 熟悉企业合并分立和资产重组的企业所得税税收筹划思路。

第一节　企业所得税纳税人的税收筹划

一、企业所得税纳税人的基本规定

企业所得税纳税人包括企业、事业单位、社会团体、非企事业单位和从事经营活动其他组织。

（一）纳税人与非纳税人的划分

(1) 取得收入的组织也要缴纳企业所得税；包括依法注册、登记的事业单位和社会团体；个人独资企业和合伙企业（非法人）缴纳个人所得税，不是企业所得税的纳税人。

(2) 个人独资企业、合伙企业是指依据中国法律、行政法规的规定成立在中国境内的个人独资企业和合伙企业，不包括境外依据外国法律成立的个人独资企业和合伙企业。

（二）居民企业与非居民企业的划分

(1) 居民企业，是指依法在中国境内成立，或者依照外国（地区）法律成立但实际管理机构在中国境内的企业。

(2) 非居民企业，是指依照外国（地区）法律成立且实际管理机构不在中国境内，但在中国境内设立机构、场所的，或者在中国境内未设立机构、场所，但有来源于中国境内所得的企业。

（三）所得来源地的规定

企业所得税所得来源规定见表 6-1。

表 6-1　企业所得税所得来源规定

所得来源类型	所得来源地确定
销售货物所得	按照交易活动发生地确定
提供劳务所得	按照劳务发生地确定
不动产转让所得	按照不动产所在地确定
动产转让所得	按照转让动产的企业或机构所在地确定
权益性投资资产转让所得	按照被投资企业所在地确定
股息、红利等权益性投资所得	按照分配所得的企业所在地确定
利息所得、租金所得、特许权使用费所得	按照负担、支付所得的企业或者机构、场所所在地确定，或者按照支付、负担所得的个人住所地确定
其他所得	由国务院、税务主管部门确定

二、企业所得税纳税人的税收筹划思路

（一）合理选择公司组织形式

典型的企业组织形式有三种：个人独资企业、合伙企业以及公司制企业。

1. 个人独资企业

个人独资企业由一个自然人投资，财产为投资人个人所有，投资人以其个人财产对企业债务承担无限责任。个人独资企业的特点：

(1) 创立便捷。例如，不需要与他人协商并取得一致，只需要很少的注册资本等。

(2) 维持个人独资企业的成本较低。例如，政府对其监管较少，对其规模也没有什么限制，企业决策程序简单。

(3) 不需要缴纳企业所得税。

另外，个人独资企业也有在经营和发展上的约束条件：

(1) 业主对企业债务承担无限责任，有时企业的损失会超过业主最初对企业的投资，需要用个人其他财产偿债。

(2) 企业的存续年限受制于业主的寿命。

(3) 难以从外部获得大量资本用于经营。

多数个人独资企业的规模都比较小，抵御经济衰退和承担经营失误损失的能力不强，其平均存续年限较短。有一部分个人独资企业能够发展壮大起来，规模扩大后会发现其固有约束条件被放大，于是转变为合伙企业或公司制企业。

2. 合伙企业

合伙企业由合伙人订立合伙协议，共同出资，合伙经营，共享收益，共担风险。通常，合伙人是两个或两个以上的自然人，有时也有法人或其他组织。

合伙企业具有与个人独资企业类似的特点和约束条件，只是程度不同。

合伙企业，包括普通合伙企业和有限合伙企业。普通合伙企业由普通合伙人组成，合伙人对合伙企业债务承担无限连带责任；有限合伙企业由普通合伙人和有限合伙人组成，普通合伙人对合伙企业债务承担无限连带责任，有限合伙人以其认缴的出资额为限对合伙企业债务承担责任。其中，普通合伙企业还包括一种特殊类型的合伙企业，即特殊普通合伙企业。通常，以专业知识和专门技能为客户提供有偿服务的专业服务机构，可以设立为特殊普通合伙企业，如律师事务所、会计师事务所、设计师事务所等。特殊普通合伙企业名称中应当标明特殊普通合伙字样，以区别于一般普通合伙企业。

合伙企业法规定，在特殊普通合伙企业中，一个合伙人或者数个合伙人在执业活动中因故意或者重大过失造成合伙企业债务的，应当承担无限责任或者无限连带责任，其他合伙人以其在合伙企业中的财产份额为限承担责任。合伙人在执业活动中非因故意或者重大过失造成的合伙企业债务以及合伙企业的其他债务，由全体合伙人承担无限连带责任。合伙人执业活动中因故意或者重大过失造成的合伙企业债务，以合伙企业财产对外承担责任后，该合伙人应当按照合伙协议的约定对给合伙企业造成的损失承担赔偿责任。特殊普通合伙企业应当建立执业风险基金，办理职业保险。执业风险基金用于偿付合伙人执业活动造成的债务，应当单独立户管理。

3. 公司制企业

依据公司法登记的机构被称为公司，是政府注册的营利性法人组织，在法律上独立于所有者和经营者。由于公司是独立法人，相对于个人独资企业和合伙企业，公司制企业具有以下优点：

(1) 无限存续。一个公司在最初的所有者和经营者退出后仍然可以继续存在。

(2) 股权可以转让。公司的所有者权益被划分为若干股权份额，每个份额可以单独转让，无须经过其他股东同意。

(3) 有限责任。公司债务是法人的债务，不是所有者的债务，所有者对公司债务的责任以其出资额为限。

公司具有的以上三个优点，使其更容易在资本市场上筹集到资本。公司对债务负有限责任，公司无限存续，降低了投资者的风险；股权便于转让，提高了投资人资产的流动性。

相应地，公司制企业也有相对的约束条件：

(1) 双重课税。公司作为独立的法人，其利润需缴纳企业所得税，企业利润分配给股东后，股东还需缴纳个人所得税。

(2) 组建成本高。公司法对于公司建立的要求比独资或合伙企业的要求高，并且需要提交一系列法律文件，通常花费的时间较长。公司成立后，政府对其监管比较严格，需要定期报备和公开各种报告。

(3) 存在代理问题。在经营者和所有者分开的情况下，经营者成为代理人，所有者成为委托人，代理人可能为了自身利益而伤害委托人利益。

（二）业务拓展中分、子机构设立的选择

(1) 子公司是一个独立企业，具有独立的法人资格。子公司因其具有独立法人资格而

被设立的所在国视为居民企业，通常要履行与该国其他居民企业一样的全面纳税义务，同时也能享受所在国为新设公司提供的免税期或其他税收优惠政策。

(2) 分公司是企业的组成部分，不具有独立的法人资格。居民企业在中国境内设立不具有法人资格的营业机构的，应当汇总计算并缴纳企业所得税。

因此，设立分支机构，使其不具有法人资格，就可由总公司汇总缴纳所得税。这样可以实现总、分公司之间盈亏互抵，合理减轻税收负担。

（三）纳税人身份筹划需要注意的问题

纳税人的税收筹划主要是通过纳税人之间的合并、分立、集团公司内设立子公司或分公司的选择，以达到规避高税率、享受税收优惠的目的。

具体而言，在公司设立时，个人独资企业、合伙企业与公司制企业的选择，应在综合权衡企业的经营风险、经营规模、管理模式及筹资等因素的基础上，选择税负较小的组织形式。一般来说，尽量避免公司制企业的组织形式，避免重复征税而多负担税收。

在公司扩张经营的过程中，选择子公司还是分公司时，应尽量享受分支机构开始经营时的亏损弥补政策，选择分公司组织形式，从而实现总分公司合并纳税时对总公司盈利的抵减；在分支机构经营成熟后，利用变更企业组织形式等方式，设立独立核算的子公司，在降低计税依据的同时，分别享受各自注册地税收优惠政策，从而达到降低税负的目的。

对于企业所得税纳税人的税收筹划，关键是纳税人自身事先对自己的经营规模和经营利润要有比较准确的判断，对企业的经营环境要有较好的了解，否则很容易得不偿失。

【案例 6-1】　甲企业现有两种运营方式：一是依照外国法律成立但其实际管理机构在中国境内；二是依照外国法律成立但其实际管理机构不在中国境内，且在中国境内不设立机构、场所。假设两种方式下每年来源于中国境内的应纳税所得额均为 1000 万元，且没有来源于中国境外的所得，请对其进行税收筹划。

◆【分析】

方案一：

依照外国法律成立但使其实际管理机构在中国境内，即成为居民纳税人的一种，则

$$应纳企业所得税 = 1000 \times 25\% = 250 \text{ 万元}$$

方案二：

依照外国法律成立且使其实际管理机构不在中国境内，且在中国境内不设立机构、场所，即成为非居民纳税人的一种，则

$$应纳企业所得税 = 1000 \times 10\% = 100 \text{ 万元}$$

综上所述，方案二比方案一少缴纳企业所得税 150 万元，仅仅从企业所得税税负来看，应该选择方案二。

【案例 6-2】　深圳新营养技术生产公司，为扩大生产经营范围，准备在内地兴建一家芦笋种植、加工企业。芦笋是一种根基植物，在新的种植区播种，达到初次具有商品价值的收获期大约需要 4 ～ 5 年，使得企业在开办初期面临较大亏损。

估计芦笋种植、加工企业第一年的亏损额为 200 万，第二年亏损额为 150 万，第三年的亏损额为 100 万，第四年的亏损额为 50 万，在第五年盈利，盈利额为 300 万。

新营养技术生产公司总部位于深圳，属于国家重点扶持的高新技术企业，适用所得税税率 15%，在内地拥有一家子公司 H，适用 25% 税率。

测算，未来五年内，新营养技术公司总部年应税所得额为 1000 万元，H 公司的应税所得分别为 300 万元，200 万元，100 万元，0 万元，-150 万元。

◆【分析】

方案一：将芦笋种植、加工企业建成具有独立法人资格的子公司 (M)。

这样前四年中，新营养技术生产公司总体纳税情况：

第一年：$1000 \times 15\% + 300 \times 25\% = 225$ 万元；

第二年：$1000 \times 15\% + 200 \times 25\% = 200$ 万元；

第三年：$1000 \times 15\% + 100 \times 25\% = 175$ 万元；

第四年：$1000 \times 15\% = 150$ 万元。

合计：750 万元。

方案二：将芦笋种植、加工企业建成非独立核算的的分公司 (M)。

这样前四年中，新营养技术生产公司总体纳税情况：

第一年：$1000 \times 15\% - 200 \times 15\% + 300 \times 25\% = 195$ 万元；

第二年：$1000 \times 15\% - 150 \times 15\% + 200 \times 25\% = 177.5$ 万元；

第三年：$1000 \times 15\% - 100 \times 15\% + 100 \times 25\% = 160$ 万元；

第四年：$1000 \times 15\% - 50 \times 15\% = 142.5$ 万元。

合计：675 万元。

方案三：将芦笋种植、加工企业建成内地 H 子公司的非独立核算的分公司 (M)。

这样前四年中，新营养技术生产公司总体纳税情况：

第一年：$1000 \times 15\% + 300 \times 25\% - 200 \times 25\% = 175$ 万元；

第二年：$1000 \times 15\% + 200 \times 25\% - 150 \times 25\% = 162.5$ 万元；

第三年：$1000 \times 15\% + 100 \times 25\% - 100 \times 25\% = 150$ 万元；

第四年：$1000 \times 15\% = 150$ 万元。

合计：637.5 万元。

总结税收筹划要点：

(1) 建成具有独立法人资格的全资子公司，各个公司的亏损不能互抵；

(2) 作为总部下属的分公司，亏损互抵；

(3) 作为子公司下属的分公司，亏损互抵；

(2) 与 (3) 同样是亏损互抵，由于子公司适用税率 (25%) 高于总公司 (15%)，第三种方案较第二种方案税负下降得更快。

由上可知应选择第三种方案，将芦笋种植、加工企业建成内地 H 子公司的分公司。

第二节　企业所得税计税依据的税收筹划

一、企业所得税计税依据的政策内容

（一）应税收入的政策规定

1. 一般收入的确认

(1) 销售货物收入 (增值税项目，含税转为不含税)，是指企业销售商品、产品、原材料、包装物、低值易耗品以及其他存货取得的收入。

(2) 提供劳务收入 (增值税、营改增)，是指企业从事建筑安装、修理修配、交通运输、仓储租赁、金融保险、邮电通信、咨询经纪、文化体育、科学研究、技术服务、教育培训、餐饮住宿、中介代理、卫生保健、社区服务、旅游、娱乐、加工以及其他劳务服务活动取得的收入。

(3) 转让财产收入，是指企业转让固定资产、无形资产、股权、债权等财产取得的收入。

(4) 股息、红利等权益性投资收益，是指企业因权益性投资从被投资方取得的收入。除另有规定外应以被投资企业股东会或股东大会作出利润分配或转股决定的日期确认收入的实现。

(5) 利息收入，是指企业将资金提供他人使用但不构成权益性投资，或者因他人占用本企业资金取得的收入，包括存款利息、贷款利息、债券利息、欠款利息等收入。按照合同约定的债务人应付利息的日期确认收入的实现。

(6) 租金收入，是指企业提供固定资产、包装物或者其他有形资产的使用权取得的收入。按照合同约定的承租人应付租金的日期确认收入的实现 (跨期租金)。

(7) 特许权使用费收入，是指企业提供专利权、非专利技术、商标权、著作权以及其他特许权的使用权取得的收入。按照合同约定的特许权使用人应付特许权使用费的日期确认收入的实现。

(8) 接受捐赠收入，是指企业接受的来自其他企业、组织或者个人无偿给予的货币性资产、非货币性资产。按照实际收到捐赠资产的日期确认收入的实现。

(9) 其他收入，是指企业取得的上述规定收入外的其他收入，包括企业资产溢余收入、逾期未退包装物押金收入、确实无法偿付的应付款项、已作坏账损失处理后又收回的应收款项、债务重组收入、补贴收入、违约金收入、汇兑收益等。

(10) 应税收入确认需要注意以下四个方面的问题：

① 不同收入项目的区分：什么是属于销售收入，什么是财产转让收入，什么是其他收入，这三类收入包括的内容比较多，不要弄混。

② 受赠资产相关金额的确定：

a. 企业接受捐赠的货币性、非货币资产：均并入当期的应纳税所得。

b. 企业接受捐赠的非货币性资产：按接受捐赠时资产的入账价值确认捐赠收入，并入

当期应纳税所得。

受赠非货币资产计入应纳税所得额的内容包括受赠资产价值和由捐赠企业代为支付的增值税，不包括由受赠企业另外支付或应付的相关税费。

③ 其他收入是税法口径，不同于会计上的其他业务收入。其他业务收入是以后计提业务招待费、广宣费的基数销售收入的组成部分。

2. 特色收入的确认

特色收入确认的具体规定见表 6-2。

表 6-2　特色收入的确认规定

收入的范围和项目
(1) 分期收款方式销售货物，按照合同约定的收款日期确认收入的实现
(2) 企业受托加工制造大型机械设备等，以及从事建筑、安装、或者提供其他劳务等，持续时间超十二个月的，按照完工进度或者完成的工作量确认收入
(3) 采取产品分成方式取得收入，按照企业分得产品的日期确认收入的实现，其收入额按照产品的公允价值确定
(4) 非货币性资产交换，将货物、财产、劳务用于捐赠、偿债、赞助、集资、广告、样品、职工福利或者利润分配等，视同销售货物、转让财产或者提供劳务。企业应视同销售确认收入

3. 资产处置收入的确认

资产处置收入的确认具体规定见表 6-3。

表 6-3　资产处置收入的确认

内部处置，不视同销售 (资产转移至境外除外)	不属于内部处置，视同销售
(1) 将资产用于生产、制造、加工另一产品； (2) 改变资产形状、结构或性能； (3) 改变资产用途 (如自建商品房转为自用或经营)； (4) 将资产在总机构及其分支机构之间转移； (5) 上述两种或两种以上情形的混合； (6) 其他不改变资产所有权属的用途	(1) 用于市场推广或销售； (2) 用于交际应酬； (3) 用于职工奖励或福利； (4) 用于股息分配； (5) 用于对外捐赠； (6) 其他改变资产所有权属的用途
说明： (1) 区分的关键看资产所有权属在形式和实质上是否发生改变； (2) 视同销售收入的确认：自制资产，按同类资产同期对外销售价格确定；外购资产，不以销售为目的，具有代替职工福利等费用支出性质，且购买后在一个纳税年度内处置的，按购入时价格确定	

4. 相关收入实现的确认

相关收入实现确认的具体规定见表 6-4。

表6-4 相关收入实现的确认

销 售 商 品	提 供 劳 务
(1) 商品销售合同已经签订，企业已将商品所有权相关的主要风险和报酬转移给购货方； (2) 企业对已售出的商品既没有保留通常与所有权相联系的继续管理权，也没有实施有效控制； (3) 收入的金额能够可靠地计量； (4) 已发生或将发生的销售方的成本能够可靠地核算	(1) 收入的金额能够可靠地计量； (2) 交易的完工进度能够可靠地确定； (3) 交易中已发生和将发生的成本能够可靠地核算

说明：
(1) 企业销售收入必须遵循权责发生制和实质重于形式原则；
(2) 与会计的确认原则比少一条，相关的经济利益很可能流入企业；
(3) 完工进度法 (完工百分比法)：当期劳务收入 = 合同或协议价款 × 完工进度 − 以前年度累计已确认劳务收入；当期劳务成本 = 劳务估计总成本 × 完工进度 − 以前年度累计已确认劳务成本；
(4) 完工进度的确定：累计实际发生的合同成本占合同预计总成本的比例、已经完成的合同工作量占合同预计总工作量的比例、实际测定的完工进度

（二）税前扣除项目的规定内容

税前扣除项目的规定内容详见表6-5。

表6-5 税前扣除项目的规定内容

项　目	准许扣除限额	超过标准的处理方法
职工福利费	不超过工资薪金总额的 14% 的部分	不得扣除
工会经费	不超过工资薪金总额的 2% 的部分	不得扣除
职工教育费	不超过工资薪金总额的 8% 的部分	准予在以后纳税年度内扣除
业务招待费	按照发生额的 60% 扣除，不超过营业收入的 5‰	不得扣除
广告费	营业收入 15% 以内	不得扣除
公益性捐赠	利润额的 12% 以内	不得扣除

注：对化妆品制造与销售，饮料制造 (不含酒类)、医药制造企业发生的广告费和业务宣传费支出，不超过当年销售 (营业) 收入 30% 的部分，准予扣除；超过部分，准予在以后年度扣除。税法没有扣除标准的费用项目包括劳动保护费、办公费、差旅费、董事会费、咨询费、诉讼费、租赁及物业费、车辆使用费、长期待摊费用摊销、房产税、车船税、土地使用税、印花税等。这类费用一般采用以下筹划方法：

(1) 正确设置费用项目，合理加大费用开支。

(2) 选择合理的费用分摊方法。

（三）税法给予优惠的费用项目，应充分享受税收优惠政策

企业开展研发活动中实际发生的研发费用，未形成无形资产计入当期损益的，在按规

定据实扣除的基础上，再按照本年度实际发生额的 75% 从本年度应纳税所得额中扣除；形成无形资产的，按照无形资产成本的 175% 在税前摊销。

研发活动，是指企业为获得科学与技术新知识，创造性运用科学技术新知识，或实质性改进技术、产品 (服务)、工艺而持续进行的具有明确目标的系统性活动。

1. 研发费用的具体范围包括

(1) 人员人工费用。人员人工费用包括直接从事研发活动人员的工资薪金、基本养老保险费、基本医疗保险费、失业保险费、工伤保险费、生育保险费和住房公积金，以及外聘研发人员的劳务费用。

(2) 直接投入费用。直接投入费用包括：① 研发活动直接消耗的材料、燃料和动力费用；② 用于中间试验和产品试制的模具、工艺装备开发及制造费，不构成固定资产的样品、样机及一般测试手段购置费，试制产品的检验费；③ 用于研发活动的仪器、设备的运行维护、调整、检验、维修等费用，以及通过经营租赁方式租入的用于研发活动的仪器、设备租赁费。

(3) 折旧费用。折旧费用包括用于研发活动的仪器、设备的折旧费。

(4) 无形资产摊销。无形资产摊销包括用于研发活动的软件、专利权、非专利技术 (包括许可证、专有技术、设计和计算方法等) 的摊销费用。

(5) 新产品设计费、新工艺规程制定费、新药研制的临床试验费、勘探开发技术的现场试验费。

(6) 其他相关费用。其他相关费用包括与研发活动直接相关的其他费用，如技术图书资料费、资料翻译费、专家咨询费、高新科技研发保险费，研发成果的检索、分析、评议、论证、鉴定、评审、评估、验收费用，知识产权的申请费、注册费、代理费、差旅费、会议费等。此项费用总额不得超过可加计扣除研发费用总额的 10%。

(7) 财政部和国家税务总局规定的其他费用。

2. 不适用税前加计扣除政策的活动

(1) 企业产品 (服务) 的常规性升级。

(2) 对某项科研成果的直接应用，如直接采用公开的新工艺、材料、装置、产品、服务或知识等。

(3) 企业在商品化后为顾客提供的技术支持活动。

(4) 对现存产品、服务、技术、材料或工艺流程进行的重复或简单改变。

(5) 市场调查研究、效率调查或管理研究。

(6) 作为工业 (服务) 流程环节或常规的质量控制、测试分析、维修维护。

(7) 社会科学、艺术或人文学方面的研究。

3. 不适用税前加计扣除政策的行业

(1) 烟草制造业。

(2) 住宿和餐饮业。

(3) 批发和零售业。

(4) 房地产业。

(5) 租赁和商务服务业。

(6) 娱乐业。

(7) 财政部和国家税务总局规定的其他行业。

4. 特别事项的处理

(1) 企业委托外部机构或个人进行研发活动所发生的费用，按照费用实际发生额的 80% 计入委托方研发费用并计算加计扣除，受托方不得再进行加计扣除。委托外部研究开发费用实际发生额应按照独立交易原则确定。

(2) 委托方与受托方存在关联关系的，受托方应向委托方提供研发项目费用支出明细。企业委托境外机构或个人进行研发活动所发生的费用，不得加计扣除。

(3) 企业共同合作开发的项目，由合作各方就自身实际承担的研发费用分别计算加计扣除。

(4) 企业集团根据实际情况，需要集中研发的项目，其实际发生的研发费用，可以按照权利和义务相一致、费用支出和收益分享相配比的原则，合理确定研发费用的分摊方法，在受益成员企业间进行分摊，由相关成员企业分别计算加计扣除。

(5) 企业为获得创新性、创意性、突破性的产品进行创意设计活动而发生的相关费用，可按照规定进行税前加计扣除。创意设计活动是指多媒体软件、动漫游戏软件开发、数字动漫、游戏设计制作、房屋建筑工程设计 (绿色建筑评价标准为三星)、风景园林工程专项设计、工业设计、多媒体设计、动漫及衍生产品设计、模型设计等。

5. 会计核算与管理

(1) 企业应按照国家财务会计制度要求，对研发支出进行会计处理；同时，对享受加计扣除的研发费用按研发项目设置辅助账，准确归集核算当年可加计扣除的各项研发费用实际发生额。企业在一个纳税年度内进行多项研发活动的，应按照不同研发项目分别归集可加计扣除的研发费用。

(2) 企业应对研发费用和生产经营费用分别核算，准确、合理归集各项费用支出，对划分不清的，不得实行加计扣除。

6. 管理事项及征管要求

(1) 研发费用加计扣除适用于会计核算健全、实行查账征收并能够准确归集研发费用的居民企业。

(2) 企业研发费用各项目的实际发生额归集不准确、汇总额计算不准确的，税务机关有权对其税前扣除额或加计扣除额进行合理调整。

(3) 税务机关对企业享受加计扣除优惠的研发项目有异议的，可以转请地市级 (含) 以上科技行政主管部门出具鉴定意见，科技部门应及时回复意见。企业承担省部级 (含) 以上科研项目的，以及以前年度已鉴定的跨年度研发项目，不再需要鉴定。

(4) 企业符合规定的研发费用加计扣除条件，而在 2016 年 1 月 1 日以后未及时享受该项税收优惠的，可以追溯享受并履行备案手续，追溯期限最长为 3 年。

(5) 税务部门应加强研发费用加计扣除优惠政策的后续管理，定期开展核查，年度核察面不得低于 20%。

7. 计税依据中的研发费用筹划

尽可能地通过"擦边球"的方式，将与之相关的费用项目列入研发费用扣除范围，增加扣除基数，但是一方面需要注意区分征税与不征税收入的分别核算。将技术研发性质的财政性专项支出作为征税收入核算，可以加计扣除金额，从而减少当期应税收入金额。另一方面需要注意将研发费用与生产经营费用分别核算

【案例6-3】 企业取得政府扶持研究开发的财政性资金400万元，全部用于研究开发费支出，企业将财政性资金纳入不征税收入管理，当年应纳税所得额为1000万元。如果企业将财政性资金作为征税收入管理，在增加收入400万元的同时，相应地增加扣除400万元，则企业的应纳税所得额仍为1000万元（1000+400-400）。但是，由于400万元用于研究开发费用的支出可申请加计扣除，则应纳税所得额减为800万元（1000+400-400-400×50%）。相比之下，财政性资金纳入征税收入更有利于该企业。

【案例6-4】 某房地产开发企业，在上海一黄金地段开发楼盘，广告费扣除率为15%，预计本年销售收入7000万元，计划本年宣传费用开支1200万元，企业为了合理安排宣传费开支，进行如下税收筹划。

方案一：在当地电视台以及报刊上进行广告。

广告费扣除限额 = 7000×15% = 1050万元

显然广告费已经超支150万元（1200-1050）。

因此应纳税所得额同时调增150万元。

方案二：电视台播出广告，花费900万元，雇佣少量人员在节假日到各类公共场所发传单，支出30万元，建立相应网站宣传270万元。

由于广告费900元没有超过扣除限额，从而可以税前全部扣除。而另外的30万元和网站宣传费270万元，通过劳务费和成本在税前可以据实扣除，从而相对于方案一的超支150万元，可以在税前扣除，抵扣企业所得税。

【案例6-5】 某公司2008年10月对一条生产线进行大修，12月份完工，该生产线原价及计税基础均为8000万元，发生修理费用4100万元，其中购买大修理所用零件，取得增值税专用发票注明：货款1800万元，增值税进项税306万元，运费100万元，更换一台设备价值1000万元，发生人工费用894万元。修理后固定资产使用寿命延长3年。假定当年实现利润6000万元，不考虑其他纳税调整事项。根据维修费用，进行税收筹划。

按照《企业所得税法》规定，固定资产大修支出占固定资产计税的比重：4100÷8000=51.25%>50%；且使用寿命延长超过2年，符合大修支出的标准，应作为待摊费用按照规定摊销。

◆【分析】

在此次大修中，不更换价值1000万元的设备，但不影响企业生产经营。修理支出下降为3100万元。

修理支出占固定资产的计税基础为 $\frac{3100}{8000}×100\% = 38.75\%$ 不符合税法规定的大修支出条件。

零件进项税和运费进项税可以抵扣 317 万元 (306 + 100 × 11%)。

假设修理费在 5 年内摊销，当年可摊销费用为

$$\frac{4100}{5} = 820 \text{ 万元}$$

当年应纳企业所得税为

$$(6000 - 820) × 25\% = 1295 \text{ 万元}$$

本案例中，固定资产大修支出转为日常修理，可获得如下节税收益：

(1) 增值税进项税额 317 万元，可以在当期抵扣。从而减少增值税极其附加税，流转税税负降低。

(2) 该项修理支出 2783 万元 (3100 - 317)，可以在当期扣除，直接降低当期应纳企业所得税 695.75(2783 × 25%)，相当于政府给予企业一笔无息贷款。

【案例 6-6】　某公司接受外企一无形资产作为投资。该无形资产价值 1200 万元，法律规定的有效期为 10 年。估计该项投资可以每年给公司增加利润 180 万元，使公司每年的利润达到 650 万元。

◆【分析】

$$\text{每年需纳税} = 650 × 25\% = 162.5 \text{ 万元}$$

假定企业的必要报酬率为 10%。

$$\text{缴纳的所得税现值} = 162.5 × \text{PVIFA}(10, 10\%) = 162.5 × 6.145 = 998.56 \text{ 万元}$$

从税收筹划的角度考虑，与投资方协商，以提高对方的利润分配率为代价，议定该无形资产的使用年限为 5 年，则

前 5 年每年可增加费用 $= \frac{1200}{5} - \frac{1200}{10} = 120$ 万元；

利润减少 = 650 - 120 = 530 万元；

每年需纳税 = 530 × 25% = 132.50 万元；

后 5 年的无形资产摊销为 0；

利润 = 650 + 120 = 770 万元；

每年缴税 = 770 × 25% = 192.50 万元；

缴纳的所得税现值总和 = 132.5 × PVIFA(5, 10%) + 192.5 × [PVIFA(10, 10%) - PVIFA(5, 10%)]

$$= 132.5 × 3.791 + 192.5 × (6.145 - 3.791) = 955.45 \text{ 万元}；$$

获得货币时间价值 = 998.56 - 955.45 = 43.11 万元。

（四）充分利用捐赠政策进行税收筹划

企业所得税规定，企业对外的公益性捐赠，在年利润总额中 12% 以内的部分准予在计算应纳税所得额时扣除，同时允许结转三年进行税前扣除。企业在符合税法规定的情况下，充分利用捐赠政策，分析不同捐赠方式的税收负担，达到既实现捐赠，又降低税负的目的。

具体筹划思路如下：

(1) 充分利用捐赠政策；

(2) 分析不同捐赠方式的税收负担，合理选择捐赠方式；

(3) 达到既实现捐赠又降低税负的目的。

【案例 6-7】 北方公司为了支持四川汶川县的灾后重建，现准备在该地区投资 200 万元建成一栋新住宅，于 2021 年底通过政府部门将其捐赠给当地从事公益事业的阳光公司。假定该厂房折旧年限为 20 年，报废时无残值，无清理费用。捐赠方每年会计利润为 1000 万元，受赠方接受不动产预计每年的会计利润为 200 万元。如何进行税收筹划，使得捐赠方达到既实现捐赠又降低税负的目的？

◆【分析】

(1) 税收筹划之前。

① 北方公司企业所得税情况。

对于北方公司，该单位将不动产赠与他人，视同销售不动产，采用简易计税方法征收增值税，如果没有同类产品市场价格按照组成计税价格确定。当地税务机关核定的成本利润率为 10%。

该不动产组成计税价格 $= \dfrac{200 \times (1+10\%)}{1-5\%} = 231.58$ 万元；

应纳城建税及教育费附加合计 $= 231.58 \times 5.5\% = 12.74$ 万元；

捐赠扣除限额 $= (1000 - 12.74) \times 12\% = 118.47$ 万元；

应纳企业所得税 $= (1000 - 12.74 - 118.47) \times 25\% = 217.2$ 万元。

② 接受捐赠的阳光公司企业所得税情况。

按照税法规定，企业接受捐赠的实物资产应计入应纳税所得额，同时自 2008 年起，阳光公司每年提取的折旧额为 10 万元 (200÷20)。

应缴纳的企业所得税 $= (200 - 10) \times 25\% = 47.5$ 万元。

这笔交易导致双方的税收负担都相应增加。

(2) 税收筹划方案。

北方公司将这笔资产以投资而不是捐赠形式转让出去，并把每年从阳光公司分回的股利再以现金形式捐赠。据此，该不动产作价 200 万元作为对阳光公司的投资，北方公司占总股本的 12%。假设接受捐赠后，阳光公司每年产生的税后利润全部用来分配。该不动产每年所提取的折旧额不变。

北方公司每年分回的现金股利 $= (200 - 10) \times (1 - 25\%) \times 12\% = 17.1$ 万元。

北方公司再将这笔投资收益捐赠给阳光公司，可以在税前列支，按照 20 年计算，每年可以在税前列支的捐赠为 $17.1 \times 20 = 342$ 万元。

北方公司纳税情况，根据增值税规定，以不动产投资入股，参与被投资方利润分配、共担风险的行为，不征增值税。因此北方公司少纳城建税以及教育费附加共计 12.74 万元。由于不发生不动产捐赠，无相应的捐赠扣除限额和营业税金及附加扣除，企业所得税 $= 1000 \times 25\% = 250$ 万元，多缴纳 $250 - 217.2 = 32.8$ 万元所得税。

二、企业所得税计税依据的税收筹划思路

（一）企业所得税应税收入的税收筹划思路

企业所得税应税收入的税收筹划主要涉及收入金额和收入确认时间的筹划：

(1) 收入金额的筹划：一是通过分割的方法，尽量避免应税收入规模；二是通过分期收款的方式，减少当年应税收入金额，从而相应获得递延纳税收益。

(2) 收入确认时间的筹划：主要是通过业务和结算时间与方式的合理安排，实现对收入确认时间的递延。一般来说，尽量晚地确认收入对企业来说往往是有利的。再次就是尽可能避免成为应税收入。

前述关于流转税的相关收入递延思路同样适用于企业所得税。

【案例 6-8】　某大型商场，为增值税一般纳税人，企业所得税实行查账征收方式，适用税率为 25%。假定每销售 100 元商品，其平均商品成本为 60 元。年末商场决定开展促销活动，拟定满 100 送 20，即每销售 100 元商品，送出 20 元的优惠。具体方案有如下几种选择：

(1) 顾客购物满 100 元，商场送 8 折商业折扣的优惠。

(2) 顾客购物满 100 元，商场赠送折扣券 20 元 (不可兑换现金，下次购物可代币结算)。

(3) 顾客购物满 100 元，商场另行赠送价值 20 元礼品。

(4) 顾客购物满 100 元，商场返还现金大礼 20 元。

(5) 顾客购物满 100 元，商场送加量，顾客可再选购价值 20 元商品，实行捆绑式销售，总价格不变。

现假定商场单笔销售了 100 元商品，请对其进行税收筹划选择。(假设上述价格均为含税价格)

◆【分析】

方案一：顾客购物满 100 元，商场送 8 折商业折扣的优惠。

应纳增值税 $= \dfrac{80}{1+13\%} \times 13\% - \dfrac{60}{1+13\%} \times 13\% = 2.30$ 元；

应纳城建税及教育费附加 $= 2.30 \times (7\% + 3\%) = 0.23$ 元；

销售毛利润 $= \dfrac{80}{1+13\%} - \dfrac{60}{1+13\%} - 0.23 = 17.47$ 元；

应纳企业所得税 $= 17.47 \times 25\% = 4.37$ 元；

税后净利润 $= 17.47 - 4.37 = 13.10$ 元。

方案二：顾客购物满 100 元，商场赠送折扣券 20 元 (不可兑换现金，下次购物可代币结算)。

应纳增值税 $= \dfrac{100}{1+13\%} \times 13\% - \dfrac{60}{1+13\%} \times 13\% = 4.60$ 元；

应纳城建税及教育费附加 $= 4.60 \times (7\% + 3\%) = 0.46$ 元；

销售毛利润 $= \dfrac{100}{1+13\%} - \dfrac{60}{1+13\%} - 0.46 = 34.94$ 元；

应纳企业所得税 $= 34.94 \times 25\% = 8.735$ 元；

税后净利润 $= 34.94 - 8.735 = 26.21$ 元。

方案三：顾客购物满 100 元，商场另行赠送价值 20 元礼品。

应纳增值税 $= \dfrac{100}{1+13\%} \times 13\% - \dfrac{60}{1+13\%} \times 13\% + \dfrac{20}{1+13\%} \times 13\% - \dfrac{12}{1+13\%} \times 13\% = 5.52$ 元；

应纳城建税及教育费附加 $= 5.52 \times (7\% + 3\%) = 0.552$ 元；

销售毛利润 $= \dfrac{100}{1+13\%} - \dfrac{60}{1+13\%} + \dfrac{20}{1+13\%} - \dfrac{12}{1+13\%} - 0.552 = 41.93$ 元；

应纳企业所得税 $= \left(41.93 + \dfrac{20}{1+13\%} + \dfrac{12}{1+13\%} \right) \times 25\% = 17.56$ 元；

税后净利润 $= 41.93 - 17.56 = 24.37$ 元。

方案四：顾客购物满 100 元，商场返还现金大礼 20 元。

如果返现只是在结算时减少，即买的是 100 元的商品，结算时支付 80 元的话，则相关计算与方案一相同。

如果是先支付 100 元，再行返现 20 元大礼的话，则属于返本方式销售，则相关计算如下：

应纳增值税 $= \dfrac{100}{1+13\%} \times 13\% - \dfrac{60}{1+13\%} \times 13\% = 4.60$ 元；

应纳城建税及教育费附加 $= 4.60 \times (7\% + 3\%) = 0.46$ 元；

销售毛利润 $= \dfrac{100}{1+13\%} - \dfrac{60}{1+13\%} - 0.46 - 20 = 14.94$ 元；

应纳企业所得税 $= 14.94 \times 25\% = 3.73$ 元；

税后净利润 $= 14.94 - 3.73 = 11.21$ 元。

方案五：顾客购物满 100 元，商场送加量，顾客可再选购价值 20 元商品，实行捆绑式销售，总价格不变。

应纳增值税 $= \dfrac{100}{1+13\%} \times 13\% - \dfrac{60}{1+13\%} \times 13\% - \dfrac{12}{1+13\%} \times 13\% = 3.22$ 元；

应纳城建税及教育费附加 $= 3.22 \times (7\% + 3\%) = 0.322$ 元；

销售毛利润 $= \dfrac{100}{1+13\%} - \dfrac{60}{1+13\%} - \dfrac{12}{1+13\%} - 0.322 = 24.46$ 元；

应纳企业所得税 $= 24.46 \times 25\% = 6.12$ 元；

税后净利润 $= 24.46 - 6.12 = 18.34$ 元。

结论：

方案二与方案一相比，当顾客下次使用折扣券时，商场就会出现按方案一计算的纳税及获利情况。因此，方案二只是比方案一多流入了资金增量部分的时间价值而已，即延期折扣。

方案一与方案五相比较，即再把 20 元商品作正常销售，相关计算如下：

应纳增值税 $= \dfrac{20}{1+13\%} \times 13\% - \dfrac{12}{1+13\%} \times 13\% = 0.92$ 元；

应纳城建税及教育费附加 = 0.92 × (7% + 3%) = 0.092 元；

销售毛利润 = $\dfrac{20}{1+13\%} - \dfrac{12}{1+13\%} - 0.092 = 6.99$ 元；

应纳企业所得税 = 6.99 × 25% = 1.75 元；

税后净利润 = 6.99 − 1.75 = 5.24 元。

按照上面的方式，方案一可以实现与方案五一样的税后净利润，但方案一的再销售能否实现存在不确定性，还存在存货占用资金的成本。因此，方案五更合适。

（二）企业所得税税前扣除项目的税收筹划思路

企业所得税税前扣除项目和扣除范围比较多且很繁琐，因此税前扣除项目的税收筹划，是企业所得税税收筹划的重点，仅次于利用税收优惠政策的筹划。

1. 企业所得税税前扣除项目的税收筹划总体思路

尽可能地争取税前扣除，能够早扣除的，绝不延后；能够税前一次性扣除，绝不选择摊销或计提折旧的方式扣除；能入费用，绝不入资产成本；尽可能地争取扣除项目，越多越好，争取扣除项目和扣除金额最大化。

2. 常见的抵扣项目及筹划思路

1) 固定资产：利用折旧方法进行税收筹划

在企业减免税优惠期内，加速折旧会使企业总体税负提高，增加了所得税的支出，使经营者可以自主支配的资金减少，一部分资金以税款的形式流出企业；但加速折旧同时也向经营者提供了一项秘密资金，即已经提足折旧的固定资产仍然在为企业服务，却"没有"占用企业的资金。这项秘密资金的存在为企业未来的经营亏损提供了避难所。因此，即使在免税、减税期间，许多企业的经营者也乐于采用加速折旧方法，为的是有一个较为宽松的财务环境。

对于亏损企业，选择折旧方法应同企业的亏损弥补情况相结合。选择的折旧方法，必须能使不能得到或不能完全得到税前弥补的亏损年度的折旧额降低，保证折旧费用的抵税效应得到最大限度的发挥。

【案例 6-9】　境内盈利企业甲公司是增值税一般纳税人，适用企业所得税率为 25%，未享受所得税优惠政策。近几年，甲公司加大信息化建设投入力度，提高企业生产效率。同时因地处城市近郊，且负责产品的运输，购置的车辆较多。至 2008 年底，该公司已拥有的固定资产中，电子设备的原值为 3000 万元。其中，已使用 1 年的原值为 1000 万元，已使用 2 年的原值为 2000 万元，采用平均年限法并按 5 年期计提折旧，预计净残值率为 5%。2009 年，鉴于电子设备的使用情况，甲公司拟调整固定资产的折旧年限。请为该公司进行税收筹划。

◆【分析】

方案一：折旧年限维持不变。

该部分电子设备计提的折旧：已使用 1 年部分，剩下尚需计提折旧 4 年，即 2009 年、2010 年、2011 年、2012 年。每年提取的折旧额为 1000 × (1 − 5%) ÷ 5 = 190 万元。

已使用 2 年部分，剩下尚需计提折旧 3 年，即 2009 年、2010 年、2011 年。每年提取的折旧额为 2000 × (1 − 5%) ÷ 5 = 380 万元。

2009 年—2011 年，每年的折旧额为 570 万元，2012 年为 190 万元。

因为该公司计提的折旧符合税法规定，可在企业所得税前予以扣除，按年复利率 10% 的现值计算，1 ～ 4 年期复利现值系数分别为：0.9091、0.8264、0.7513、0.683，则这些折旧可抵税：(570 × 0.9091 + 570 × 0.8264 + 570 × 0.7513 + 190 × 0.683) × 25% = 386.8115 万元。

方案二：适时调整折旧年限。

甲公司因科技进步，可适时调整已购置固定资产的折旧年限，将电子设备折旧年限调整为 3 年。调整固定资产折旧年限后，已使用 1 年的电子设备，将原剩下尚未计提折旧的 4 年，改为按 3 − 1 = 2 年计提，即 2009 年、2010 年每年计提折旧额为 [1000 × (1 − 5%) − 1000 × (1 − 5%) ÷ 5] ÷ 2 = 380 万元。

已使用 2 年的电子设备，将原剩下尚未计提折旧的 3 年，改为按 3 − 2 = 1(年) 计提，即 2009 年为 2000 × (1 − 5%) − 2 × 2000 × (1 − 5%) ÷ 5 = 1140 万元。

合计为：2009 年 1520 万元，2010 年为 380 万元。

因为该公司计提的折旧符合税法规定，可在企业所得税前予以扣除，按年复利率 10% 的现值计算，1 至 2 年期复利现值系数分别为：0.9091、0.8264，则这些折旧可抵税：(1520 × 0.9091 + 380 × 0.8264) × 25% = 423.966 万元。

综合比较，方案二因及时调整政策，缩短了折旧年限，使折旧提前在税前扣除，从而节约资金的时间价值，计节约资金支出 423.966 − 386.8115 = 37.1545 万元，故选择方案二有利。

不过，甲公司如果享受企业所得税优惠政策，则要具体分析。上例中，如果甲公司在 2009 年享受企业所得税免税的优惠政策，2009 年后不再享受优惠政策，则方案一中折旧可抵税 257.265 万元，方案二中折旧可抵税 78.508 万元，显然采取方案一有利。

2) 成本费用核算：选择合理的存货计价方法

税法规定，纳税人的商品、材料、产成品、半成品等存货的计价应当以实际成本为准。纳税人各项存货的发生和领用，其实际成本的计算可以在先进先出法、后进先出法、加权平均法、移动平均法等方法中任选一种。一经选用，不得随意改变，确实需要改变计价方法的，应当在下一纳税年度开始前报主管税务机关备案。

从税收筹划的角度来看，由于原材料存货的价格一般总是上升的，因此，以上四种成本计价方法中，纳税人采用后进先出法比较好。但是，《企业所得税税前扣除办法》(国税发〔2000〕84 号) 对后进先出法进行了限制，要求企业在使用后进先出法时，计价方法必须与实物流转一致。不过，该办法虽然限制了后进先出法，却没有限制其他计价方法。总之，存货计价方法的选择应有利于本期多结转成本，能使成本上升，从而冲减利润，减少计税依据，减轻所得税税负。

计价方法选择的筹划应立足于使成本费用的抵税效应得到最充分或最快的发挥。在不同企业内，应选择不同的计价方法，才能使企业的所得税税负降低。

(1) 在盈利企业，由于存货成本能从所得中税前扣除，即存货成本的抵税效应能够完全发挥。因此，在选择计价方法时，应着眼于使成本费用的抵税效应尽可能早地发挥作用。

即选择前期成本较大的计价方法。如在通货膨胀时期，可选择后进先出法；在通货紧缩时期，可选择先进先出法。

(2) 在享受所得税优惠政策的企业，由于减免税期内成本费用的抵税效应会全部或部分地被减免优惠所抵消，应选择减免税期成本少、非减免税期成本多的计价方法。

(3) 在亏损企业，选择计价方法应同企业的亏损弥补情况相结合。选择的计价方法，必须能使不能得到或不能完全得到税前弥补的亏损年度的成本费用降低，保证成本费用的抵税效应得到最大限度的发挥。

【案例 6-10】　2017 年康迪发展有限公司所购入饲料主要原材料豆粕价格起伏波动比较大，故公司采取移动平均法计算存货成本以减少对公司经营的影响。从 2017 年 10 月以后呈现一种不断上涨的趋势，预计 2018 年将持续这种趋势。假设公司其他会计事项不发生变化，销售费用平均每吨 0.215 万元，假设公司其他费用为 660 万元，4 月份销售价格 0.45 万元 / 吨，11 月份销售价格 0.6 万元 / 吨，分析存货计价方式中的税收筹划问题 (企业所得税税率为 15%)。

康迪发展有限公司原材料购货和销货记录如下表 6-6 所示。

表 6-6　康迪发展有限公司原材料购货和销货记录

领　货			发　货		
日期	数量 / 吨	单价 /(万元 / 吨)	日期	数量 / 吨	单价 /(万元 / 吨)
2.10	10 000	0.20	4.10	8000	0.45
7.10	4000	0.25	11.10	10 000	0.6
9.10	5000	0.30	—	—	—
10.10	4000	0.35	—	—	—

◆【分析】

方案一：公司采用先进先出法。

康迪发展有限公司销售收入：$8000 \times 0.45 + 10\,000 \times 0.6 = 9600$ 万元；

销售成本：$8000 \times (0.2 + 0.215) + 2000 \times (0.2 + 0.215) + 4000 \times (0.25 + 0.215) + 4000 \times (0.3 + 0.215) = 8070$ 万元；

销售毛利：$9600 - 8070 = 1530$ 万元；

期末存货成本：$1000 \times (0.3 + 0.215) + 4000 \times (0.35 + 0.215) = 2775$ 万元；

假设其他因素不变，企业所得税税率为 15%，公司应纳所得税额：$(1530 - 660) \times 15\% = 130.5$ 万元。

方案二：采用加权平均法。

加权平均单价：

$$\frac{10\,000 \times (0.2 + 0.215) + 4000 \times (0.25 + 0.215) + 5000 \times (0.3 + 0.215) + 4000 \times (0.35 + 0.215)}{10\,000 + 4000 + 5000 + 4000}$$

$= 0.471\,5$ 万元；

销售收入：$8000 \times 0.45 + 10\,000 \times 0.6 = 9600$ 万元；

销售成本：$(8000 + 10\,000) \times 0.471\,5 = 8487$ 万元；

销售毛利：$9600 - 8487 = 1113$ 万元；

存货成本：$5000 \times 0.471\,5 = 2357.5$ 万元；

企业应纳所得税额：$(1113 - 660) \times 15\% = 453 \times 15\% = 67.95$（万元）。

方案三：采用移动平均法。

4 月 10 日发出存货成本：$8000 \times (0.2 + 0.215) = 3320$ 万元；

4 月末存货成本：$10\,000 \times (0.2 + 0.215) - 3320 = 830$ 万元；

7 月 10 日购货后存货的平均单价：$\dfrac{830 + 4000 \times (0.25 + 0.215)}{6000} = 0.448$ 万元；

9 月 10 日存货的平均单价：$\dfrac{5000 \times (0.3 + 0.215) + 6000 \times 0.448}{5000 + 6000} = 0.478$ 万元。

10 月 10 日收货后存货的平均单价：

$$\dfrac{4000 \times (0.35 + 0.215) + 11\,000 \times 0.478}{4000 + 11\,000} = 0.501 \text{ 万元；}$$

11 月 20 日发出存货成本：$10\,000 \times 0.501 = 5010$ 万元；

11 月末存货成本：$5000 \times 0.501 = 2505$ 万元；

本年度销售收入：$8000 \times 0.45 + 10\,000 \times 0.6 = 9600$ 万元；

本年度销货成本：$3320 + 5010 = 8330$ 万元；

本年度销售毛利：$9600 - 8330 = 1270$ 万元；

企业应纳所得税：$(1270 - 660) \times 15\% = 91.5$ 万元。

不同存货计价方法下应纳所得税的比较见表 6-7。

表 6-7　不同存货计价方法下应纳所得税
单位：万元

存货计价方法	期末存货	销售收入	销售成本	销售毛利	应纳所得税	净利润
先进先出法	2775	9600	8070	1530	130.5	739.5
加权平均法	2357.5	9600	8487	1113	67.95	385.05
移动平均法	2505	9600	8330	1270	91.5	518.5

通过以上分析，企业采用先进先出法更加有利。

3) 选择合理的费用分摊方法

不同的费用分摊方式会扩大或缩小企业成本，从而影响企业利润水平，因此企业可以选择有利的方法来进行费用的分摊。现行的税收法规和财务会计法规也对成本费用的分摊期限、分期方法作了明确的确定，具体分为以下几种类型：

(1) 分摊期限和分摊方法都不能自主选择的成本费用。这种成本费用只能按法规所规定的分摊方法和分摊期限进行分摊，如租入固定资产的租金、财产保险的保险费等。

(2) 分摊期限可适当选择的成本费用。这种成本费用一般应严格按照法规所规定的方法进行分摊，但分摊期限可在不违反法规的前提下加以选择。如对无形资产和递延资产的摊销，税法通常只规定最短的摊销期限。

(3) 分摊方法可自主选择的成本费用。这种成本费用在法规中一般规定有几种分摊方法,可供企业自主选择。如低值易耗品价值可采用一次摊销法、分期摊销法、五五摊销法等。

对于分摊期限和分摊方法都不能自主选择的成本费用,只能按法规的规定计入相应的成本费用,可参考固定资产折旧的选择方法进行筹划。

对于有多种分摊方法可供选择的成本费用,在采用不同的分摊方法下,其每期应分摊的成本费用额不同,对利润和应纳所得税额产生的影响也就不同。

第一,在盈利年度,应选择能使成本费用尽快得到分摊的分摊方法。其目的是使成本费用的抵税作用尽早发挥,推迟利润的实现,从而推迟所得税的纳税义务时间。例如,在盈利企业,对低值易耗品的价值摊销应选择一次摊销法。

第二,在亏损年度,分摊方法的选择应充分考虑亏损的税前弥补程度。在其亏损额预计不能或不能全部在未来年度里得到税前弥补的年度,应选择能使成本费用尽可能地摊入亏损、能全部得到税前弥补或盈利的年度,从而使成本费用的抵税作用得到最大限度的发挥。

第三,在享受税收优惠政策的年度,应选择能避免成本费用的抵税作用被优惠政策抵消的分摊方法。例如,在享受免税和正常纳税的交替年度,应选择能使减免税年度摊销额最小和正常纳税年度摊销最大的分摊方法。

另外,在企业所得税实行超额累进税率的国家里,采用平均分摊方法,使企业的获利相对平稳,从而使其适用的所得税税率处于低位,也不失为减少纳税的好方法。

4) 选择合理的资产租赁方式

当出租方和承租人属于关联企业时,若一方盈利,一方亏损,则亏损方可以利用租赁形式把某些设备租赁给盈利方,减少盈利方利润;若双方适用的税率有差别时,利用租赁使利润流向税率较低的一方。

5) 选择合理的筹资方式

筹资作为一个相对独立的行为,它对企业经营理财业绩的影响,主要是通过资本结构的变动而发挥作用的,因而分析筹资的税收筹划时,应着重考虑两个方面:一是资本结构的变动究竟是如何对企业业绩和税负产生影响的;二是企业应当如何组织资本结构的配置,才能在有效降低税负的同时实现投资所有者税后收益最大化的目标。资本结构的构成与变动主要取决于负债与资本金的比例,也就是负债比率,而负债比率是否合理是判定资本结构是否优化的关键。负债比率越高,意味着企业的税前扣除额越大,节税效果相应也就越明显,但同时企业的经营风险也就越大。因此,企业在利用筹资方式进行税收筹划时,不能仅从税收上考虑,要注意企业收益提高所带来的风险,要充分考虑企业自身的特点以及风险承受能力。

6) 选择合理的外币折算方式

统账制,是指业务发生时即将外币折算为记账本位币入账——大多数企业采用可以选取外币业务发生当日的市场汇率作为记账汇率;可以选取当月1日的市场汇率,在月份(或季度、年度)终了,要将各外币账户期末余额按期末的市场汇率折算为记账本位币金额,将与其相对应的记账本位币账户期末余额之间的差额确认为汇兑损益。在外币持续上升时,卖出外币,选择当日汇率;买入外币,选取当期期初汇率在外币汇率持续下降,卖出外币,选取当期期初汇率为记账汇率；买入外币，选取当日汇率。

分账制，是指日常核算时分币种以外币原币记账，而在编制资产负债表日才将其折算为记账本位币报表。

（三）亏损弥补的税收筹划思路

根据《企业所得税法》第十八条的规定，企业纳税年度发生的亏损，准予向以后年度结转，用以后年度的所得弥补，但结转年限最长不得超过 5 年。弥补亏损期限，是指纳税人某一纳税年度发生亏损，准予用以后年度的应纳税所得弥补，1 年弥补不足的，可以逐年连续弥补，弥补期最长不得超过 5 年，5 年内不论是盈利还是亏损，都作为实际弥补年限计算。这一规定为纳税人进行税收筹划提供了空间，纳税人可以通过对本企业投资和收益的控制来充分利用亏损结转的规定，将能够弥补的亏损尽量弥补。

这里面有两种方法可以采用：一是，如果某年度发生了亏损，企业应当尽量使得邻近的纳税年度获得较多的收益，也就是尽可能早地将亏损予以弥补；二是，如果企业已经没有需要弥补的亏损或者企业刚刚组建，而亏损在最近几年又是不可避免的，那么，应该尽量先安排企业亏损，然后再安排企业盈利。需要注意的是，企业的年度亏损额，是指按照税法规定的方法计算出来的，而不能利用多算成本和多列工资、招待费、其他支出等手段虚报亏损。税务机关在对申报亏损的企业进行纳税检查时，如发现企业多列扣除项目或少计应纳税所得，从而多申报亏损，可视同查出同等金额的应纳税所得。对此，除调减其亏损额外，税务机关可根据 25% 的法定税率 (2008 年 1 月 1 日之前按照 33% 的税率计算)，计算出相应的应纳所得税额，并视其情节，根据《税收征收管理法》的有关规定进行处理。因此，企业必须正确地计算申报亏损，才能通过税收筹划获得合法利益，否则，为了亏损结转而虚报亏损有可能导致触犯税法而受到法律的惩处。

【案例 6-11】　某企业 2012 年度发生年度亏损 100 万元，假设该企业 2012—2018 年各纳税年度应纳税所得额如表 6-8 所示。

表 6-8　企业 2012—2018 年各纳税年度应纳税所得额

年　份	2012	2012	2014	2015	2016	2017	2018
应纳税所得额 / 万元	-100	10	10	20	30	10	60

请计算该企业 2018 年应当缴纳的企业所得税，并提出筹划方案。

根据税法关于亏损结转的规定，该企业 2012 年的 100 万元亏损，可分别用 2013—2017 年的所得来弥补，由于 2013—2017 年的总计应纳税所得额为 80 万元，低于 2012 年度的亏损。这样，从 2012 年到 2017 年，该企业都不需要缴纳 1 分钱的企业所得税。

在 2018 年度，该年度的应纳税所得只能弥补 5 年以内的亏损，也就是说，不能弥补 2012 年度的亏损。由于 2013 年以来该企业一直没有亏损，因此，2018 年度应当缴纳企业所得税：60 × 25% = 15 万元。

从该企业各年度的应纳税所得额来看，该企业的生产经营一直是朝好的方向发展，2017 年度之所以应纳税所得额比较少，可能主要因为增加了投资，或者增加了各项费用的支出，或者进行了公益捐赠等。由于 2012 年度仍有未弥补完的亏损，因此，如果企业能够在 2017 年度进行税收筹划，压缩成本和支出，尽量增加企业的收入，将 2012 年度应纳税所得额提高到 30 万元，同时，2017 年度压缩的成本和支出可以在 2018 年度用以开支，这样，2017 年度的应纳税所得额为 30 万元，2018 年度的应纳税所得额为 40 万元。

根据税法亏损弥补的相关规定，该企业在 2017 年度的应纳税所得额可以用来弥补 2012 年度的亏损，而 2018 年度的应纳税所得额则要全部计算缴纳企业所得税。这样，该企业在 2018 年度应当缴纳企业所得税：$40 \times 25\% = 10$（万元）。减少企业所得税应纳税额：$15 - 10 = 5$（万元）。

【案例 6-12】　林丰公司是国有独资公司、工业企业。2020 年度，该公司经主管税务机关核实亏损 500 万元；2021 年度，账面实现利润 400 万元，当年发生技术开发费 500 万元（比上年增长 30%，可加计扣除 250 万元）；2022 年度，弥补亏损前的应纳税所得额为 400 万元。该公司应该如何进行税收筹划？

◆【分析】

方案一：先弥补亏损，再加计扣除技术开发费。

林丰公司 2021 年度的利润弥补亏损后，应纳税所得额为 0，技术开发费不得加计扣除，2000 年度未弥补的亏损为 100 万元（500 - 400）；2022 年度弥补 2000 年度亏损后的应纳税所得额为 300 万元（400 - 100），应纳企业所得税 99 万元。

方案二：先加计扣除技术开发费，再弥补亏损。

2021 年度加计扣除技术开发费后的所得为 150 万元（400 - 250），弥补亏损后的应纳税所得额为 0，2020 年度未弥补的亏损为 350 万元（500 - 150）；2002 年度弥补 2020 年度亏损后的应纳税所得额为 50 万元（400 - 350），应纳企业所得税 16.5 万元。

方案二比方案一节税 82.5 万元（99 - 16.5）。这是因为亏损可以结转以后年度弥补（超过 5 年弥补期限的除外），而技术开发费加计扣除额不得结转以后年度扣除，所以纳税人在申报企业所得税时应当优先加计扣除技术开发费。

【案例 6-13】　顺达公司是国有企业控股的工业生产企业，2021 年度账面实现利润 180 万元，当年发生技术开发费 300 万元（比上年实际增长 20%，可加计扣除 150 万元），在营业外支出中列支通过中华社会文化发展基金会对重点文物保护单位的捐赠 30 万元。该公司应该如何进行税收筹划？

◆【分析】

方案一：先加计扣除技术开发费，再扣除公益救济性捐赠。

加计扣除技术开发费后的所得为 30 万元（180 - 150），可在税前扣除的公益救济性捐赠额 $= (30 + 30) \times 10\% = 6$ 万元，对捐赠进行纳税调整后的应纳税所得额为 54 万元（30 + 30 - 6），顺达公司应纳企业所得税 17.82 万元。

方案二：先扣除公益救济性捐赠，再加计扣除技术开发费。

捐赠扣除限额 $= (180 + 30) \times 10\% = 21$ 万元，对捐赠进行纳税调整后的所得为 189 万元（180 + 30 - 21）。加计扣除技术开发费后的应纳税所得额为 39 万元（189 - 150），应纳企业所得税 12.87 万元。

方案二比方案一节税 4.95 万元 (17.82 - 12.87)。这是因为捐赠先扣除,在计算其扣除限额时的基数较大,可以多扣除捐赠额,所以纳税人在申报企业所得税时应当优先扣除公益救济性捐赠。

如果纳税人在一年纳税年度内同时发生上述三项扣除,应当先扣除公益救济性捐赠,再加计扣除技术开发费,最后弥补亏损。

第三节　企业所得税税率的税收筹划

一、企业所得税税率规定

企业所得税税率规定详见表 6-9。

表 6-9　企业所得税税率规定

种　类	税　率	适 用 范 围
基本税率	25%	适用于居民企业
		中国境内设有机构、场所且所得与机构、场所有关联的企业
两档优惠税率	减按 20%	符合条件的小型微利企业
	减按 15%	国家重点扶持的高新技术企业
预提所得税税率 (扣缴义务人代扣代缴)	20% (实际中是 10%)	适用于在中国境内未设立机构、场所的或者虽设立机构、场所但取得的所得与其所设机构、场所没有实际联系的非居民企业

二、企业所得税税率的税收筹划思路

企业所得税税率根据不同性质的纳税人、不同的业务而存在差异,所以企业所得税率的税收筹划基本上是根据设立不同纳税人身份和不同业务安排,尽可能地享受低税率。比如同样是中小型企业,均是居民企业,通过小型微利企业的申报而获得相应的税率水平和相应的税收优惠政策。

(一)合理利用优惠税率进行税收筹划

企业所得税税率的筹划一般都是与税收优惠政策等其他税收筹划点配合使用的,因此企业所得税税率的税收筹划一般体现在企业设立时和税收优惠筹划过程中。

【案例 6-14】 某外国企业拟到中国开展技术服务,预计每年获得 1000 万元人民币收入 (这里暂不考虑相关的成本、费用支出)。该企业面临以下三种选择:

第一,在中国境内设立实际管理机构。

第二,在中国境内不设立实际管理机构,但设立营业机构,营业机构适用 25% 的所

得税税率。劳务收入通过该营业机构取得。

第三，在中国境内既不设立实际管理机构，也不设立营业机构。

对于上述选择，外国企业面临不同的税率和纳税情况，应如何选择？

◆【分析】

方案一：如果该外国企业选择在中国境内设立实际管理机构，则一般被认定为居民企业，这种情况下适用的企业所得税税率为25%，则：

$$增值税 = 1000 \times 6\% = 60 万元$$
$$企业所得税 = 1000 \times 25\% = 250 万元$$

方案二：如果该外国企业选择在中国境内不设立实际管理机构，而是设立营业机构并以此获取收入，则获取的所得适用于该营业机构的税率15%，则：

$$增值税 = 1000 \times 6\% = 60 万元$$
$$企业所得税 = 1000 \times 15\% = 150 万元$$

方案三：如果该外国企业在中国境内既不设立实际管理机构，也不设立经营场所，则其来源于中国境内的所得适用10%的预提所得税，其应纳税金计算如下：

由于该外国企业在中国境外提供劳务服务，所以不缴纳营业税。

$$企业所得税 = 1000 \times 10\% = 100 万元$$

通过以上分析，方案三更为合适。

【案例6-15】 甲商业企业共有两个相对独立的门市部，预计2018年年度应纳税所得额为100万元，假设没有纳税调整项目，即税前利润正好等于应纳税所得额。而这两个门市部税前利润以及相应的应纳税所得额都为50万元，从业人数70人，资产总额900万元。请对其进行税收筹划。

◆【分析】

方案一：维持原状。

$$应纳企业所得税 = 100 \times 25\% = 25 万元$$

方案二：将甲商业企业按照门市部分立为两个独立的企业A和B。

每个企业由于均满足小型微利企业的认定标准，通过申请认定小型微利企业后，每个企业应纳企业所得税：

$$应纳企业所得税 = 50 \times 50\% \times 20\% = 5 万元$$
$$集团企业应纳企业所得税总额 = 5 + 5 = 10 万元$$

结论：通过分析，方案二比方案一少缴企业所得税15万元。因此，应当选择方案二。

【案例6-16】 某生产企业在设备购置前一年累计亏损3000万元，主要原因是企业生产设备落后，产品技术含量低，产品销售不出去。为改变这种状况，该企业自筹资金2000万元，经过周密的市场调查和测算，获得两个方案。

方案一：自筹资金2000万元用于研究开发新技术、新产品、新工艺，提高产品技术含量，计划当年改造，当年投产，当年见效。投产后前3年实现税前利润3000万元，第四年税前利润800万元，第五年税前利润700万元(假设累计亏损均在可以弥补的期限内，且该企业未成为国家需要重点扶持的高新技术企业)。

方案二：企业自筹资金 2000 万元用于在上海浦东新区内投资新办企业，该企业被认定为国家需要重点扶持的高新技术企业。该项目第一年即获利，前两年利润总额为 1750 万元；第三年实现税前利润 1250 万元。第四年实现税前利润 800 万元。第五年实现税前利润 700 万元 (假设累计亏损均在可以弥补的期限内，且研究开发费用没有加计扣除)。

假设两个方案 5 年内销售收入、应缴流转税及附加税、各项费用、税前利润基本一致。企业应该采取哪一种投资方案？

◆【分析】

方案一：按国家有关税法规定，企业为开发新技术、新产品、新工艺发生的研究开发费用 2000 万元，可以加计扣除 1000 万元。

5 年内方案一项目累计实现税前利润 4500 万元，除 3000 万元用于弥补亏损外，加计扣除后还应缴纳企业所得税 $(1500 - 1000) \times 25\% = 125$ 万元。

留给企业净利润：$1500 - 125 = 1375$ 万元。

方案二：该项目前 2 年所获得的利润 1750 万元分回后可全部用于弥补亏损。

第三年实现税前利润 1250 万元，按规定缴纳 $1250 \times 12.5\% = 156.25$ 万元所得税，剩余的 1093.75 万元用于弥补亏损。

第四年实现税前利润 800 万元，按规定缴纳 $= 800 \times 12.5\% = 100$ 万元所得税，156.25 万元用于弥补亏损，留给企业净利润 543.75 万元。

第五年实现税前利润 700 万元，按规定缴纳 87.5 万元所得税，留给企业净利润 612.5 万元。

在这 5 年中，方案二项目累计实现税前利润 4500 万元，与方案一相同。除 3000 万元用于弥补亏损外，还应缴纳企业所得税 343.75 万元，留给企业净利润 1156.25 万元。

结论：从税务角度应选择方案一。

【案例 6-17】 某企业集团下属甲、乙两个企业，其中，甲企业适用 25% 的企业所得税税率，乙企业属于需要国家扶持的高新技术企业，适用 15% 的企业所得税税率。2021 纳税年度，甲企业的应纳税所得额为 8000 万元，乙企业的应纳税所得额为 9000 万元。请计算甲、乙两个企业以及该企业集团在 2021 纳税年度分别应当缴纳的企业所得税税款，并提出税收筹划方案。

◆【分析】

甲企业应当缴纳企业所得税：$8000 \times 25\% = 2000$ 万元；

乙企业应当缴纳企业所得税：$9000 \times 15\% = 1350$ 万元；

该企业集团合计缴纳企业所得税：$2000 + 1350 = 3350$ 万元。

由于甲企业的企业所得税税率高于乙企业的税率，因此可以考虑将甲企业的部分收入转移到乙企业。假设该企业集团通过税收筹划将甲企业的应纳税所得额降低为 7000 万元，乙企业的应纳税所得额相应增加为 1 亿元，则：

甲企业应当缴纳企业所得税：$7000 \times 25\% = 1750$ 万元；

乙企业应当缴纳企业所得税：10 000 × 15% = 1500 万元；

该企业集团合计缴纳企业所得税：1750 + 1500 = 3250 万元。

由此可见，通过税收筹划，该企业集团可以少缴企业所得税：3350 - 3250 = 100 万元。

（二）利用纳税人身份进行税收筹划

1. 行业选择的税收制度基础

企业在设立时，选择一个可以享受税收优惠的行业，或者有助于实现税收筹划的行业，可以达到事半功倍的效果。这就要求企业在设立之前，先要了解、分析税法中有关的行业性税收优惠政策。

在企业所得税方面，现行《企业所得税法》的特点之一，是在税收优惠方面实行"以产业优惠为主，区域优惠为辅"。比如，从事农、林、牧、渔业项目的所得，以及符合条件的环境保护、节能节水项目的所得免征减征企业所得税；国家需要重点扶持的高新技术企业，减按 15% 的税率征收企业所得税；创业投资企业采取股权投资方式投资于未上市的中小高新技术企业 2 年以上的，可以按照其投资额的 70% 在股权持有满 2 年的当年抵扣该创业投资企业的应纳税所得额；当年不足抵扣的，可以在以后纳税年度结转抵扣。

增值税方面，纳税人可以享受的税收优惠主要是对农业产品免税，对自来水、书报杂志等特殊行业实行 13% 的低税率。纳税人可以在条件允许的情况下，尽量选择能够适用税收优惠的行业，从根本上降低税收负担。

2. 行业选择的要求程序

纳税人的行业选择，除了要有准确的眼光化，还要符合相关的程序性要求。例如，企业选择前述的创业投资企业，要享受有关的优惠政策，创业投资企业申请时，应向其所在地的主管税务机关报送以下资料：一是经备案管理部门核实的创业投资企业投资运作情况等证明材料；二是中小高新技术企业投资合同的复印件及实投资金验资证明等相关材料；三是中小高新技术企业基本情况，以及省级科技部门出具的高新技术企业认定证书和高新技术项目认定证书的复印件。企业应该在开展相关业务之前，就预先了解需要提供的文件或其他证明材料，为相关的程序性要求做好准备。

另外，随着经济业务的复杂程度日益提高，对企业所处行业的认定，有时也存在界定上的困难。特别是一些具有边缘性质的行业，有些情况下，如何认定纳税，不仅需要税务部门出台更有可操作性的制度法规，也需要纳税人进行有意识地筹划、准备。

【案例 6-18】　某企业处于筹备阶段，地点初步选择在市郊，计划主要生产草皮，供城市绿化、体育场馆等使用。由于当地近两年城市建设较快，而本地没有生产类似产品的厂家，所以预计开业当年销售前景比较乐观。但同时产生的问题是，该企业可以抵扣的进项增值税很少，只有种子、农药、水电等项目可以产生为数不多的进项税，而其产品市场价格较高，因而从增值税角度考虑，其增值率较高，可能会承担比较多的增值税。同时出于对经营环境的综合考虑，该企业放弃了在开发区设立的计划。因此，如何筹划增值税，成为该企业设立之初所要解决的重要问题。

◆【分析】

认真研究增值税法规中的差别性待遇的规定，发现该企业的经营范围与农产品有关，如果企业能够争取被认定为农业生产者，将可以大幅度降低增值税。

我国《增值税暂行条例实施细则》规定，农业生产者销售的自产农业产品，可以享受增值税免税政策。同时我国税法还规定，农业生产者销售的自产农业产品，是指直接从事植物的种植、收割和动物的饲养、捕捞的单位和个人销售的注释所列的自产农业产品。

结论：筹划之后，企业可以享受增值税免税待遇，但是相应地，企业在购买水、电、运输劳务、加工修理修配劳务，甚至购买种子等过程中产生的进项增值税不能再抵扣。

第四节　合理利用税收优惠政策的税收筹划

一、企业所得税税收优惠政策

鉴于企业所得税税收优惠政策较多，本节主要列举了主要的企业所得税税收优惠政策，关于企业所得税税收优惠的具体细则，可参阅《税法》等专业资料。

（一）免税收入免证与减证优惠政策

1. 免税收入

企业的免税收入包括：国债利息收入；符合条件的居民企业之间的股息、红利等权益性投资收益；在中国境内设立机构、场所的非居民企业从居民企业取得与该机构、场所有实际联系的股息、红利等权益性投资收益；符合条件的非营利组织的收入。

根据《财政部　国家税务总局关于非营利组织企业所得税免税收入问题的通知》(财税〔2009〕122号) 的规定，非营利组织的下列收入为免税收入：一是接受其他单位或者个人捐赠的收入；二是除《企业所得税法》第七条规定的财政拨款以外的其他政府补助收入，但不包括因政府购买服务取得的收入；三是按照省级以上民政、财政部门规定收取的会费；四是不征税收入和免税收入滋生的银行存款利息收入；五是财政部、国家税务总局规定的其他收入。

2. 免征与减征优惠

企业的下列所得项目可以免征、减征企业所得税；企业如果从事国家限制和禁止发展的项目，不得享受企业所得税优惠。

（二）高新技术企业优惠政策

高新技术企业的税收优惠政策主要有以下两类：

(1) 国家需要重点扶持的高新技术企业减按15%的税率征收企业所得税；

(2) 技术先进型服务企业所得税优惠。

（三）小型微利企业优惠政策

小型微利企业，是指从事国家非限制和禁止行业，且同时符合年度应纳税所得额不超过 300 万元、从业人数不超过 300 人、资产总额不超过 5 000 万元等三个条件的企业；并且无论是采用查账征收还是核定征收方式缴纳企业所得税，均可享受小型微利企业所得税优惠政策。

（四）加计扣除的优惠政策

加计扣除优惠政策包括：研发费用、企业安置残疾人员所支付的工资。

（五）创业投资企业优惠政策

创业投资企业从事国家需要重点扶持和鼓励的创业投资，可以按投资额的一定比例抵扣应纳税所得额。

（六）税额抵免的优惠政策

税额抵免，是指企业购置并实际使用《财政部　税务总局　国家发展改革委　工业和信息化部　环境保护部关于印发节能节水和环境保护专用设备企业所得税优惠目录 (2017 版) 的通知》(财税〔2017〕71 号附件 1、附件 2)《环境保护专用设备企业所得税优惠目录》《节能节水专用设备企业所得税优惠目录》和《财政部　税务总局　应急管理部关于印发安全生产专用设备企业所得税优惠目录 (2018 版) 的通知》(财税〔2018〕84 号) 规定的环境保护、节能节水、安全生产等专用设备的，该专用设备的投资额的 10% 可以从企业当年的应纳税额中抵免；当年不足抵免的，可以在以后 5 个纳税年度结转抵免。

（七）固定资产加速折旧优惠政策

固定资产加速折旧分为一般性加速折旧和特殊性加速折旧。此外，针对自 2020 年 1 月 1 日至 2021 年 3 月 31 日，对疫情防控重点保障物资生产企业为扩大产能新购置的相关设备，允许一次性计入当期成本费用在企业所得税税前扣除。

（八）减计应税收入与环保设备抵免应纳税额的优惠政策

企业综合利用资源生产符合国家产业政策规定的产品所取得的收入，可以在计算应纳税所得额时减计收入，即企业以《资源综合利用所得税优惠目录 (2008 版)》(财税〔2008〕117 号) 规定的资源作为主要原材料，生产国家非限制和禁止并符合国家和行业相关标准的产品取得的收入，减按 90% 计入收入总额。

（九）民族自治地方的减免税优惠政策

根据《新企业所得税法》有关 "民族自治地方的自治机关对本民族自治地方的企业应缴纳的企业所得税中属于地方分享的部分，可以决定减征或者免征" 的规定，对 2008 年 1 月 1 日后民族自治地方批准享受减免税的企业，一律按新税法第二十九条的规定执行，即对民族自治地方的企业减免企业所得税，仅限于减免企业所得税中属于地方分享的部分，不得减免属于中央分享的部分。民族自治地方在《新企业所得税法》实施前已经按照《财政部　国家税务总局　海关总署关于西部大开发税收优惠政策问题的通知》(财税〔2001〕202 号)第二条第二款有关减免税规定批准享受减免企业所得税(包括减免中央分享企业所得税的部分)的,自 2008 年 1 月 1 日起计算,对减免税期限在 5 年以内(含 5 年)的,继续执行至期满后停止;对减免税期限超过 5 年的,从第 6 年起按新税法第二十九条规定执行。

(十)非居民企业优惠政策

非居民企业减按 10% 的税率征收企业所得税。这里的非居民企业是指在中国境内未设立机构、场所的,或者虽设立机构场所、机构但取得的所得与其机构、场所没有实际联系的企业。该类非居民企业取得的下列所得免征企业所得税:

(1) 外国政府向中国政府提供贷款取得的利息所得;

(2) 国际金融组织向中国政府和居民企业提供优惠贷款取得的利息所得;

(3) 经国务院批准的企业所得。

(十一)促进节能服务产业的优惠政策

对符合条件的节能服务公司实施合同能源管理项目,符合《企业所得税法》有关规定的,自项目取得第一笔生产经营收入所属纳税年度起,第 1 年至第 3 年免征企业所得税,第 4 年至第 5 年按照 25% 的法定税率减半征收企业所得税。即"三免三减半"。

(十二)软件产业和集成电路产业发展的优惠政策

根据《国务院关于印发新时期促进集成电路产业和软件产业高质量发展若干政策的通知》(国发〔2020〕8 号)有关要求,为促进集成电路产业和软件产业高质量发展,自 2020 年 1 月 1 日起,有关企业所得税政策如下:

(1) 国家鼓励的集成电路线宽小于 28 纳米(含),且经营期在 15 年以上的集成电路生产企业或项目,第一年至第十年免征企业所得税。国家鼓励的集成电路线宽小于 65 纳米(含),且经营期在十五年以上的集成电路生产企业或项目,第一年至第五年免征企业所得税,第六年至第十年按照 25% 的法定税率减半征收企业所得税。国家鼓励的集成电路线宽小于 130 纳米(含),且经营期在 10 年以上的集成电路生产企业或项目,第一年至第二年免征企业所得税,第三年至第五年按照 25% 的法定税率减半征收企业所得税。

对于按照集成电路生产企业享受税收优惠政策的,优惠期自获利年度起计算;对于按照集成电路生产项目享受税收优惠政策的,优惠期自项目取得第一笔生产经营收入所属纳税年度起计算,集成电路生产项目需单独进行会计核算、计算所得,并合理分摊期间费用。

国家鼓励的集成电路生产企业或项目清单由国家发展改革委、工业和信息化部会同财政部、税务总局等相关部门制定。

(2) 国家鼓励的线宽小于 130 纳米(含)的集成电路生产企业 5 个纳税年度发生的亏